硫黄島上陸

友軍ハ地下ニ在リ

SAKAI SOHEI

酒井聰平

講談社

▲ 硫黄島の滑走路近くに今も残されている米軍戦車（2019年10月）

▲地熱を我慢しながら、戦没者の探索作業に従事する僕
（2019年10月、日本戦没者遺骨収集推進協会提供）

▲戦後、海底隆起で姿を現した巨大な沈船。奥は摺鉢山（2019年9月）

▲ 米軍占領時代に刻まれた壁画。訪れた米軍兵らの名前も多数刻まれている（2023年2月）

▲ ヘルメットは多く出土する遺留品の一つ。激しく損傷したものもある（2023年2月）

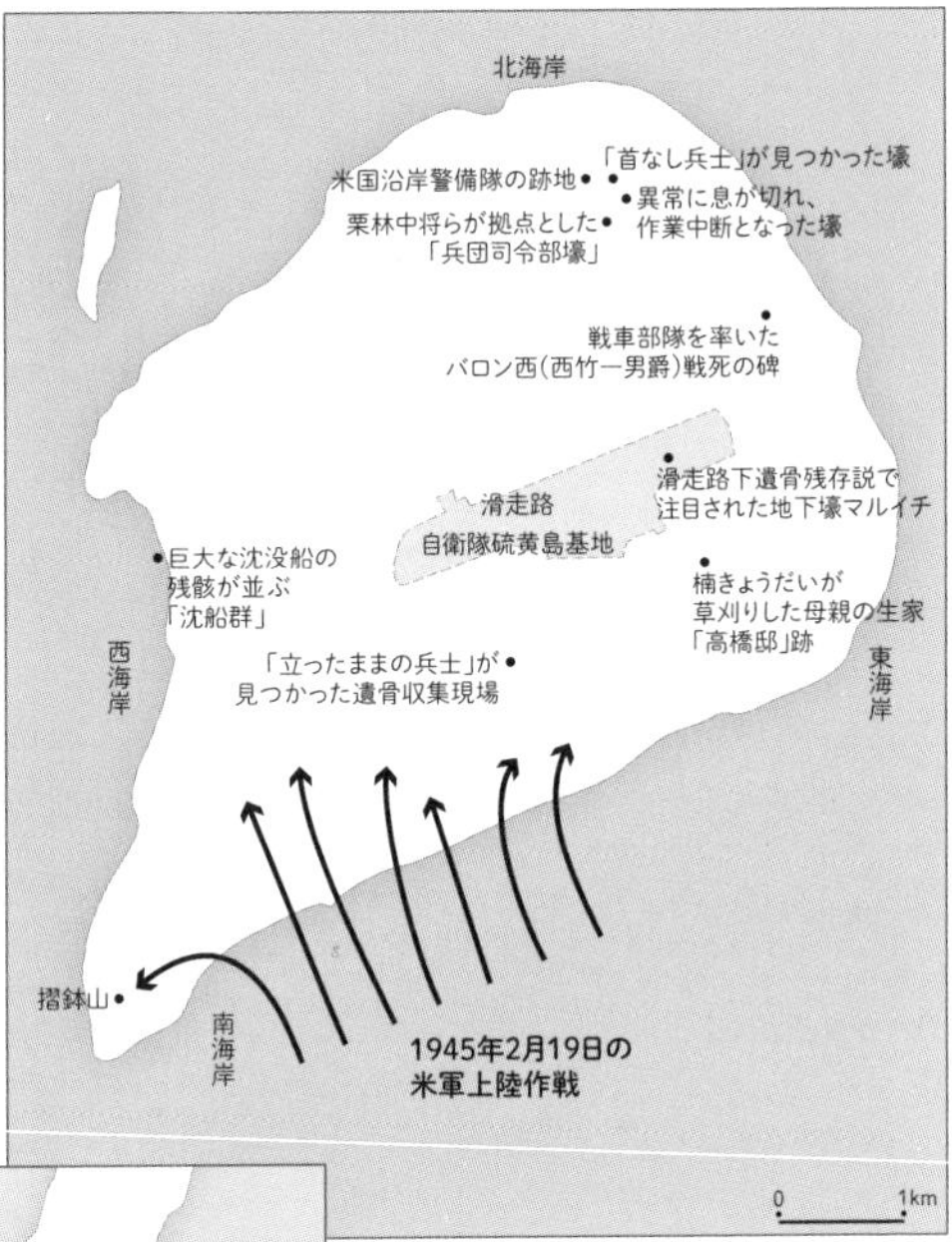
北海岸
「首なし兵士」が見つかった壕
米国沿岸警備隊の跡地
異常に息が切れ、
作業中断となった壕
栗林中将らが拠点とした
「兵団司令部壕」
戦車部隊を率いた
バロン西(西竹一男爵)戦死の碑
滑走路下遺骨残存説で
注目された地下壕マルイチ
滑走路
自衛隊硫黄島基地
巨大な沈没船の
残骸が並ぶ
「沈船群」
楠きょうだいが
草刈りした母親の生家
「高橋邸」跡
「立ったままの兵士」が
見つかった遺骨収集現場
西海岸
東海岸
摺鉢山
南海岸
1945年2月19日の
米軍上陸作戦
0
1km

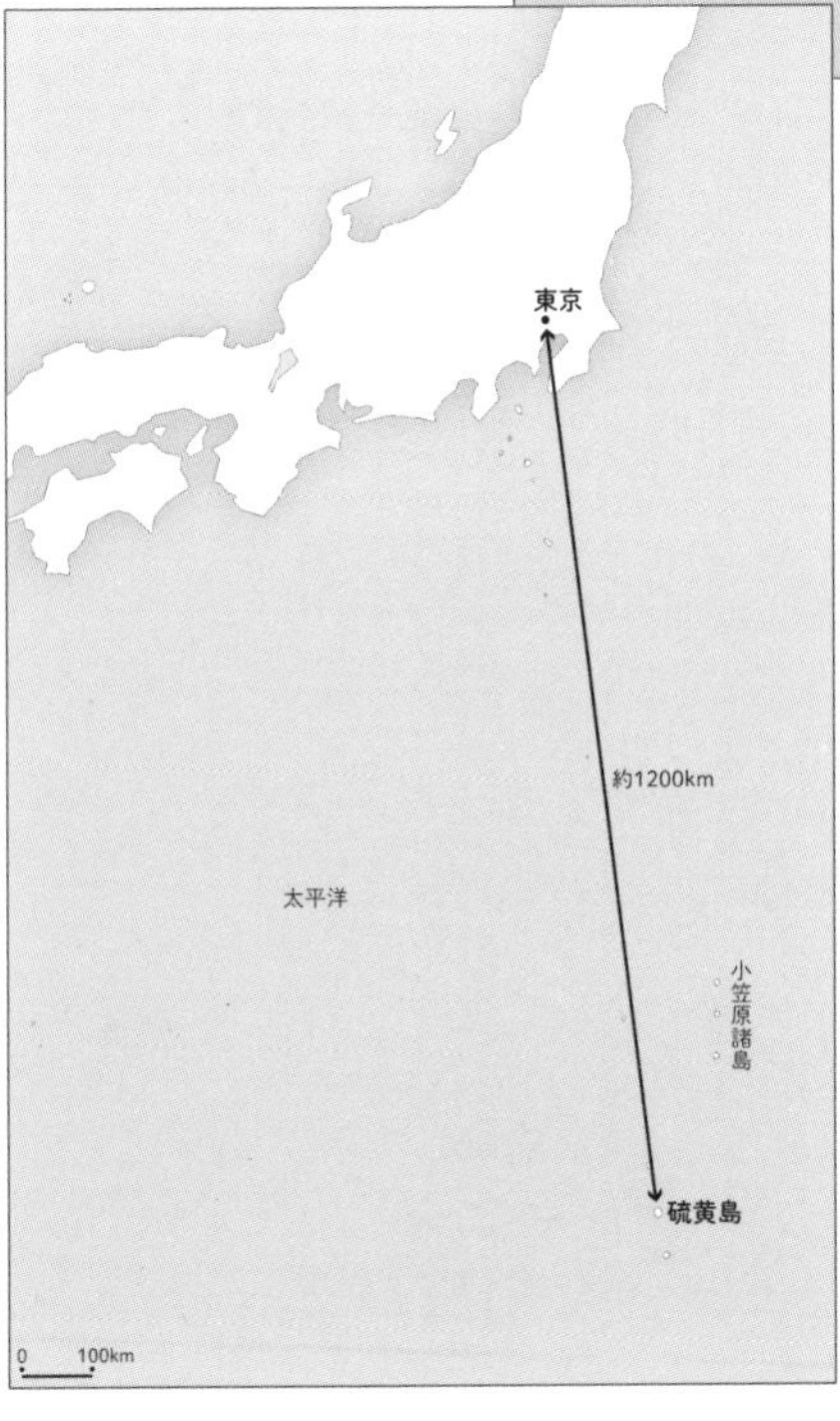
東京
約1200km
太平洋
小笠原諸島
硫黄島
0
100km

◀▲ 硫黄島の位置と島内の地図

硫黄島上陸

友軍ハ地下ニ在リ

プロローグ

「硫黄島　連絡絶ゆ」

約1ヵ月前に硫黄島《いおうとう》南部に上陸した米軍は遂に、兵団司令部壕の目前に迫っていた。キャタピラ音や砲撃音が、絶海の孤島の温《ぬる》い空気を切り裂く。戦車を先頭に前進する米軍部隊が、壕の入り口からも見える。それほどの近さだ。

「死を急ぐな！　死を急ぐな！」

壕の入り口に立つ髭面の参謀の声が響く。最高指揮官の栗林忠道中将が守備隊兵士2万3000人に命じたのは、1日でも長い持久戦だ。米軍の本土侵攻を1日でも遅らせる狙いがあった。「壕に戻れ！　壕に戻れ！」。出撃しようとする兵士たちに、別の将校が連呼した。

既に電灯がつかなくなって久しい壕の内部。片隅からはうめき声が上がる。戦車の前進を食い止めるべく、九九式破甲爆雷などを手に肉薄しようとし、機銃掃射や火炎放射で跳ね返された兵士たちだ。大勢が横たわる。血と汗のにおいが広がる。

地下20メートルに築かれた兵団戦闘指令所では将兵たちが右往左往していた。

「兵団ハ本十七日夜総攻撃ヲ決行シ敵ヲ撃摧セントス」

1945年3月17日午後5時50分。栗林中将が遂に最後の総攻撃の命令を発したのだ。20台の無線機が並ぶ通信所は指令所の一角にある。参謀から暗号手を経て通信手に電報文が渡された。本土の大本営への通信を中継する父島通信隊に向けた「訣別電報」だった。

「国ノ為重キ努ヲ果シ得デ　矢弾尽キ果テ散ルゾ悲シキ」

硫黄島 連絡絶ゆ

皇國の必勝安泰祈念

全員總攻撃敢行

十七日夜半

上陸以來敵の出血 約三萬三千に及ぶ

【大本營發表】（昭和二十年三月二十一日十二時）

敵の七割三分強殺傷

肺腑を剔る神兵の勇戰

栗林最高指揮官

最後の電報

要地敵手に委ね恐懼に堪へず

魂魄となるも皇軍挽回の魁たらん

硫黄島玉砕を伝える1945年3月22日付北海道新聞

栗林中将の辞世などを伝える内容だった。送信後、暗号書は焼却処分された。平文を暗号文に換えることはできなくなった。

硫黄島には複数の通信部隊があった。激戦の実相を伝える膨大な電報を発信した。

「本戦闘ノ特色ハ敵ハ地上ニ在リテ友軍ハ地下ニ在リ」

戦後、摺鉢《すりばち》山山頂の慰霊碑に刻まれることになるこの電報も、そのうちの一つだった。守備隊は総延長18キロの地下壕を構築し、身を隠してゲリラ戦を展開したのだ。

「我等ハ最後ノ一人トナルモ『ゲリラ』ニ依ツテ敵ヲ悩マサン」

栗林中将の厳命の一つだった。

最後の総攻撃までの残された時間で、ある行動に出た通信兵がいた。大本営ではなく、父島通信隊に向けた通信を始めたのだ。硫黄島の通信兵の一部は元々、父島通信隊の所属だった。彼らにとって、父島側の通信機の前にいるのは、顔なじみの戦友たちだった。

「サヨナラ　サヨナラ　オセワニナリマシタ」

暗号書は、もうない。だから、すべて平文だ。

「○○ニヨロシク　△△ニヨロシク……」

別れを伝えたい人たちの名前と住所を次々と打ち込んだ。父島側から返信が届いたが、応じる余裕はない。「ジカンガナイ　ジカンガナイ」と発信した。

最後の総攻撃の命令は下ったものの、守備隊は敵の包囲によって出撃できない状況が続いた。通信兵はなおも打電を続けた。活躍した部隊の殊勲上申や、敵戦車の装備や装甲の厚さなどを発信した。戦いの実相を最後の最後まで伝えようとした。

そして23日午後5時、別れの電報を放った。

「父島ノ皆サン　サヨウナラ」

総攻撃は、3日後の26日だった。栗林中将以下400人が敵陣に突撃、壊滅した。

こうして36日間の組織的戦闘は終わった。この戦闘に加わらなかった残存兵の大半は栗林中将の厳命を守った。投降を拒否し、壕にこもり続けるなどして、絶命した。結果、守備隊2万3000人のうち、戦死者は2万2000人に上った。致死率は95％に達した。

それから74年後の２０１９年9月25日。

戦後、日米の軍事拠点となり、民間人の上陸が原則禁じられた硫黄島に新聞記者が渡った。

それが僕だ。僕は、硫黄島発の電報を受けた側にいた父島の兵士の孫だった。

「祖父の戦友とも言える戦没者の遺骨を本土に帰したい」

13年前に一念発起し、政府派遣の遺骨収集団への参加を模索し続け、ようやく参加が認められたのだった。

僕の心には、あの電報があった。

「友軍ハ地下ニ在リ」

硫黄島の兵士たちは今も地下にいて、本土からの迎えを待っているのだ。

電報を信じ、地を這うように玉砕の島の土を掘りまくった。

結果、僕はこれまでにどの記者も挑まなかった謎の解明に、執念を燃やすことになった。

その謎とは――。

戦没者2万人のうち、今なお1万人が見つからないミステリーだ。

目次

写真提供：近現代フォトライブラリー

第1章

ルポ初上陸

——取材撮影不可の遺骨捜索を見た

「当機は間もなく硫黄島に到着します。座席ベルトを確認してください」
２０１９年９月25日午後１時２分。下降を始めた自衛隊輸送機Ｃ１３０の機内に、アナウンスが流れた。客室乗務員役の武骨な男性隊員の低い声は、「ウー」と唸るようなプロペラの轟音が響く中、なんとか聞き取れた。ハリウッド映画でしか見たことのなかった軍用輸送機の機内。空調機の風でかき回された機内の乾いた空気は、古い路線バスの車内のにおいと似ていた。

埼玉県の航空自衛隊入間基地から硫黄島までの距離は１２００キロ超。僕を含む政府派遣の遺骨収集団一行は搭乗前、飛行時間が約２時間40分であると知らされた。旅客機と違い、窓は少ない。だから暗い。僕の席から確認できた窓は８ヵ所だった。メタルグレー一色の壁面は、配線や配管、そして何か分からない突起物が至る所でむき出しになっていた。機体が揺れて、頭などをぶつけたら間違いなく出血するだろう。ヘルメット着用が前提の乗り物だと思った。あくまで軍用機なのだ。搭乗中は起立も移動も禁じられた。それは怪我防止ではなく、機内の装備に関する「軍事機密」保持のためかもしれない、とも思った。

午後１時12分。機体は大きく左に旋回した。その際に、機体の下に広がる青一色の大海原が見えた。次に見えたのは緑一色の景色だった。「こんなに緑豊かな島なのか」。僕は驚いた。

硫黄島は、激戦から七十余年を経て、焦土の島から、ジャングルの島になっていた。僕は、10歳の時に祖父の朽ちた履歴書を見てからの32年間を思い返し、万感の思いに浸った。

僕の祖父は、硫黄島関係部隊の兵士だった。

▼1987年、まだ何も知らなかった夏休み

「硫黄島の戦い」とは一般に、米軍が上陸した太平洋戦争末期の1945年2月19日から、日本側守備隊が最後の総攻撃を行った3月26日までの36日間の地上戦を指す。1日も早く硫黄島の飛行場を占領して日本本土爆撃を進めたい米軍と、1日でも長く飛行場を死守して本土侵攻を阻止したい守備隊が激突した。組織的戦闘が終わっても、守備隊側の生存兵の多くは投降せずに地下壕に籠もった。川のない渇水の島で、死よりもつらい喉の渇きにもがきながら、次々と絶命した。結果、守備隊2万3000人のうち2万2000人が死亡した。

僕の祖父である酒井潤治《じゅんじ》が大戦末期、小笠原諸島の父島や母島にいた事実を祖母から教えられたのは、1987年の夏休みのことだった。僕は小学5年生だった。今、僕の記憶の中にいる当時の僕には、笑顔がない。祖母も同じだ。夏休みに入る1ヵ月前の6月11日、47歳だった僕の父、暲忠《あきただ》が職場で倒れ、急逝したためだ。母允子《のぶこ》は悲しみに暮れた。父なき遺児となった僕は夏休みの一時期、父方の祖母トラノの家で過ごした。僕は「おばあちゃんっ子」だった。少しでも悲しみが癒やされれば、という母の配慮があったのだと思う。

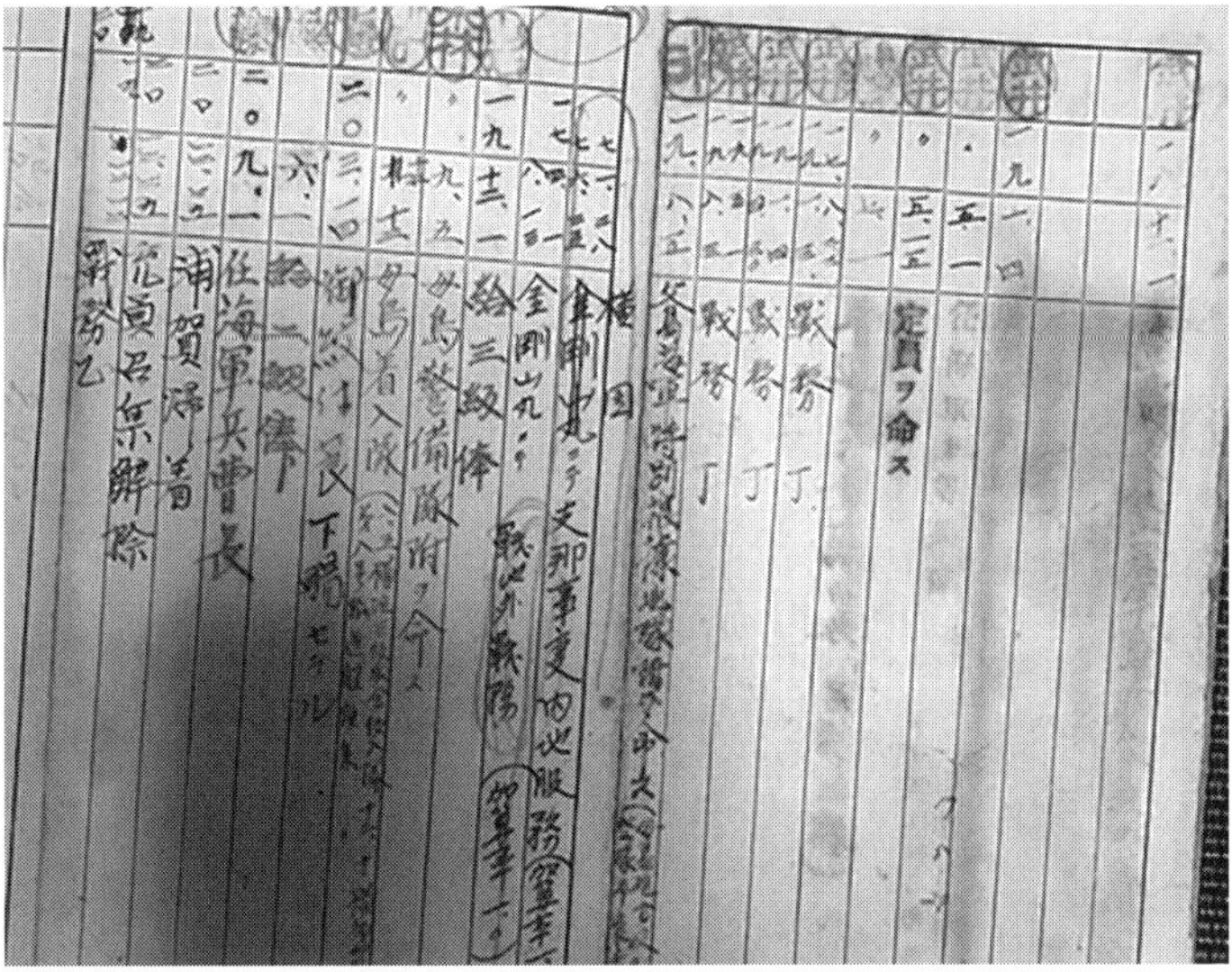

僕が現在も手元で保管する祖父の履歴書。「父島」「母島」と記されている

　そんな祖母宅でのある日、僕は仏間に招かれた。祖母は祖父の仏壇の中から、今にもばらばらになりそうな、朽ちたつづら折りの書類を出した。

　祖父が軍隊時代に携帯した履歴書だと教えられた。濡れた跡があり、にじんで読めない文字があった。祖父は戦時中、沈みゆく軍艦から生還したことがあったという。なんとか読める文字の中に「父島」と「母島」があった。硫黄島近隣の島々だ。履歴書がかろうじて伝えた事実。それは、硫黄島守備隊の兵士と共に小笠原諸島の防衛を担う部隊に祖父が所属していた、ということだった。

　祖父は終戦後「別人のように痩せて帰ってきた」と教えてくれたのも祖母だった。隣の硫黄島の兵士たちは玉砕したのだから、祖父は幸運だったと言えるのだろう。だが、戦争で消耗した体は以前のようには回復せず、１９６５年に56歳で病死した。そしてその長男である、僕の父も１９８７年に47歳で急逝した。祖父の足跡や人柄などを聞く前に、父は天国の祖父の元に旅立ってしまった。だから、現在46歳になった僕が知る祖父の情報は「硫黄島の隣の島から衰弱して生還した元兵士」ということだけだ。

祖母は、僕に履歴書を見せたとき、こんな話をした。

「お父さんはもういないから、聡ちゃんが大きくなったら大切に預かってね」

父ができなくなったことは、自分が果たさなくてはならない。そんな使命感のような思いがこの時、幼い心に刻まれた。そして、その履歴書は、２００８年に93歳で他界した祖母の願い通り、今、僕の手元にある。

▼遺児の僕、硫黄島の戦没者遺児と出会う

祖父の履歴書を見て以来、僕は硫黄島への関心を持ち続けた。関心が一段と大きくなったのは大学卒業後、北海道苫小《とまこ》牧《まい》市の地域紙の記者になってからだ。２００６年、クリント・イーストウッド監督の映画「硫黄島からの手紙」が公開された。人気アイドルグループ「嵐」の二宮和也さんが主要キャストを務めたこともあり、若い世代も関心を寄せた。二宮

さんが演じたのは、待望の第一子の誕生を目前に控えながらも、召集令状によって硫黄島に送り込まれたパン屋の店主だった。彼の視点を通じ、玉砕に至る激戦の経過が概ね史実に即して描かれた。

一方、映画では描かれなかった事実がある。それは、本土の防波堤となるべく散った硫黄島兵士たちの戦後だ。玉砕した2万人超のうち1万人の遺骨が今なお島内に残されている。僕はこの事実を、映画鑑賞後の運命的な出会いによって知ることになった。

その出会いの相手とは、当時74歳だった三浦孝治さん。札幌のベッドタウン、恵庭市に住んでいた。定年退職後の第二の人生を、父が散った硫黄島での遺骨収集に捧げた戦没者遺児だった。地域の行事で出会った際、本人からそんな半生を打ち明けられた。

三浦さん宅は、僕の職場兼住居だった恵庭支局から徒歩5分の住宅地にあった。何度、話を聞きに行ったことか。何度、遺骨収集の写真を見に行ったことか。三浦さんは背が高くてがっちりした体格のお年寄りだった。筋肉質なのは、父亡き後の家族を支えるためにがむしゃらに働いたためだと思われる。「おかげでこの歳になっても遺骨収集に行けるんですよ」。いつも明るい声。いつも笑顔だった印象だ。電話での第一声は決まって「さかいさーん」と弾んだ声。僕は今でも硫黄島に関する何かをしているとき、その声を思い出す。生前、そうだったように、今も変わらず三浦さんと二人三脚で硫黄島のことに取り組んでいる気持ちでいる。

地域紙の記者は全国的、あるいは世界的な世相を地域社会に反映させて報道するのが職務だ。映画の公開で硫黄島への社会的関心が高まったことを受け、僕は三浦さんの遺骨収集体験を伝える記事を連載しようと考えた。初めて会った時点ですでに15回、遺骨収集団に参加していた三浦さんの話は壮絶だった。「ある壕に入ると、壁面に骨片がびっしり刺さっていた。砲爆撃を浴びたのか、手榴弾で自決したのか。そんな壕は一つや二つではなかった……」。

硫黄島の地下壕で土を掘る戦没者遺児の三浦さん
（2020年11月。日本戦没者遺骨収集推進協会提供）

国の命令で絶望の戦場に送られ、体が四散どころか粉々になったまま放置された兵士は大変不憫だが、それを自分の父と重ねて骨片の一つひとつを壁面から抜いて集める高齢の遺児たちもまた不憫だと思った。

三浦さんの遺骨収集体験を綴った連載「矢弾尽き果て　悲劇の島・硫黄

島」の反響は、それまでの記者人生で最大だった。映画が描いたのは日米の激戦であり、散った兵士の遺児の戦後は伝えられなかったことも大きな要因になったと思う。硫黄島のその後について知りたがっている人たちは、確かに存在している。そんな思いを強くした。

▼「アトハタノム」

僕が硫黄島報道に執念を燃やす理由。その一つは、僕が遺児だからだ。もちろん、戦没者遺児ではない。僕の父は、僕が10歳のときに勤務中に突然死した。別れの挨拶もできぬまま死別した悲しみは、46歳になった今でも癒えない。だからこそ突然、家族を失った人に対して、強烈なシンパシーを僕は抱く。

硫黄島戦は、遺児の悲劇を多く生み出した。兵士の多くが、全国各地から集められた30代、40代の再応召兵だったからだ。すでに一度、応召を果たしているため、もう戦地に行くことはないだろうと考え、家庭を築いた人は多かったとされている。

そして戦争の悲劇は代を超える。遺児は父の愛情を受けられず、母は経済的な理由で子供を養子に出さないですむように懸命に働かなくてはならないため、遺児は母と過ごす時間も十分に得られない。「片親」で育った人は当時、就職面などで差別されることが多かった。挫折を味わったり、生活が困窮したりした。さらに、孫たちは祖父の思い出を何一つ持てず

ひと 2016

三浦《みうら》　孝治《こうじ》さん

父が戦死した硫黄島での遺骨収集を続ける

「天国の父は『孝治、頑張ってくれているなあ』と笑顔で言ってくれると思う」。父末治《すえじ》さんが戦死した太平洋戦争の激戦地・硫黄島で政府が行う遺骨収集事業に長年参加し、今夏に厚生労働相の感謝状を受けた。

稚内出身。樺太で育った。父との別れは1943年（昭和18年）。10歳の時だ。樺太の港で出征を見送った。父は離れゆく船上で突然、手旗信号の動きを始めた。意味は分からなかったが、あの姿が忘れられない。

恵庭に引き揚げた47年、戦死を知った。母子6人の生活は困窮した。やがて思った。「戦争中は、別れの無念さを口に出せなかった時代。『アトハタノム』と父は伝えたかったのではないか」

父に代わって、がむしゃらに働いた。進学を諦め、60㌔に満たない体で80㌔の米を運ぶ仕事に就き、母を支えた。働きぶりを認められ、地元の金融機関の事務員となった。

定年退職翌年の94年、初めて硫黄島の慰霊祭に参列した。遺骨収集事業を知り、95年から協力した。作業の大変さは想像を超えた。地熱でサウナ状態になる壕《ごう》の中で行う。砲弾を受けたのか自決したのか。見つかるのは、砕けた遺骨ばかり。硫黄島の戦いの過酷さが身にしみた。

今年も27日、硫黄島に向かう。22回目だ。「1万人が眠る島の遺骨収集は生涯続ける奉仕活動です」。73年前の父の手旗信号を、今なお心で受け止めている83歳。恵庭市在住。（酒井聡平）

「アトハタノム」について語った三浦さんの記事（2016年9月17日付北海道新聞朝刊）

に生きることになる。「終戦」とは戦闘の終了に過ぎない。「戦禍」には終わりがないのだ。硫黄島はそんな教訓が刻まれた島なのだ。

戦没者遺児の三浦さんとの交流は連載終了後も続いた。三浦さんが遺骨収集から帰るたびに僕は電話を入れ、島の状況を聞いた。年齢差が40歳以上ある三浦さんと僕は、少年時代に父を失った悲しみを共有する「遺児同士」という絆で結ばれていた。

三浦さんが最後に見たという父の姿の話も何度も聞いた。1943年、樺太《からふと》（現サハリン）。当時10歳だった三浦少年は、出征する父を見送るため、港に行った。港から船が離れゆく中、父は甲板上で突然、三浦少年に向かって「手旗信号」の動作を始めた。三浦少年は小学校で手旗信号の基礎を習っていたが、父の信号の意味は分からなかった。

しかし、戦後、歳を重ねた三浦さんはある日、こう思った。「戦争中は、別れの無念さを口に出せなかった時代だ。『アトハタノム』と父は伝えたかったのではないか」。

ずっと考え抜いて、そうした結論に達したのだ。三浦さんは定年退職で自由な時間を手に入れると、遺骨収集に乗り出した。80代半ばを過ぎても硫黄島の土を掘り続けた。その背景には、父が最後に発した手旗信号に応えたい、という思いがあったのだろう。

「アトハタノム」。三浦さんから知らされた1943年の手旗信号は、時空を超えて、29歳だった僕の心にも深く刻まれた。

▼硫黄島発の最後の電報が伝えたこと

やがて僕は行動に移したのだった。

硫黄島についてただ報じるだけでなく、収集活動に取り組む三浦さんの後に僕も続こう。そう一念発起した。手旗信号の話を聞いて以来、硫黄島上陸への思いは募るばかりだった。

その思いが決定的になる本と僕は出会う。硫黄島守備隊の元参謀、堀江芳孝氏が記した『硫黄島　激闘の記録』（恒文社）だ。堀江氏は米軍が硫黄島に上陸した際、父島に渡っていたため、玉砕を免れて生還した人物だった。僕の祖父もいた父島側の視点から硫黄島戦を記していることが興味深かった。

硫黄島は本土から1200キロ離れているため、通信隊が本土に電報する際は、父島の通信隊に中継してもらっていた。約280キロ離れた両島の通信隊員はお互いの顔が見えないながらも、連日連夜の交信任務によって結ばれた強い絆があった。

硫黄島発の最後の電報としては、全滅覚悟で最後の総攻撃に出ることを伝えた栗林忠道中将の「訣別電報」が広く知られている。「国ノ為重キ努ヲ果シ得デ　矢弾尽キ果テ散ルゾ悲シキ」という内容だ。

しかし『激闘の記録』によると、最後の電報の言葉はこんな内容だったという。

「父島ノ皆サン　サヨウナラ」

もっと生きたいのに生きられなかった人の言葉だと、僕は感じた。勇ましい響きもある「散ルゾ悲シキ」よりも、よっぽど悲しき電報だと思った。妻子ある庶民が全国各地から集められた硫黄島守備隊らしい、最期の言葉だとも思った。

この電報を頭の中で反芻するうちに、僕はこう思うようになった。

「自分はこの電報が送られた父島側にいた兵士の孫だ。今なお硫黄島側に残されたままの戦没者は、いわば祖父の仲間たちだ。硫黄島の戦禍の社会的記憶の風化に抗う記者になろう。

そして僕自身も遺骨収集団にボランティアとして加わり硫黄島の土を掘ろう。天国の祖父も、お父さんも喜んでくれるはずだ」

収集団参加が実現するまで13年の年月を要した。実現のために、転職もした。一度は志を断念しかけたこともあった。

ともあれ、2019年9月25日午後1時17分。父島兵士の孫を乗せた自衛隊輸送機C130は、硫黄島の滑走路に着陸した。

機体の扉が開くと、南国特有の湿気を含んだ温い空気が入ってきた。秋の乾いた本土の空気とはあまりにも違う。客室乗務員役の男性隊員に促され、僕が降りる順番が回ってきた。

これから踏むことになる滑走路の下には、遺骨が多数眠っているとされている。降り立とうとした僕は、足を1回、引っ込めた。どのように最初の一歩を踏み出せばいいのか、戸惑ったからだ。そのとき、思い出したのは最後の電報だった。そして僕は心の中で〝返電〟しながら、上陸することにした。

「硫黄島ノ皆サン　コンニチハ　父島ノ兵士ノ孫ガ　迎エニ来マシタヨ　サア一緒ニ本土ニ帰リマショウ」

▼「首なし兵士」の衝撃

遺骨収集作業は上陸翌日に始まった。

壕の入り口付近で見つかったその兵士の遺骨は、頭だけが粉々だった。

「頭がそっくりない遺体が多い島なんだよ」

約10年前から毎年、遺骨収集に参加している神奈川県のベテラン団員の水野勇さん（74＝年齢はいずれも当時＝）がそうこぼした。一部の骨片には鉄が付いていた。近くでは手榴弾の破片も見つかった。

ここは硫黄島の北端。「矢弾尽キ果テ散ルゾ悲シキ」との訣別電報などで知られる硫黄島守備隊の最高指揮官栗林忠道中将がいた司令部壕から400メートル北東側だ。1932年ロサンゼルス五輪馬術金メダリストで戦車部隊を率いたバロン西（西竹一男爵）が消息を絶ったと伝えられる地からも近い。

「首なし兵士」は追い詰められて、手榴弾を頭に当てて爆発させ、自決したのだろうか。

先の大戦では大勢の日本兵が自決によって絶命した。背景として知られているのは、1941年に東条英機陸相が説いた軍人の心得「戦陣訓」がある。その一節である「生きて虜囚の辱を受けず」を多くの兵士は忠実に守り、捕虜になることを拒み、自決を選んだ。

きっとこの兵士もその一人だと僕は考えた。だから、その時点の僕は、頭がない遺体が多い理由を探ろうとはしなかった。

この壕の入り口は高さ約10メートルの崖の最下部に掘られていた。地下に向かうのではな

入り口の左側に被弾した穴が多数残る壕（2019年9月。日本戦没者遺骨収集推進協会提供）

く、洞窟のように横方向に掘られていた。全長14メートル。壕の天井の高さは4メートルほどだった。不必要に感じるほど高い。手で掘った跡があるのは壁面だけだ。そのことを考えると、もともと4メートルの高さがある天然の洞窟を利用してつくられた壕だと思い至った。

入り口付近の岸壁は被弾した穴だらけだった。

壕の入り口から海を見渡すと、硫黄列島の一つである「北硫黄島」が見えた。地図によると、約80キロ離れているとのことだが、肉眼で見ると格段に近く感じる。硫黄島は、弾も水も食糧もない地獄の戦場だった。ここからイカダで脱出を試みる兵士が相次いだ、との生還者の証言を思い出した。これだけ隣の島が近くにあると感じられると、脱出の試みも無理はないと思った。ちなみに、北硫黄島への脱出が成功したという記録は、日本軍側にも米軍側にもない。

兵士は今なお戦っている

親族の葬儀で、焼かれた人骨を見たことは幾度かある。箸を使って骨上げした経験もある。しかし、焼かれる前の人骨と接したのは、この「首なし兵士」が人生で初めてだった。散らばっていた歯の長さにまず驚いた。焼く前の歯はこんなにも長いのかと。

この兵士の亡きがらを見る限り、指など小さな骨は土に還る寸前になっていると感じた。一方で、腕や足など太い部位は原形を保っていた。大腿骨を持った際のずしりとした感覚は、しばらく僕の手から消えなかった。兵士はまだ戦っているのだ。僕は強くそう思った。故郷に帰るため、風化と戦っているのだ。

見つかった遺骨は、白い布の上に置かれた。その日の作業終了時間になると、白い袋に骨を移して「捧持《ほうじ》」した。捧持とは「ささげて持つ」という意味だ。遺骨収集団では、遺骨を現場から、宿舎内の仮安置室に移動させることを指した。例えば、3体の遺骨が見つかった日は、収集団の中から、捧持する3人が選ばれた。優先されたのは、遺族だった。3人は遺骨の入った白い袋を胸の前で抱え、ほかの団員と一緒に宿舎に帰るマイクロバスに乗り込む。

捧持の際は私語を禁じられた。なぜなのか。「葬儀場から火葬場に向かうバスでも私語は慎むでしょう。それと同じですよ」と、経験豊富な団員が教えてくれた。ここでは、毎日がお葬式なのだ。

硫黄島は、活発な火山活動による隆起で、島のあちこちがでこぼこになっていた。舗装工事が追いつかないのだ。だから、マイクロバスはとても揺れた。終戦から七十余年を経て純白の袋に納まった遺骨は、走るバスの振動を受けてコトコトと揺れ続けた。

やっと本土に帰れると喜んでいるようだと、僕の目には見えた。

▼米軍記録が頼りの捜索活動

「首なし兵士」が見つかった壕は「235I-2」と呼ばれていた。

なぜこんな無機的な番号や英文字の羅列が名称になっているのか。その理由は、米軍が硫黄島を砲爆撃するために戦時中に作製した「グリッド」用の地図を使っているためだった。グリッドとは、格子状に区分けされた各エリアに番号を付け、その番号を使って位置情報をやりとりする仕組みだ。硫黄島のグリッド用地図は、縦横0・9キロメートルの正方形の43の大エリアに区分けされる。大エリアの番号は121から252まで。南から北にいくほど、番号は大きくなる。それぞれの大エリアには、さらに縦横0・2キロの正方形の小エリアが25区分けされ、AからYまでの25のアルファベットが付けられる。

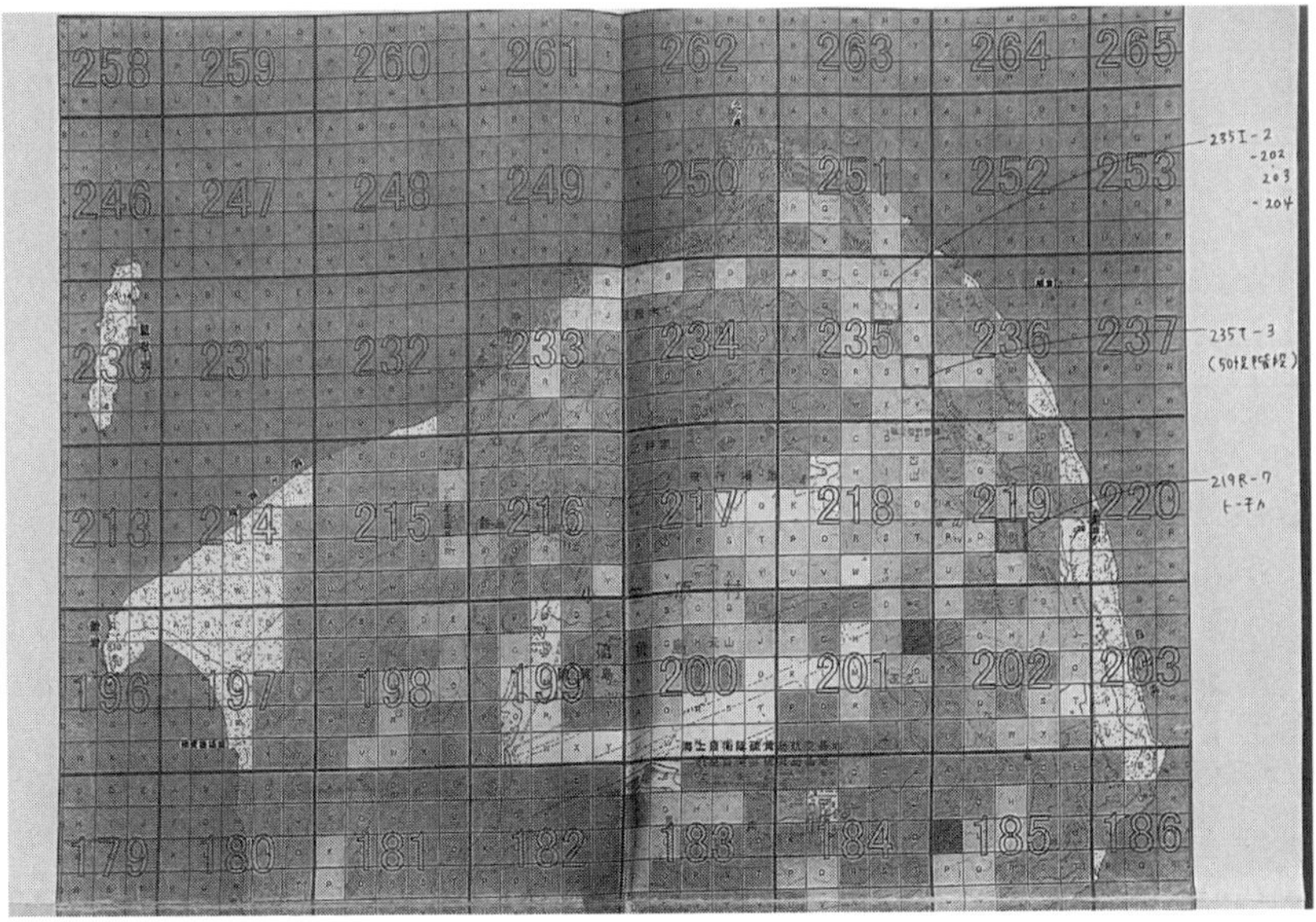

遺骨収集団員に配られた「グリッド」用の地図

つまり「２３５Ｉ－２」は、大エリア「２３５」内の小エリア「Ｉ」にある「２」と割り振られた壕、という意味になる。ちなみに「－」に続く番号は、現場が地上の場合１ケタで、地下壕の場合は３ケタ。この「２３５Ｉ－２」は地下に延びていない壕のため１ケタだったということだ。

ベテラン団員たちはこのグリッドが頭に入っていて、壕の名称を聞くだけで、大まかな位置を理解していた。僕も後にその域に達することになる。

グリッド用の地図を使用するのは、厚労省が近年「敵国側情報」に基づく遺骨捜索を始めたからだ。かつての遺骨収集は生還者の記憶に基づいて行われた。しかし、生還者の多くが他界した実情を受け、厚労省は米国側で保管された米軍記録に基づく調査に舵を切った。

米軍記録には日本側守備隊の陣地の位置がグリッドで示されているため、遺骨捜索もグリッドを活用するようになったということだった。旧敵国の軍隊に殺害された同胞の捜索なのに、もはや旧敵国側の情報に頼るしかない。「そのことを考えると複雑な気持ちになる」と、収集団に参加した遺児の一人はこぼしていた。

▼土を掘るのは、まさかの道具

旧日本軍のスコップ（2019年9月）

戦時中の物を使うのは、地図だけではなかった。土を掘る道具もそうだった。使用したのは、現在、ホームセンターなどで販売されている一般的なスコップではない。日本軍が使っていた当時のスコップだ。レプリカではなく、本物だった。近年、島内の壕から、油紙で包まれた未使用の状態で多数見つかり、そのうちの一部を使用していた。木製の柄の長さが50センチ程度と短く、比較的軽量のため、狭い壕の中でも振るいやすいのだ。つまり収集団員は図らずも、戦時中の兵士と同じ道具で、壕を掘るという作業を追体験していた。

スコップの先の金属部分には、ちょうど人間の目と目の間隔で直径1センチほどの穴が二つ開いていた。おそらく兵士たちは、物陰から敵を窺う際に、これを顔に当てることで顔面への被弾を防いだのではないか、と僕たちは推測したが、それが正しいかどうかは分からなかった。

スコップの多くは錆が少なかった。団員の中には、兵庫県で鉄工所を営む男性もいた。男性は「かなり質が良い鉄ですね。だから70年以上経ってもこんなに良い状態のままなのでしょう」と驚いていた。

捜索に使う地図は米軍のグリッドで、土を掘るのに使うのは日本軍のスコップ。この21世紀において、戦時中の物品を使って遺骨収集が進められることは、僕が現地で驚いたことの一つだった。

▼遺骨収集団は高齢者が大半

遺骨収集を所管するのは厚生労働省だ。厚労省が関係省庁や関係団体と調整して年間の計画を取りまとめる。収集団は毎年度、概ね7月、9月、11月、2月の計4回行われる。

1回の派遣期間は約2週間だ。収集団の編成や現地活動は、厚労省から委託を受けた一般社団法人日本戦没者遺骨収集推進協会が行う。協会は収集団の派遣時期が近づくと、戦没者遺族でつくる「日本遺族会」や、硫黄島戦の生還者らが戦後立ち上げた「硫黄島協会」など関係団体に収集団員の推薦を打診する。被推薦者に健康上などの問題がないかを確認した上で収集団員名簿を確定させる。

僕が2019年に初参加したのは「令和元年度第二回硫黄島戦没者遺骨収集団」だ。9月25日から10月8日までの日程で行われた。団員は37人。協会の職員が団長、副団長を務めた。

団員は、日本遺族会と硫黄島協会から各6人、小笠原村在住硫黄島旧島民の会から9人、学生組織であるJYMA日本青年遺骨収集団と国際ボランティア学生協会、隊友会から各2人など。かつては生還者や遺族が大半だったが、近年は生還者の参加が途絶え、遺族の参加も減った。この時、参加した硫黄島戦没者の遺児は4人だけだった。ボランティアも学生組織を除けば、時間に余裕がある60代以上の定年退職者ばかりだった。硫黄島の遺骨収集は、主に高齢者に委ねられているのが実情だった。だからなのか、一度、ほかの団員から「学生さん」と呼ばれたことがある。42歳だった僕は、遺骨収集現場では若手の一人だった。

▼収集団が過ごすのは米軍施設

収集団一行が宿泊するのは、島中心部の滑走路に隣接する自衛隊の庁舎地区だ。その中にある「BEQ」と呼ばれる2階建ての米軍施設で生活する。BEQは「独身下士官宿舎」(bachelor enlisted man's quarters)の略称だ。この建物は、訓練で訪れる米軍兵士のためにつくられた宿舎だった。だから、電気のコンセントは米国式で、建物内の掲示物は英語表記が多かった。

夕食後の自由時間は、そのまま団員同士の交流の時間となった。あちこちの団員の部屋で酒盛りが始まった。鹿児島県から参加した桑原茂樹さん(75)は、僕にとって最も交流を深めた一人だった。たくさんの話を聞かせてくれた。

桑原さんは父の出征時、母のおなかの中にいた。「まだか」と出産を待ち焦がれる思いなどをつづった硫黄島からの手紙13通を生涯大切にしている。遺骨収集の参加はこの時が8回目。「まるで今さっき兵隊さんが出ていったみたい」。そう錯覚するほど、軍服などがきれいに整理された壕に入ったこともある。亡くなった兵士に家族の元へ帰ってほしいと願い、遺骨が見つかるたびに心の中で「お家はどこですか」と語りかける。作業の休憩時間中は、よく海を見る。「島にいる間は父が隣にいるような気がするんです。父が見た海は、当時も今も変わらないでしょう」。切々とした口調で、そう語ってくれた。

近年、国内外の遺骨収集に参加する遺族は、桑原さんのような遺児世代だ。「収集現場で遺骨を弔うとき、高齢の遺児が『おとーさーん！』と子供のように泣き声をあげることもあるのですよ」。硫黄島やロシアなどの遺骨収集に携わる遺骨収集推進協会の職員は、そう話した。「きっと父のいない家庭で生活に苦しみ、つらく寂しい少年時代だったのでしょうね」。

▼作業は安全なイメージだったが……

高齢者が大半を占める遺骨収集作業は安全なイメージが強かったが、実際は違った。

現場活動初日。「235T－3」という壕を捜索していたときのことだ。

壕内部の幅は1メートルで、高さは最も高いところでも1・6メートル。長さは10メートルほどだった。入り口は「首なし兵士」の壕の近くの崖にあった。

内部は長年の風雨の影響で土砂が積もっていた。積もった深さを調べるために二人がスコップを手に持って入ることになった。僕はそのうちの一人として内部に入りたいと志願した。硫黄島は日本側守備隊が総延長18キロもの地下壕を構築し、それを駆使して米軍に抗った特異な戦場だ。ついにその一つに入る時が来た、と僕の胸は高鳴った。

入り口をくぐると、内部はとんでもない熱さだった。火山活動による地熱でサウナ状態だった。作業服は長袖長ズボン。スコップを持って入るだけで汗が噴き出た。中にいられるのは10分が限界だな、と思った。立ち上がれない高さでの作業。入り口が狭いため日光はほとんど入らない。だから目視確認できるのはヘッドライトで照らされた1～2メートルの範囲に限られた。七十数年前に構築された壕は長年、火山性地震の影響を受けているはずだ。崩落して生き埋めになる恐怖が頭をよぎる。戦闘中の兵士たちも同じだっただろう。いつ砲撃で生き埋めになるかという恐ろしさ。死に方はいろいろあるが、中でも「生き埋め」は苦しそうだ。僕は、実は閉所恐怖症の気がある。狭い機器に閉じ込める形で行われる健康診断の「MRI検査」が大の苦手だ。僕は10分もいられずに、壕を出た。その理由は熱さに耐えきれなかったこと以外にもあった。生き埋めになるかもしれない恐怖に負けたのだ。

▼二度目の捜索では、異常な息切れ

僕はサウナ好きだが、この時の汗のかき方は、過去に経験したことのないものだった。熱さによる汗と、スコップを振るう運動による汗、そして恐怖の冷や汗が混じっていた。戦時中の硫黄島の兵士たちは壕を掘るために連日連夜、この作業を続けていたのだ。

硫黄島は今も当時も川のない渇水の島だ。生還者の大曲覚氏の証言が綴られた久山忍『英雄なき島』（光人社NF文庫）によると、兵士に支給された1日の飲料水は水筒1本だった。

入っている水の量は500ミリリットルのペットボトルよりも少なかったという。地熱で満ちた壕の中で土を掘る作業は〈まぎれもなく生き地獄〉で〈苦しさのあまり発する兵たちのあえぎ声とうめき声で満ち〉ていた。〈こんな苦しい作業をするぐらいなら死んだほうが楽だ〉と音を上げる兵士もいた。〈硫黄島の兵隊は、陣地構築の段階で体力がどん底まで落ちた。（中略）米軍が上陸してきた時には戦う体力は残っていなかった〉。大曲氏はそんな証言を残していた。

それに比べると、遺骨収集の現場は、まぎれもなく天国だった。ポカリスエットの粉末を溶かした冷水の携行用のタンクが置かれていた。熱さと喉の渇きに耐えかねて壕から飛び出した僕は一目散にそのタンクを目指し、団員共用のプラスチック製コップに注いで一気に飲み干した。渇ききった熱い体が内部から潤い、体温が下がる感覚がした。「これ、人生で一番うまいポカリでした！」と言うと、壕の前にいた皆が笑った。

息が整ったところで再び内部に入り、スコップを振るった。僕が外にいる間、別の団員が中に入って作業していたため、壕の行き止まり部分は先ほどよりも数センチ深く掘り下げられていた。

今度も10分に至らず息が上がり、出口に向かった。半分ほど戻ったところで、地熱に満ちた空気に外気が混じり「ああ、空気がうまい！」と声が出た。外に飛び出すやいなや、僕はばたりと大の字になって倒れた。心配する他の団員たちに僕は報告した。

「最初に入った時より、壕の底の熱さが増していました。だから空気もより熱くなっていた気がする。そして異常に息切れするんですが、これは何なんですかね」

それを聞いていた団員が「深く掘れば掘るほど地熱が高くなることもある。もう地下足袋の人は入らない方が良い。足の裏がやけどする」と言った。僕が履いていたのは厚底の安全靴だった。

僕の異常な息切れを見た副団長が判断を下した。

「では〝カガクサン〟に確認してもらうことにしましょう」

▼内部は危険との判定、作業は即中止に

「化学さん」とは、ガス検知の技能・知識を持つ自衛官の通称だった。彼らは本土の陸自駐屯地から派遣され、収集団の現場活動に同行する。硫黄島は有毒な火山ガスに満ちた地下壕が少なくないからだ。収集団が地下壕内での捜索活動を行う際、化学さんは酸素ボンベを背負い、防毒マスクを着けた姿で真っ先に内部に入り、専門機器を使って内部の空気に危険性がないか調べる。調べる対象は酸素、硫化水素、一酸化炭素、可燃性ガスなどの濃度だ。

この収集団に同行した化学さんは二人だった。二人は収集団の作業開始前に内部を調べて

有毒ガスと地熱の危険度が高く、作業中止になった壕
（2019年9月。日本戦没者遺骨収集推進協会提供）

いたが、そのときの検知では問題なかった。副団長から再検査を依頼された化学さんは内部に入り、数分後に戻るなり、こう伝えた。「安全が確認できなかった。やめましょう。一酸化炭素の濃度が非常に高くなっている。安全基準を超えているし、熱い。もっと濃度が高くなる場合もあると考えました。だからやめましょう。意識不明とか最悪の事態になってしまう」。

　その話を聞いて、僕はぞっとした。もしかしたら、僕は意識不明の重体になっていたかもしれないのだ。「一酸化炭素中毒になると、唇が紫色になるって聞いたことがある」と団員の一人が言うと、それまでに中に入った団員たちが慌ててお互いの唇の色を確認し合った。この壕の作業は、以後の検知で安全が確認されるまで中止となった。結局、再開はされなかった。

危険と隣り合わせの遺骨収集作業。油断してはだめだ、と僕は初日から気を引き締めることになった。

▼積み木のような爆発物が続々と

僕が硫黄島に渡る前に、最も危惧していたのは不発弾だった。公的戦史『戦史叢書』によると、米軍が硫黄島上陸日に艦砲射撃で放った砲弾（5～16インチ）は3万8550発で、面積が50倍以上の沖縄戦は4万3335発とほぼ並ぶ。「いまだに不発弾がごろごろある。だから道路以外の場所には足を踏み入れてはいけない」。真偽不明ながらも、そんな恐ろしい情報が渡島前、僕の耳に入っていた。

硫黄島に渡ってからは在島の自衛官からこんな話を聞いた。「何年前だったか、夜中に宿舎で寝ていると、離れたジャングルの中から『ドーン』と爆発音が響いたことがあった。雨に反応したのか、風による振動のせいなのか、あれは不発弾の爆発の音だったと思う」。

実際、遺骨収集現場では不発弾が続々と見つかった。見つかるたびに団員が呼んだのは「弾薬さん」だ。

弾薬さんは、不発弾処理に対応する自衛隊員の通称だった。「化学さん」と同様、本土の

砲弾の破片を回収する通称「弾薬さん」（2019年9月。日本戦没者遺骨収集推進協会提供）

駐屯地などから派遣され、収集団員の活動に同行する。土の中から見つかった銃弾や砲弾、手榴弾などを回収し、処理する役目を負う。この収集団に付き添ったのは二人だった。

「首なし兵士」の壕で捜索中の時のことだ。積み木のような四角い物体が次々と土中から出てきた。「何だろう」と皆で首をかしげながら、手から手へ渡した。

弾薬さんに確認したところ「九九式破甲爆雷」と判明した。日本兵が戦車を破壊するために抱えて突撃した爆発物だ。「本土で見つかったら住民避難などで大騒ぎですよ。間違いなく新聞沙汰です」と弾薬さんは言った。この収集団の派遣期間中に回収された爆発物は900個を超えた。

爆発物は自衛隊によって島内で爆破処理される。弾薬さんからそう教わったとき、複雑な思いを語った団員がいた。「これらって戦時中、庶民が鍋とか釜などを供出させられて作られた物ですよね。それが七十数年経て、人知れず爆破されて無に帰していく。当時の庶民の思いも一瞬にして無に帰すようで、なんだかむなしいというか、切ないというか……」。

不発弾を巡っては、こんなこともあった。遺骨収集作業後のミーティングで弾薬さんが、強い口調でこう注意喚起した。

「安全管理事項として提言します。明らかに不発弾であるものをですね、手渡しで渡す方がおられます。不発弾かどうか分からない物については仕方ないのですが、明らかに不発弾であるものを『これ手榴弾』『これ銃弾』といって自衛官に渡すのは止めてください。これは皆さんの安全のためですのでよろしくお願いします。以上です」

島に渡って間もないころの僕は不発弾が出るたびに、びくびくしていたが、多くの銃弾や手榴弾などに接するうちに、警戒心は薄れていった。この日の弾薬さんの注意喚起以降、僕は再び不発弾への警戒レベルを上げることにした。

▼第三のスペシャリスト、人骨の鑑定人

収集団には化学さんと弾薬さん以外にも同行するスペシャリストがいた。人類学者や考古学者ら「鑑定人」と呼ばれる人骨の専門家たちだ。現場では「鑑定人」ではなく「センセ

イ」と呼ぶ団員が多かった。同行する鑑定人は一人の場合が多い。現場で収容された数々の遺骨を分析するのが役割だ。収集した遺骨の中に日本人以外の遺骨が交じっていないかなどを骨の特徴から確認する。

収容した遺骨の人数を割り出すのも重要な役割だ。硫黄島では複数人の遺骨が入り交じって見つかることが少なくない。鑑定人は重複する骨がないかをつぶさに確認して、重複していなければ一人、重複していれば二人と判断する。

かつて鑑定人は収集団には同行していなかった。しかし、近年、海外の遺骨収集現場で日本人ではない遺骨を誤って多数収容していた事実が判明し、問題化した。そうした事態を防ぐために同行が始まった。

一般人が人骨の専門家と接する機会はそうない。だから、僕は休憩時間によく話を聞いた。例えば、初日に見つかった「首なし兵士」について、年齢は何歳ぐらいなのかと尋ねた。鑑定人は即座に応えた。

「アラサーですね。20代後半から30代ぐらいかと」

どうやって推定したのかについても教えてくれた。

「恥骨の結合部。年齢の推定には、ここが重要なんです。若いころは波打っているんですが、そのうち平らになってぽこぽこ穴が空いてくる。加齢とともにそうなっていくんです。

この遺骨の場合、波打ちはなくなっているんだけど、穴はまだぽこぽこ空いていない。それでアラサーではないかと推定しました」

印象的なのは、化学さんも弾薬さんも鑑定人も、それぞれの職務以上の活動をしていたことだ。三者とも、壕の中で掘った土砂を出すときには、バケツリレーに加わり、大きな岩を動かすときも加勢した。弾薬さんは僕にこう言った。

「汗だくになって遺骨を探しているお年寄りを黙って見ているわけにはいかないですよ」

遺骨収集団は、年齢も出身地も職業も立場も何もかも違う混成の集団だったが、戦没者を本土に帰すという目的はただ一つ。団結力は間違いなく日増しに強くなっていった。

▼「21世紀、最高ですよ」

硫黄島は自由な取材が原則禁止された島だ。渡島前に署名を求められた「誓約書」の中には、遺骨収集現場へのカメラの持ち込みを禁じる一文があった。僕はあくまで新聞記者ではなく、硫黄島の関係部隊の兵士の孫として、業務ではなくボランティアで収集団に加わった。「報道目的で紛れ込んだのではないか」。そんな誤解を招かないよう、初日から収集団員に自己紹介して回った。職業は記者だが、硫黄島には遺族に準ずる立場で来ているということを強調した。

ただ、千載一遇のチャンスで硫黄島に渡った経緯から、僕はとにかく緻密な日記を書いた。現場でノートとペンを出すことは誤解を招くので、メモは一切とらず、宿舎に戻ってから記憶をテキスト化した。

自己紹介して回る中で、さまざまな話を聞くことができた。中でもたくさん話を聞いたのは、硫黄島出身の祖父を地上戦で亡くした東京都小笠原村父島在住の楠明博さん（60）だ。

地下壕内の遺骨を捜索、収容する作業は、どの現場も同じ方式で行われた。団員たちは1列になって壕に入り、先頭の団員が土を掘り、後続の団員たちが土を盛った箕《み》をバケツリレーのようにして壕の外に運び出す。最も体力を消耗する先頭は5分程度で交替し、最後尾に回る。最後尾の先には、ふるいを手にした団員が座って待機している。最後尾の団員は、彼らのふるいの中に土砂を入れる。ふるい担当の団員は、土の中に骨片がないか目を皿にして確認する。これらの一連の流れをただ黙々と行う訳ではない。箕を渡す際には「よいしょー」や「はいー」などと声を発したりして、案外、明るくにぎやかに行う。

そんな中でも明るいムードメーカーだったのが楠さんだ。小笠原村在住硫黄島旧島民の会のメンバーで、硫黄島の遺骨収集の参加経験は多数。がっちりとした体格で長身。休憩時間にはよく冗談を言って、団員たちの心を和ませていた。

遺骨収集5日目の休憩時間でのことだ。僕は楠さんに声をかけ、現場で明るく振る舞っている理由を聞いた。すると、やはりいつもの軽快な話し方で、こう答えた。

「つまらない顔してさ、ご遺骨捜してさ、出てきたご遺骨だって喜ばないですよ。つまんない顔でいるよりも、みんなでニコニコ、みんなでわーわーと迎えに来たよって言う方が全然、弔いですよ」

そのような考え方もあるのか、と僕は興味深く聞き続けた。

「毎日毎日、暗い顔していたら、ご英霊も出てくるのが嫌になっちゃいますよ。『こんなんなの』って。『俺らはここでこれだけ苦労したのに、今、こんなんなの』って。そう思われないように『21世紀、最高ですよ』って雰囲気で、私は迎えたいと思うんですよ」

▼硫黄島に物見遊山に来る人たち

遺骨収集団に参加した遺族の中には、最後まで十分な対話ができなかった人も数人いた。遺族の一人が理由を教えてくれた。彼が話したのは、遺骨収集団にボランティアが大勢参加できた約10年前のことだった。

「ボランティアの中には、いかにも物見遊山で硫黄島に来た、という人たちが少なからずいたんです。慰霊が目的ではなく、珍しい風景を見たいから来たという人たち。今回のボランティアの人たちだって、もしかしたらそういう人かもしれない、という思いを抱いてしまうんですよ」

収集団員の中には、別の理由で一度、僕との会話を避けた男性もいた。ボランティアとして長年、参加し続けている男性だった。遺族ではないが、多くの遺骨が残されたままの現状に対する問題意識が強い人だった。

これも5日目のことだ。遺骨収集団員は毎朝、自衛隊の庁舎が並ぶ地区にある宿舎の前からマイクロバスに乗り、作業現場に向かう。バスを降りた直後のタイミングで、僕がその男性に話しかけると、返答はなかった。今、話しかけるな、という表情だった。対話を拒否された。

男性は休憩時間に、拒否した理由についてこう話した。

「私はね、バスを降りた瞬間から、ずっと下を向いて歩いているんですよ。この島はどこに遺骨があってもおかしくない島なんですよ。私はまだ遺骨は見つけていないけど、これまでに銃弾2発を見つけましたよ」

常に遺骨を捜そうという強い意志を知り、無視されたのだと立腹した自分を恥じた。男性は遺骨収集への参加を続けるために、会社勤めをやめて自営業を始めたとも話した。この男性以外のボランティアとも対話したが、皆、遺骨収集に役立ちたいという強い思いを持った人たちばかりで、物見遊山で来たという印象の人は一人もいなかった。

▼危険な生き物との遭遇

遺骨収集団は高齢者が主体なのだから、危険な作業はないはずだ。硫黄島上陸前のそんな先入観を打ち消したのは、続々と出土した不発弾だけではない。大きなムカデと遭遇し「うわあああ」と悲鳴を上げたことは1回や2回ではなかった。通算したら数十回に上るかもしれない。

僕は、クモは怖くない。人間に危害を与えないからだ。しかし、硫黄島のムカデは違う。人間に咬みつき、激痛を与えるとされる。遺骨収集団が作業現場で長袖長ズボンの作業服の着用を求められるのは、ムカデ対策のためだと聞いた。

捜索現場で作業していると、たいてい一度は遭遇した。ムカデはつがいの場合が多いと聞いた。1匹出てきたということは、もう1匹近くにいるということだ。だから、1匹出てきたら、その後は緊張が続いた。

あるとき僕が土を掘っていると、後ろにいた団員が「あ！　酒井さん！　ムカデが背中に！」と叫んだ。僕はパニック状態になり、上着を脱ぎ捨てた。服の中に入ったのか、それとも僕が驚いて跳ね上がったときに地面に落ちたのか。ムカデは見つからない。「大きかったですか」と聞くと「いや小さい」と言われ、僕は「なんだあ」と落ち着いて再び上着を着た。硫黄島には大小のムカデがいる。見た目の気持ち悪さはどちらも一緒だが、小さいムカデはもはや見慣れていた。本土では見たこともない大きなゴキブリにも慣れた。

不発弾と同様、非日常的な体験はやがて日常になる。感覚はまひする。午前と午後のほぼ定刻に飛来した爆撃機を、硫黄島守備隊の兵士たちは「定期便」と呼んでいたという。殺されかねない空襲をそのように呼称した兵士たちも同じように危機感が薄れていったのだろうか。

▼特殊部隊「731部隊」の……

「首なし兵士」の壕内やその近辺の壕の土中からは、さまざまな物品が出てきた。食器や、衣服のボタン、万年筆、一升瓶など。食器は星か錨《いかり》のマークが入っているものが多かった。星マークは陸軍、錨マークは海軍のものだと、詳しい団員から教わった。そのいずれのマークもない食器もたまに出土した。これらは1944年夏に本土に強制疎開となり、島民不在となった家から借用したものではないか、と思われた。戦前の硫黄島には約1200人の島民が暮らしていた。

硫黄島を占領した米軍が血眼になって探したという、あの歴史的人物の発明品も出てきた。細菌兵器開発の特殊部隊「731部隊」隊長だった石井四郎軍医中将が開発した「石井式濾水機」だ。汚水を濾過して飲料水にする装置で、渇水の硫黄島の飲み水確保策として導

出土した品々。この現場では食器や瓶が多かった
（2019年10月。日本戦没者遺骨収集推進協会提供）

ヘルメットが多数見つかった壕もある（2023年2月）

石井式濾水機（2023年2月）

入されたとの記録が残る。東京新聞が2020年8月に報じた記事「七三一部隊　伝える濾水機」によると、国内で現存が確認できるのは数台という。こうした希少な軍用品が出てくる硫黄島は、タイムカプセルそのものだと思う。

▼記名の遺留品の重要さ

捜索現場でスコップを振るうと、たまに「コツン」と金属を叩いた音がすることがある。ある時、丸みを帯びた金属の物体の一部が土から出てきた際、「なんだろう」と言いながらスコップの先で「コン、コン」と二度叩いた。この時、隣で作業していた比較的、無口な団員から「やめてくださいよ……」とやんわり注意された。「不発弾だったらどうするんですか……、爆死の運命を共にしたくないですよ……」。

渇水の島で兵士が大切にしたと思われる水筒（2023年2月）

その金属製の物体の正体は水筒だった。逆さまにして振ると、塩のような白っぽい固形物が出てきた。硫黄島は渇水の戦場だった。この持ち主は海水を入れていたのだろうか。海水は体内の水分よりも塩分濃度が高いため、飲むと体は濃度を戻すために、さらに水分を欲するようになる。つまり飲むほど喉が渇くのだ。それでも渇きに耐えかねて海水をさらに飲み、もがき苦しみながら死んだ兵士もいたという、生還者の証言を読んだことがある。

出土した雑品は捜索現場の脇に放置されるのが常だった。僕は水筒を雑品の山の近くに置いて、作業を再開した。それから10分ほどして「あっ！」と驚いた声が雑品の山の方向から聞こえた。作業の支援に来ていた自衛隊員が、黒く変色した水筒の表面の一部を何げなく指でこすったところ、浅く刻まれた文字列が出てきたのだった。駆け寄って見せてもらった。「平金　二ノ五」と読めた。

　平金は所有者の名字に思われた。これまで誰も関心を示さずに放置されていた水筒は、わずか10分ほどで価値が急上昇したかのように、大切に扱われるようになった。副団長は水筒をビニール袋に入れ、見つかった日付と場所を袋に記した。

　なぜ水筒への対応が変わったのか。理由は、遺骨の身元特定の手がかりになるからだ。国は長年、収集団によって収容された遺骨を東京・千鳥ヶ淵戦没者墓苑に納めてきた。しかし、DNA鑑定技術の向上に伴い、2003年度から、記名の遺留品と共に見つかった遺骨については、遺族が特定できる可能性があるとみて、DNA鑑定を行う方針に舵を切った。つまり、記名の遺留品の有無が、その遺骨が家族の元に帰れるか否かの運命の分かれ目となる第一関門なのだ。

　ちなみに、この現場付近からは「中濱」と記された印鑑や、「カミナガ」とのカタカナが書かれた靴が発見された。ただ、戦後70年以上を経た現在、遺留品は著しく風化したものが多く、名前入りの品が見つかることは極めて少ない。つまり、遺骨の大半はせっかく収容してもDNA鑑定の対象外になってしまうのだ。こうした現状を疑問視する声が近年、遺族側から高まり、厚労省は2021年度から原則すべての遺骨の鑑定をするという方針に転換した。

▼古銭が意味したこと

出土品の中でも特に多い印象だったのは、朽ちた5銭と10銭の硬貨だった。「強制疎開で島民がいなくなった後も、買い物できる場所があったんですかね」。そんな疑問を口にする団員もいた。

答えを教えてくれたのは遺族の男性だった。「5銭と10銭は、死線（4銭）と苦戦（9銭）を越えて無事に帰ってほしいという思いを込め、出征する夫や父に家族が託したものですよ。千人針に縫い込んだりしたんです」。

千人針とは戦時中、敵弾を避けるお守りとして兵士に贈られたものだ。兵士の妻や母などから協力を依頼された1000人が布きれに1針ずつ赤い糸で結び玉をつくり、完成させた。家族から贈られた兵士はそれを腹巻きのように腹部に巻いて戦った。千人針の布自体は風化して消滅してしまったのだろう。遺骨の近くから出てくるのは硬貨だけだ。僕はそれを親指と人さし指で挟んで拾い上げた。拾い上げるたびに指先から、妻や子供たちの悲しみが伝わってくる気がした。

遺骨と一緒に見つかることの多い物に手榴弾があった。いよいよ敵に囲まれた際に、自決するために大切に持っていたのだろう。手榴弾が土の中から出てくるたびに、もう少し掘ったら遺骨が出てくるのではないか、と期待感が高まった。手榴弾が破裂するかもしれない怖さは、そんな期待感にかき消され、やがて感じなくなった。硫黄島は、物資不足に陥った大戦末期の戦場だ。見つかる手榴弾は金属製ではなく、陶製のものが多かった。祖国を守りたくても、自決を強いられても、こんな粗末な物しか与えられなかったのだ。

▼「ここにもいるぞ」

硫黄島では、学校にある人骨模型のように、全身の骨が奇麗にそろって見つかる例はほとんどない。風化して細かくなった骨片を目を皿にして探す、というのが捜索現場の実情だった。

遺骨を発見するのは、ベテランが多かった。長年参加しているボランティアの水野勇さんはその一人だ。あれは「首なし兵士」の壕でのこと。戦闘当時の地層まで掘った結果、一人分の遺骨の大部分が見つかり、5分後に撤収すると決まった。スコップやふるいなどの道具の後片付けを始める団員が多い中、水野さんだけはなお掘り続けていた。そして「あっ」と声を上げた。岩の下から上腕骨1本が出てきたのだ。

この壕では、上腕骨がすでに2本収容済みだ。つまり、二人目の発見の瞬間だった。「岩は当時からあったものではなく、戦闘中か戦後に壕の上部から落下したものではないか。ならば下敷きになった兵士がいる可能性があるかなと」。過去の経験に基づき、そう推測したことが発見につながった。「それにしても、いつも終了間際になると、別の人の骨が出てくるんだよなあ。『ここにもいるぞ』って訴えるように……」。水野さんはそう不思議そうに語った。

5日目の時点で、僕が参加した班が収容した遺骨は4体だけだった。それまでの間に遺骨収集現場の実情について一定程度、理解が進んだ僕はこんな疑問を抱くようになった。「現場では誰一人、手を抜くことなく、汗と土にまみれながら捜索に全力を尽くしている。にもかかわらず、なぜこれだけしか見つからないのだろう」。

団員たちはひたすらスコップで土を掘り続けた。人力では除去できない岩石にぶち当たると、現地に駐在する建設作業員たちがショベルカーを使ってすぐに除去してくれた。ある壕の探索では作業時間を短縮するため、壕の天井部分をショベルカーで剝がして行った。このように機械の力を発揮して捜索し、その結果、地形が変わってしまった捜索現場は島のあちこちにあった。これほど徹底的に硫黄島の土を掘っているのに、遺骨が僅かしか見つからないのはどうしてなのか。

遺族たちは長年、一つの仮説を唱えていた。

「滑走路下遺骨残存説」だ。

僕はそれこそが答えに違いないと思った。

日米の軍用機が発着することを理由に、戦後一度も本格的な調査が行われなかった島中心部の滑走路の下には、きっと大勢の兵士が眠っているのだ。この収集団の派遣期間、僕は千載一遇のチャンスを得て、実際に滑走路下に広がる「未探索壕」の内部に入ることになる。報道関係者としては初という高揚感を胸に、僕はその日を迎えた。

そして僕は、想像もしなかった〝あの光景〟を見たのだ。

第2章

父島兵士の孫が硫黄島に渡るまで

僕は、時に、振り返る。

民間人の上陸が原則禁止された硫黄島に上陸しようと、もがき続けた13年間のことを。僕の本職である新聞記者の仕事に追われ、ライフワークだと心に決めたはずの「硫黄島」への思いが弱くなったとき、僕はもがいた日々を振り返る。すると、再び初志は蘇る。チャンスを得て、遺骨収集現場を見た者の責任感が胸に広がる。毎朝、日の出前に起床し、妻と子供たちが起きないようにこの原稿を執筆している今もそうだ。僕は時に振り返り、そして「硫黄島」への志を強め、怠惰な自分を奮い立たせる。

上陸まで苦節13年。その起点は、前職時代（苫小牧市の地域紙）の２００６年だ。遺骨収集に老後の人生を捧げた戦没者遺児、三浦孝治さんと出会い、翌年2月に、三浦さんの遺骨収集体験記「矢弾尽き果て」を連載した。三浦さんのひたむきな姿に心を打たれ、僕も硫黄島の土を掘ろう、祖父の仲間とも言える硫黄島の兵士たちを本土に帰そうと、一念発起した。

しかし、苫小牧の記者のままでは、硫黄島への距離を縮めることは困難だと感じられた。全国紙や、東京に報道拠点を置く新聞社に転職すれば、上陸の道が開けると考えた。僕の行動は、自分でも信じられないほど早かった。何かに、誰かに、導かれているようだった。

志望する新聞社の中で、採用試験が最も早かったのが北海道新聞社だった。１次試験を受けたのは、一念発起してから２ヵ月後の４月だった。２次試験の面接では「硫黄島に上陸取材したい」と正直に話した。面接担当者からその真剣度を問われた際に示せるよう、僕の鞄には連載記事のコピーを入れていた。特異な志望動機は受け入れられた。採用内定の通知が届いたと三浦さんに電話で連絡すると、わが子の門出を喜ぶように祝福してくれた。

▼「北海道にどう関係があるんだ」

しかし、入社後の道のりは平坦ではなかった。新しい職場で期待されたのは、前職での経験を活かした警察記者としての活躍だった。次々と起きる事件や事故の現場を駆け回るだけで精一杯の日々が続いた。ボロボロになる日々だったと言ってもいい。それほど身を粉にした。ただ、硫黄島の記事を書く僅かなチャンスは毎年、盆と正月に巡ってきた。多くの記者が長期休みに入るこの二つの時期は記事が足りなくなるため、札幌の本社が全支社・支局に、いつでも掲載できるテーマの大型記事を出すよう求めていたからだ。こうした原稿を「カンヅメ」（いつでも使える原稿）と呼ぶ。僕は入社当初から、カンヅメを求められるたびに、硫黄島関連の記事を出稿しようとした。しかし「北海道にどう関係があるんだ」という理由で、退けられ続けてきた。

それでも僕の執念は消えなかった。函館報道部、本社編集局報道センター、千歳支局に計11年間勤務した末、東京支社編集局報道センターへの異動が認められた。異動希望を出し続けて、ようやく夢の上京が実現した。２０１８年春のことだ。

記者にはそれぞれ担当が割り振られる。僕は厚生労働省担当を希望した。戦没者遺骨収集の担当省庁だからだ。その希望も認められた。厚労省が入る合同庁舎9階の「厚生労働記者会」の入り口付近にある北海道新聞の常駐記者席が、僕の硫黄島報道の拠点となった。

中央省庁の官僚とはどんな人種なのか。霞が関や永田町はどんな世界なのか。取材にはどんな作法が必要なのか。ローカル紙記者の僕は不安ばかりだった。

初めて出勤した際、厚労省向かいの日比谷公園では、梅が咲いていた。「置かれた場所で咲きなさい」――。いつか読んだ言葉を思いだし、脇目も振らずに初志を貫こうと誓った。

▼初の首相官邸で「例の壕から遺骨」の情報

東京着任から1ヵ月半後の4月10日。僕は初めて首相官邸のエントランスホールを訪れた。そこでは新聞や通信社、テレビ局の記者たちが40人ほど群れていた。騒然とした雰囲気に僕はすっかり飲み込まれてしまった。当時は、自衛隊イラク派遣部隊の日報の隠蔽が問題となっていた時期だ。40人ほどの記者たちの目的はただ一つだった。安倍晋三首相（当時）がホールに姿を現したときに声をかけてコメントを聞く「ぶらさがり」を彼らは待っていたのだ。「総理！」と記者団の代表が首相を呼び止めて一言、二言質問する映像がニュース番組でよく登場するが、それが官邸でのいわゆる「ぶらさがり」だ。

ただ、そんな記者たちとは別に、10人ほどの記者が、ホールからやや離れた「南会議室」の前で、ある会議が終わるのを待っていた。

その記者たちの中に僕はいた。会議とは「硫黄島に係る遺骨収集帰還推進に関する関係省庁会議」。硫黄島での前年度の遺骨収集結果を踏まえて、次年度以降の方針を決める場だった。この日、ここで開かれると、厚労省が数日前に報道発表していたのだった。

やがて会議は終わり、議長を務めた衛藤晟一《せいいち》首相補佐官（当時）が現れた。そして、自身を囲む記者たちに向けて、こう語った。

「昨年、熱気の出る例の壕を冷やし、2体収容することができました」

例の壕とはいったい、何か。誰も質問しなかった。僕も、だ。初めて足を運んだ官邸の雰囲気に僕は気圧されていた。

ほかの記者の表情を見ると、そもそもこの会議自体に対する関心が薄そうだった。厚労省が会議をやると発表したから、とりあえず「特オチ」しないように来てみた。そんな雰囲気だった。「特オチ」とは、他社が一様に報じているのに、一社だけ報道しなかったという記者にとって最大級の失態を指す。

例の壕について、翌日の朝刊で報じた新聞社はなかった。数日後、厚労省の社会・援護局を取材すると、すぐに分かった。それは後に、報道関係者として初めて僕が内部に入ることになる、滑走路直下の地下壕だった。

▼滑走路下で戦没者発見　取材成果は特報に

「チカゴウマルイチ」。取材に応じてくれた厚労省社会・援護局の担当者は「例の壕」をそう呼んだ。まるで昔からの慣用句のように、慣れた言い方だった。政府にとっては注目の壕だったからだろう。衛藤首相補佐官が「例の壕」と呼ぶのも納得した。そういう言い方で記者にも伝わると考えていたのだろう。ただ、発見から年月が経過していたこともあり、その壕の重要性を認識している記者はいなかった。だから、どの新聞も朝刊で画期的発見を報道しなかったのだ。いや、報道できなかった、というのが正しい言い方かもしれない。

硫黄島は、日本側守備隊が総延長18キロメートルの地下壕を駆使して持久戦を繰り広げた戦場だった。地下壕マルイチは、防衛省が２０１２年から着手した地中レーダー調査で発見された。

「米軍が戦闘の最中に造成を始めた滑走路の下には、多数の遺体が埋められている」——。そんな仮説が遺族関係者の間では長年、ささやかれていた。しかし、自衛隊や米軍が滑走路の使用を続けているため、地中の本格調査は行われたことがなかった。

滑走路下に空洞がないかを探るレーダー調査は遺族側の要望を受ける形で実現した。しかし見つかった地下壕の内部調査は一向に進まなかった。阻んだのは、火山活動による猛烈な地熱だった。内部は70度に達し、2016年に調査に入った自衛隊員がやけどを負う事故が起き、調査は中断された。内部に太い管を通して、地上からエアコンの冷風を入れて温度を下げて内部調査を再開したところ、硫黄島遺骨収集の歴史上初めて滑走路下で2体が見つかり、あの首相官邸での会議で報告されたのだった。それは、滑走路下の遺骨残存説を裏付ける可能性のある画期的発見だった。

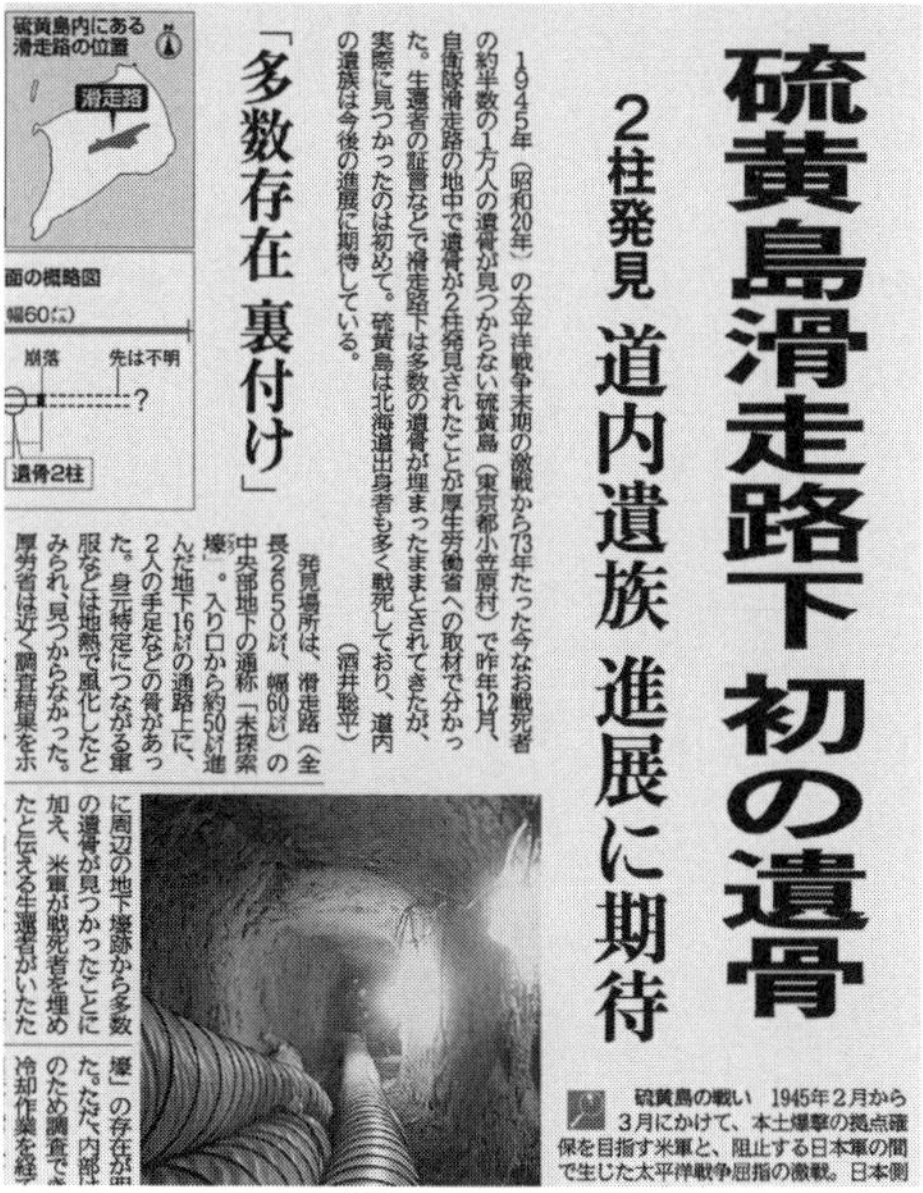

硫黄島滑走路下 初の遺骨

2柱発見 道内遺族 進展に期待

1945年（昭和20年）の太平洋戦争末期の激戦から73年たった今なお戦死者の約半数の1万人の遺骨が見つからない硫黄島（東京都小笠原村）で昨年12月、自衛隊滑走路の地中で遺骨が2柱発見されたことが厚生労働省への取材で分かった。生還者の証言などで滑走路下は多数の遺骨が埋まったままとされてきたが、実際に見つかったのは初めて。硫黄島は北海道出身者も多く戦死しており、道内の遺族は今後の進展に期待している。（酒井聡平）

「多数存在 裏付け」

発見場所は、滑走路（全長2650㍍、幅60㍍）の中央部地下の通称「未探索壕5」。入り口から約50㍍進んだ地下16㍍の通路上に、2人の手足などの骨があった。身元特定につながる軍服などは地熱で風化したとみられ、見つからなかった。厚労省は近く調査結果をホ

に周辺の地下壕跡から多数の遺骨が見つかったことに加え、米軍が戦死者を埋めたと伝える生還者がいたた

壕」の存在が
た。ただ、内部は
のため調査で
冷却作業を経

硫黄島の戦い　1945年2月から3月にかけて、本土爆撃の拠点確保を目指す米軍と、阻止する日本軍の間で生じた太平洋戦争屈指の激戦。日本側

官邸での取材を発端に報じた
2018年5月2日付北海道新聞朝刊の記事

僕の取材成果を北海道新聞は、社会面トップ記事として大々的に報じた。見出しは「硫黄島滑走路下　初の遺骨　2柱発見　道内遺族　進展に期待」。記事には、遺族を代表して三浦さんに登場してもらった。こう記した。〈戦死した父の部隊の壕が滑走路付近だったという恵庭市の三浦孝治さん（85）は『北国出身の父や仲間が今も遠い南国の地に残されたま

まなのは悲しい。遺族は高齢化しており、一日も早く調査を尽くしてほしい』と願っている〉。

「滑走路下　初の遺骨」の記事に対する反響は道外からも寄せられた。記事はインターネットで拡散された。ツイッターなどのSNSでは「なぜ北海道新聞から硫黄島のニュースが出るんだ」との書き込みが少なからずあった。

▼父なき少年時代、青年は荒野をめざす

硫黄島は戦後、日米の軍事拠点となり、民間人の上陸が原則禁止された島だ。本土から1200キロ離れ、交通手段は一部例外を除けば自衛隊機しかない。取材を始めた当初は、島に渡るのは不可能だと思っていた。しかし、その後、ことあるごとに硫黄島の話を上司や同僚に言い続けた結果、硫黄島から2000キロ離れた北海道から東京支社に異動し、硫黄島までの距離を800キロ縮めることができた。残り1200キロも何とかなるはずだ。東京着任直後から僕は、硫黄島上陸の実現に向けて、燃えに燃えた。

なぜそこまで執念が続いたのか。その理由には、父不在の少年時代を過ごした僕の生い立ちもある。

10歳のある日突然、父を失った僕は「鍵っ子」となった。大黒柱を失った母は懸命に働き、帰宅は夜になるのが常だった。僕は夕方まで近所の図書館で過ごすように言われ、気が

つけば今度は「本の虫」になっていた。

それが加速したのは中学時代だ。スケールの大きな放浪記に魅せられた。小田実『何でも見てやろう』や沢木耕太郎『深夜特急』などだ。経済的に旅行する余裕のない母子家庭で育った反動だったと思う。僕もいつか未知の地へ。そんな夢を抱いた。

僕はどんな大人になるべきなのか。父の教えが10歳で止まってしまった僕にとって、中学時代に出会った教師の教えは、人格形成に大きく影響した。その中でも忘れられないのが、中学校の卒業式の日、担任教諭から配られたプリントに書かれていた激励の言葉だ。

「青年は荒野を目指せ」

五木寛之『青年は荒野をめざす』の引用だと知ったのは後のことだ。担任からの最後の教えは深く心に突き刺さった。人生で岐路に立ったら、迷わず未踏の地に繋がる道を行け。そんな教えだと自分なりに解釈した。

大学に入ると、僕は迷わず世界に飛び出した。1年間休学し、タイからユーラシア最西端のロカ岬（ポルトガル）を目指す大陸横断の放浪に出た。お金がないから、どの国でも庶民と同じかそれ以下の衣食住で過ごした。必然的に各国で貧困層と交流した。この経験が、社会的少数者の声なき声を伝える新聞というメディアを職業として選択することに繋がった。

こうした生い立ちで形成された僕の記者精神は「荒野を目指せ」の教えの上にある。記者になってから読んだ『空白の五マイル』には多大な刺激を受けた。朝日新聞の記者だった角幡唯介氏が未踏の地に挑んだ冒険記だ。ほとんど報道されたことのない硫黄島の遺骨収集現場は、僕にとって、記者人生をかけてでも辿り着きたい「未踏の地」だった。

▼報道関係者の自由行動は認められない

実は報道関係者が硫黄島に上陸すること自体は、認められる機会が毎年数回ある。外務省が所管する日米硫黄島戦没者合同慰霊追悼顕彰式や、防衛大臣など要人による硫黄島視察の時などがそうだ。ただいずれも、自由行動が認められない「同行取材」だ。前者の場合、取材できるのは式自体のほか、在島自衛官らの案内で参列者と一緒に巡る戦跡のみ。防衛大臣らが視察時に足を運ぶことの多い戦跡も毎回、概ね同じだ。だから、硫黄島に上陸した記者やカメラマンによって発信される写真は同じような場所になってしまう。見学者用に照明機器が内部全体に張り巡らされた「医務科壕」や摺鉢山の水平砲台などだ。僕は戦後の新聞各紙の硫黄島関連の報道を調査したことがある。この数十年間の島内の写真は、既視感がある写真ばかりが繰り返し掲載されていた。

僕が目指した「上陸」とは、このような行動制限付きで、短時間しか滞在できない「同行取材」ではなかった。あくまで収集団に加わり、遺族と共に硫黄島の土を掘ることだった。

▼硫黄島への道を開いた「常夏記者」との邂逅

僕は霊魂を信じない。科学で解明されていないことは信じない。でも「言霊」に関しては、信じざるを得ない。僕が硫黄島遺骨収集団に加われたのは、まさしく言葉の力が及んだためとしか思えないからだ。東京でさまざまな人と出会う中「硫黄島に──」「硫黄島が──」と念仏のように話題として出し続けた結果、多くの人が助け船を出してくれた。「そんなに硫黄島に行きたいのなら、栗原さんを訪ねてみてはどうか」。そう助言してくれたのは、先輩記者だった。2018年3月。東京支社に異動した直後のことだった。

「栗原さん」とは、近現代史や戦後補償関連の報道の第一人者として知られる毎日新聞の看板記者、栗原俊雄さんのことだ。

一般に新聞やテレビは1年のうち、原爆投下の日や終戦の日がある8月に戦争関連の報道を集中させる。「8月ジャーナリズム」との呼ばれ方もする。栗原さんの場合、8月ジャーナリズムを年中続けていることから「常夏記者」との異名でも知られる。本格的に戦争報道に取り組みたいと志す記者の中に「毎日の栗原さん」を知らない記者はいないだろう。

栗原さんが2015年に出版した『遺骨　戦没者三一〇万人の戦後史』(岩波新書)を、僕はまだ読んでいなかった。同著を読んで知ったのは、栗原さんが2012年に政府派遣の遺骨収集団に参加していたということだった。過去の新聞各社の記事を検索してみた。現役新聞記者による硫黄島の遺骨収集体験の記事は栗原さん以外には見つけられなかった。

「戦没者遺骨の問題を書いている以上、自分も掘るんだ」

そんな思いで遺骨収集団に参加したと栗原さんの記事にはあった。

偶然は重なった。栗原さんの『遺骨』を読んだ3ヵ月後の6月。シベリア抑留者の遺骨問題などに関する集会が都内で開かれるとの報道発表資料を何気なく読んだ際、登壇者の中に栗原さんの名前を見つけた。僕は迷わず集会会場に向かった。

会場でマイクを握る栗原さんは、鋭い目をした冷静沈着な記者という印象だった。「毎日新聞学芸部の栗原です。僕は遺骨収容の取材を十数年やっています。シベリアには一度取材に行きました。硫黄島には4回行きました。4回のうち1回は遺骨収容団に参加して実際に遺骨を収容してきました」。そんな自己紹介から始まった講話は、収容した遺骨をすべてDNA鑑定して遺族の元に帰すべきだと問題提起する内容だった。

集会終了後、僕は即座に栗原さんに歩み寄った。名刺を渡し、ほとんど前置きの話をすることなく、ストレートに質問した。

「どうすれば僕も硫黄島の遺骨収集に行けますか」

栗原さんの周囲には、ほかにも名刺交換を待つ人たちがおり、聞くべきことを聞ける時間は短いと判断したからだ。栗原さんは「ぜひ酒井さんも硫黄島に行ってください」と激励してくれた。そして後日、毎日新聞社近くの沖縄料理店で会食する機会を設けてくれた。そこで僕は、現役記者として遺骨収集参加に至った経緯を詳細に教わった。助言は、とにかく粘り強く関係先に当たり続けることなど多岐にわたった。

なぜこのとき栗原さんは親身になって対応してくれたのか。その理由はずっと後に本人から聞いた。「硫黄島の遺骨収容が進まないのは、国民の関心が高まらないからです。国民の関心が高まらないのは、メディアが報じないからです。だから、多くの記者に『皆さん、硫黄島に行きましょう』と呼びかけてきた。でも、本当に行ったのは酒井さんだけですよ」。第一印象とは大きく異なる、笑顔を交えた話し方だった。

僕が調べた限り、栗原さんが遺骨収集団に参加してルポを発信した2012年以降、後に続いた報道関係者は誰一人いなかった。それには理由があった。厚労省の担当者がその理由をそっと僕に明かしてくれた。

▼厚労省はけんもほろろ「無理じゃないですか」

遺骨収集団参加に向けて僕が最初に訪れたのは、この事業の元締めである厚生労働省の社会・援護局だ。「滑走路下　初の遺骨　2柱発見」の取材を通じて懇意になった担当者に相談した。取材の際、記事執筆に必要な情報を何でも提供してくれた人だったが「参加は無理じゃないですか」と、けんもほろろだった。僕が「しかし、2012年に毎日新聞さんが参加した前例がありますよね」と食い下がると、次のような理由を述べた。

「2012年は、野党時代から硫黄島の遺骨収集の推進を訴え続けてきた菅直人元首相の旗振りのもと、遺骨収集の派遣回数が大幅に増え、遺族や生還者、旧島民以外にも大勢の一般人が参加した時期でした。このとき参加した心ない一般人が戦没者遺骨の画像をインターネット上に流すなどして遺族の方々の感情を傷つけ、問題化した。自衛隊側も、軍事マニアなど遺骨収集以外を目的とした人が渡ってくることへの懸念を抱きました。こうした経過により団員選定はハードルが上がった。報道関係者はこのハードルを超えられないでしょう」

取り付く島もない。そんな言い方だった。

荒波は高い。しかし、舵を切るべき方向は分かった。僕は報道関係者である前に、父島兵士の孫だ。硫黄島の兵士から「父島ノ皆サン　サヨウナラ」との電報が送られた側の兵士の子孫だ。その電報を心に刻んだ僕が島に渡って骨を拾うことは、兵隊さんたちの慰めにもなるのではないか。今後はそのようにしっかり説明しようと思った。

東京の都心から硫黄島まで1200キロ。僕は前進を諦めなかった。栗原さんの助言を守った。霞が関がだめなら、次は永田町だ。遺骨収集問題に長年関わる国会議員や、「厚労族」

と呼ばれる議員に相談した。そのうちの一人は「思いは分かりました。覚えておきます」と前向きな返答をしてくれた。しかし、その後、連絡はなかった。

▼硫黄島上陸に向けた最後の作戦

遺骨収集団員の推薦枠を持つ日本遺族会の関係者も訪ねた。三浦さんに紹介してもらった。関係者は僕のルーツを聞いた上で、こう話した。

「あなたが遺族に準ずる立場の人だということは分かりました。ただ、参加を希望する遺族は多く、順番待ちの状況が続いているんです。残念ですが、難しいでしょう」。遺族会と同数の推薦枠を持つ硫黄島協会の定期総会の会場にも足を運び、幹部に打診した。もともとは生還者の団体だったが、現在の中心は遺族だ。自身も遺児であるその幹部も、参加を希望する遺族が多いという理由で推薦を認めてくれなかった。

そして2019年5月。東京着任から1年余りが経っても前進できなかった僕が向かったのは、銀座線虎ノ門駅前のオフィスビルだった。今後の遺骨収集のあり方について協議するため専門家や関係者らが一堂に会す厚労省の「戦没者の遺骨収集の推進に関する検討会議」の初会合がこのビルの会議室で開かれることになっていた。僕は閉会後、退出する出席者一人ひとりに名刺を配った。「遺骨収集への参加を模索しています」という言葉を添えて。ただ、その場で前向きな返事をしてくれた人は一人もいなかった。

名刺にメールアドレスが書いてあった人にはこんなメールを送った。

「検討会議の終了後に挨拶させて頂いた北海道新聞東京支社の記者で厚生労働記者会所属の酒井聡平と申します。さて、先ほどお伝えしましたが、私の祖父は硫黄島守備隊と同じ小笠原諸島の元兵士でした。戦後復員し、私の出生前に他界しました。そうしたルーツから、祖父の戦友とも言える戦没者1万人が今なお眠る硫黄島の遺骨収集に長年関心を持ち、報道を重ねてきました。ここ数年、遺骨収集に参加する機会を模索してきましたが、実現がかなわぬまま月日が経過しました……」

収集団参加への強い思いを伝えるため、メールには過去に発信した硫黄島の関連記事を5本添付した。できることは何でもしようとした。

7月が過ぎ、8月に入っても、前進しなかった。もうだめかもしれない。硫黄島に僕が行くことは、遺族が一人行けなくなるということなのだ。僕は身を引くべきなのだ。そう自分に言い聞かせて納得しようとした。

上司からは東京勤務は2～3年と言われていた。早ければ半年後の翌年3月には北海道に戻ることになる。在京中、最後になるかもしれない夏休み。僕が1週間の家族旅行の滞在地に選んだのは、「房総半島最南端之碑」がある千葉県南房総市だった。僕はやはり硫黄島には渡れないのだ。であれば、せめて硫黄島に近い地まで行こう。そんな思いで旅先を選んだ。硫黄島に繋がる海を毎日見て過ごした。それで、さらに自分自身を納得させようとした。

▼「諦める旅」の最終日に起きたこと

そんな「諦める旅」の最後の夜。忘れもしない8月7日。午後8時を過ぎていた。ホテルの客室で幼い子供二人を寝かせ、旅の終わりを名残惜しむように妻と歓談していた。その時、僕のスマートフォンに着信があった。発信元の電話番号が表示されたが、心当たりはない。「応答」をタップした。声の主は若い男性だった。ＪＹＭＡの者であると僕に告げた。

「ＪＹＭＡ?」それが遺骨収集の学生ボランティア組織「日本青年遺骨収集団」の略称であることは、やや間を置いて思い出した。

男性は自身が「派遣管理部長」と自己紹介した上で「実は」と本題に入った。

「9月下旬から16日間の日程で、令和元年度第二回硫黄島戦没者遺骨収集団の活動が行われます。この収集団への参加が決まっていた学生二人のうち一人が急遽参加できなくなりました。そんな中、酒井さんが硫黄島への派遣を希望していると聞きました。もし可能であれば、代わりに参加しませんか。来週中に可否を回答してください」

男性は、僕に対して、硫黄島に渡ってほしいと打診したのだ。相手の発言の趣旨が分かるやいなや、僕は「本当ですか！」と驚きの声を上げた。それまでの人生で最大級とも言える喜びがわき上がった。検討会議の終了後、名刺を渡して硫黄島派遣を模索していると伝えた相手に、ＪＹＭＡの赤木衛理事長がいたことを思い出した。男性は赤木氏から参考情報として「派遣を希望している社会人がいる」という連絡を受けていたのだという。

しかし、一方で僕は身構えた。

そもそも僕は学生ではない。中年の新聞記者だ。ＪＹＭＡから推薦してもらったとしても、厚労省側が認めないのではないか。

とりあえず、回答期限を2週間後の8月下旬まで延ばしてもらい、電話を終えた。夏休みを終えた直後に、16日間の休暇取得を会社が認めてくれる確証はなかった。むしろ認められないだろう、と僕は思った。

▼それでも僕には使命がある

旅行から戻り、僕は赤木氏に連絡した。ＪＲ新橋駅近くのカフェで会うことになった。そこで僕が抱いていた不安が解消されることになった。赤木氏からは、ＪＹＭＡは過去にも社会人を推薦して派遣させた実績が少なからずあることなどを聞いた。驚いたのは、その中には現役の新聞記者もいたということだった。栗原さんに続いた記者がいたのだ。栗原さんと大きく違ったのは、現地では一切、取材活動を行わなかったという点だ。やはり、遺骨収集現場の取材は不可なのだ。そのため、栗原さんが書いたような現地ルポは発信されなかった。いくら検索してもほかに現地ルポが見つからなかったのもそのはずだ、と思った。

僕は硫黄島上陸に向けた最後の課題に取りかかった。16日間の休暇取得だ。

この時期、僕は、遺骨収集を所管する厚生労働省の担当から外れ、東京五輪の取材班に加わっていた。2020年7月の五輪開幕まで1年を切っていた。五輪を巡っては各種競技会場の熱中症対策や、訪日客の宿泊施設不足など課題が山積状態だった。取材班は多忙を極めていた。この時期に半月も持ち場を離れ、同僚たちの負担を増やすことになるのだ。今後の会社員人生に間違いなく悪い影響を及ぼす行動だ。しかし、それでも硫黄島の土を掘る使命は僕にはある、とぶれずに思った。相当な反対がない限りは意志を貫く決意だった。

僕は職場内交渉の準備にとりかかった。記者の遺骨収集参加の前例が少ないことなど「意義」をまとめた5ページの文書を作成した。それをうまく話すためのシミュレーションも頭の中で重ねた。その上で直属の上司の元に行った。文書を渡し、詳細に説明した。

僕の説明は5分以上続いたと思う。上司は椅子に座って腕を組んだ姿勢のまま、一度も質問しなかった。目は僕ではなく、天井の隅を見ていた。これは怒っているな、と思った。そして僕の説明が終わった。

▼上司が下した判断と「しょせん骨だろ」

上司の返答は意外だった。

「良かったなあ。千載一遇のチャンスだな。星の位置まで記録してこい」

さらにその上の管理職、職場長からもスムーズに了承された。10年以上「硫黄島に——」「硫黄島が——」と言い続けた結果、僕の執念は上司、同僚に知られていた。この時ほど職場に感謝したことはない。

ただ、一人の同僚からは酒の席でこう言われた。

「お前のやっていることはしょせん骨だろ。いい歳をした記者なんだから、取材の優先順位ぐらい分かって仕事しろよ」

こうしたことを言われるのも無理はないと思った。新聞記者は最新ニュースを追うのが職務だ。多くの国民にとって、70年以上も前の戦没者遺骨は関心の外にあるのだ。

しかし、だ。今なお硫黄島や沖縄、海外の旧戦地で取り残されたままの戦没者遺骨は「しょせん骨」なんかでは決してない。戦争が生み出すのは悲劇だけであり、その悲劇は代を超えるという後世に伝えるべき教訓そのものなのだ。だからこそこの問題を報じる記者もいなくてはならない。以後、僕は戦争報道の志が弱くなった時に、この「しょせん骨だろ」を思い出す。思い出すと志が蘇る。僕にとって最大のパワーワードの一つだ。

勉強とレポート提出、僕の心は学生に戻った

何はともあれ職場の了承という最後の壁は乗り越えられた。僕はＪＹＭＡの担当者に、収集団に参加できると連絡した。担当者からは、派遣前に2日間の勉強会に参加することと、その日までに人骨の各部位の名称などを勉強しておくこと、与えられた課題についてのレポートを勉強会当日に提出することを求められた。

レポートの課題は二つだった。一つは「米軍の硫黄島攻略の意義は何であったのか。その目的を3つ以上挙げて説明せよ」。もう一つは「硫黄島の地上戦における日本軍の戦術転換の原因について、例を挙げて説明せよ」だった。まるで学生時代に戻ったように暗記やレポートの執筆に取り組んだ。ＪＹＭＡは、あくまで学生が主体の団体なのだと思い至った。

研修は文京区のビルの一室にあるＪＹＭＡの事務所で行われた。初日は、研修担当の学生が講師となった。学校にあるような人骨の模型を使って、それぞれの部位の特徴について教わった。終了後にはペーパーテストが行われた。問1は「人間に一つしかない骨を挙げよ」だった。これは遺骨収集する上で極めて重要な設問だと、後に僕は知ることになる。現地では複数人の遺骨が入り交じって見つかることがある。その場合、仙骨や下顎骨など「一つし

かない骨」の数は、見つかった骨の人数を判断するための重要な手がかりとなるからだ。

全59問中、不正解は6問だった。正解率は9割で、我ながらよく頑張ったと得意顔になった。しかし、講師役の学生は非常に残念な顔をし、「酒井さん、明日、追試しますから。しっかりと復習してくださいい」とぴしゃりと言った。夢の硫黄島上陸が決まり、浮かれていた自分が心底、恥ずかしいと思った。

▼最高指揮官栗林中将の最期はいつ、どこで

2日目は、戦史に詳しいＪＹＭＡ幹部から、提出したレポートの講評を受けた。講師役の幹部が手にした公的戦史『戦史叢書』は何千回めくったと思われるほど朽ちていた。１９６７年に発足した「学生慰霊団」を前身とし、長年にわたり戦没者遺骨の問題に真摯に向き合ってきたＪＹＭＡの年輪を感じた。

遺骨収集団員用の冊子「実施要領」は、日本戦没者遺骨収集推進協会からＪＹＭＡに送られていた。2日目の勉強会終了後、それが僕に手渡された。途中から勉強会に加わった赤木氏はすでに実施要領に目を通していたようで、今回の収集団が担当する捜索エリアが2ヵ所あることを教えてくれた。

「2ヵ所のうち1ヵ所は、栗林中将らが最後の総攻撃に出たエリアですよ。栗林中将のご遺

骨も見つかればいいですね」

映画「硫黄島からの手紙」で、栗林中将は最後の総攻撃に加わった後、海岸付近で自決し、その地で守備隊兵士に埋葬されていた。しかし、実際は、いつ、どこで、どのような最期を遂げたのかはよく分かっておらず、硫黄島戦の謎の一つとなっている。もし栗林中将の遺骨や遺留品が見つかれば、それは歴史的発見となる。

もう一つの捜索箇所とはいったいどこなのか。それが記されている実施要領の地図のページを開いた僕は、思わず「あっ」と声を上げた。

それは滑走路下で発見され、僕が朝刊社会面で報じた、あの「地下壕マルイチ」だった。

▼「機密漏えいの罪に問われることも」

研修が終わったのは9月8日で、硫黄島遺骨収集団の招集日は9月24日。その間の2週間は多忙を極めた。担当する東京五輪の大型記事を出稿し、労働組合の「委員長・書記長会議」に出席するため札幌に出張。それと並行して硫黄島に渡る準備をしなくてはならなかった。

厚労省側が、出発前の収集団員に対して提出を求めた書類の一つに「誓約書」があった。こんな書面だ。

〈私は、硫黄島戦没者遺骨収集事業に参加するにあたり、下記の留意事項を遵守することを

誓約します。なお、万一違反した場合には、遺骨収集事業終了前に遺骨収集団から除かれることに異存ありません〉

列挙された「留意事項」は全部で31項目もあった。その中に〈（遺骨収集の作業中は）静止画又は動画の撮影は、行わないこと〉とあった。かつて収集団員が遺骨の画像をインターネット上で流して問題化し、これによって団員の選定や行動制限が厳格化したという厚労省担当者の話を思い出した。後に毎日新聞の栗原俊雄記者からは「私が参加した2012年当時は、誓約書を書かされたりはしなかった」と知らされた。

留意事項には、こんな記載もあった。

〈自衛隊施設及び自衛隊員に関して知り得た情報は、口外しないこと。なお、口外した場合、機密漏えいの罪に問われることがあります〉

国側は情報管理に相当、神経を尖らせている。そんな実態が、誓約書の行間から如実に伝わってきた。硫黄島は「秘密の島」なのだ。

それに関連し、思った。僕がすでに提出していた書類には住所、氏名、年齢、職業などの記入欄があったが、勤務先を書く欄はなかった。職業の欄には「会社員」と記していた。つまり、僕の勤務先が新聞社であるということが厚労省側に伝わっていない可能性があった。ここにきて大きな不安を抱いた。もし出発前に新聞記者であることが問題視されることになれば、収集団参加を取り消されるのだろうか。

どうかそうなりませんように、と僕は祈りながら出発までの日々を過ごすことになった。

▼三浦さんとの再会

派遣団招集日まであと10日となった9月14日。札幌での組合の会議に出席するため新千歳空港に降り立った僕は、恵庭に立ち寄った。戦没者遺児の三浦孝治さんに会うためだ。三浦さんは87歳になっていた。僕が初めて取材した以降も父の「アトハタノム」に応えるべく毎年、遺骨収集団に参加していた。三浦さん宅はJR恵庭駅から徒歩15分ほど。僕は歩いて向かうつもりだった。が、駅に着くと、三浦さんはマイカーで迎えに来てくれていた。新千歳空港駅発の列車のダイヤを調べて、おそらくこの便に乗っているだろうと見当をつけて待っていたとのことだった。いつもの「さかいさーん」の声と笑顔が懐かしかった。僕の遺骨収集団参加が叶ったことを我がことのように喜び「良かった、良かった」と何度も口にした。

三浦さんを訪ねた目的の一つは、硫黄島滞在中の注意事項などを聞くことだった。三浦さんはこんな話をしてくれた。

「硫黄島にはサソリがいるけど、刺されたという話は聞いたことがないです。最も気を付けなくてはならないのはムカデです。毒を持っています。それと足袋は避けた方がいい。場所によっては地熱がひどい。足の裏を痛めかねないからね」

三浦さんは20年ほど前、父と戦友たちを弔うため、小さな石碑を硫黄島に持ち込んでいた。その話は最初の取材で聞いていた。三浦少年と父の物語は何度聞いたか分からない。お父さんの石碑に僕も手を合わせたかった。三浦さんに、碑の設置場所を地図に書いてもらった。それも三浦さん宅を訪ねた大きな目的だった。

▼出発前夜に泣く娘、栗林中将の家族を思う手紙

遺骨収集団員の招集を翌日に控えた9月23日。出発前に家族と過ごす最後の夜。夕食と宿題を済ませて就寝したはずの7歳の長女が、わんわん泣きながら2階の寝室から、僕と妻がいる1階の居間に降りてきた。そして、こう言った。

「パパ、あの島に行ってほしくないよお！」

それまで娘には何度か、硫黄島の戦争の話を聞かせていた。たくさんの兵隊さんがかわいそうな目に遭ったんだよ、と聞かせてきた。ＹｏｕＴｕｂｅで公開されていた硫黄島の戦史のアニメを見せたこともあった。娘は、硫黄島ではまだ殺し合いが続いているのだと思っているようだった。その誤解を解く話をすると、娘は泣き止んで、再び2階の寝室に向けてとぼとぼと戻っていった。

僕は妻子を残して出征する応召兵の前夜を追体験したような思いになった。娘には「大丈夫だよ」と言ったが、胸の内は不安だらけだった。この時期、硫黄島は地震が頻発していた。もしかしたら地下壕内で作業中に崩落して生き埋めになるかもしれない。不発弾との遭遇も恐ろしい。さすがに遺書までは書かなかったが、クレジットカードの暗証番号や、ネット銀行など僕が利用しているすべてのサービスのパスワードを万一の際を想定して妻に伝えた。

就寝前に荷造りを終えた。三浦さんの助言を忠実に守り、靴は地熱を通さない厚底のタイプを選んだ。実施要領によると、荷物は一人10キロまでだった。それを超えた場合、どうなるかまでは書かれていなかったが、あらゆるルールを厳格に遵守しなくてはならない雰囲気が実施要領の文面から伝わってきた。体重計を使って、きっちり10キロ未満に抑えた。

2週間、空けることになる自室のパソコンやテレビ、オーディオ機器などのコンセントをすべて抜いた。このときふと、栗林中将が戦地から家族に送った一通の手紙を思い出した。その手紙は、自宅の台所から入るすきま風を塞ぐ処置をしないまま出征してしまったことを悔やむ内容だった。妻や子供たちは寒い思いをしていないか、思いやった手紙だった。

僕は、やり残したことはないか、と頭を巡らせた。

▼搭乗拒否への不安感　遺児のルール違反

9月24日。僕は大きなトランクケースと共に家を出た。集合場所は埼玉県入間市の航空自衛隊入間基地近くにあるビジネスホテルだった。ホテルの1階会議室で団結式が行われた。今回の収集団は総勢37人。高齢者が大半だった。一人ずつ自己紹介した。

そして迎えた本土出発当日の朝。収集団一行はホテルからバスに乗り、午前8時38分に入間基地に到着した。硫黄島に向かう自衛隊輸送機C130はすでにエプロン（駐機場）で待機していた。滑走路に面した建物には「入間ターミナル」の看板が掲げられていた。一行はその建物に入り、受付のようなカウンターの前で一列に並ばされた。カウンターの向こうにいる自衛官は、運転免許証など顔写真付きの身分証の提示を求め、本人であるかどうか確認した。民間の国内線にはない搭乗手続きだ。僕の順番が回ってきた。僕は、どきどきした。「勤務先が新聞社ですね。報道関係者は搭乗できません」と言われるのではないか、と思ったが、それは杞憂だった。ひとまず、最初の関門は通過できた。

午前9時42分。大きく口を開いた後方の貨物搬入口からC130に搭乗した。戦争映画などで見たことがある、金属製の骨組みが丸見えの機内。搭乗者の座席はハンモックのような形式で、腰の位置が安定しない。機内に響くプロペラの轟音がすごい。

着席してすぐに、客室乗務員役と思われる男性隊員が、全員降りてください、という仕草をした。声で伝えなかったのは、プロペラの音がひどいためだ。新聞記者であるとばれたからなのか。僕は再びどきどきした。なぜ降ろされたのかは、機内から外に出てから伝えられた。機体トラブルがあったとのことだった。C130は半世紀以上前から運用されている旧式の輸送機だ。「機体トラブルが離陸前で良かったよ」と安堵する収集団員の声が後ろから聞こえた。

再び搭乗したのは約30分後だった。手荷物は座席の裏か下に置くようにと隊員に指示された。皆がその指示に従う中、戦没者遺児とみられる高齢の女性が一人だけ指示に反して、菊の花束を入れたトートバッグを両足の間に挟むように置いた。花束がバッグごと倒れないように片手で支えていた。きっと亡き父が眠る島に捧げるため、自宅の庭などで育てた花なのだろう。

彼女のルール違反をとがめる人はいなかった。

▼そしてC130は硫黄島に舞い降りた

座席の配置は地下鉄のように2列が向かい合う形式だった。正面に座った団員たちの表情を見ると、皆一様に、やれやれようやく出発だと安心しきった様子だった。そうでなかったのはおそらく僕だけだ。報道関係者である僕はこの段階になっても、搭乗を拒否される不安を抱いていた。「どうかこのまま離陸しますように」と祈り続けた。

午前10時32分。ついにC130はエプロンからゆっくりと滑走路に移った。そして、滑走を始めた。民間航空機では経験したことのない、まるで洗濯機の中に放り込まれたような振動と騒音だった。走行する方向に対して横向きに座っているため、上半身が倒れないようハンモック型の椅子のパイプ部分につかまった。

いよいよ僕はかの島に旅立つのだ。もうここまできたら降ろされることは絶対にない。初めて安堵した。車輪が今まさに本土から離れたと感じたその瞬間、僕は天国の兵隊さんたちに向けて「ありがとうございます！」と声を絞らずに言った。その声は、プロペラの轟音でかき消され、誰の耳にも届かなかったはずだ。

硫黄島までの搭乗時間は2時間40分。午後1時2分、機体は下降を開始した。客室乗務員役の武骨な男性隊員による低い声のアナウンスが流れた。轟音の中、なんとか聞き取れた。「当機は間もなく硫黄島に到着します。座席ベルトを確認してください」。その太くて低い声は、僕には天国の兵隊さんたちからの福音に聞こえた。

やっと来たね、待っていたよ――。

第3章

滑走路下遺骨残存説

——地下16メートルの真実

▼硫黄島の滑走路と95%戦死の背景

硫黄島の戦い――それはすなわち〝滑走路を巡る戦い〟だった。

歴史に「もしも」はない。しかし、仮にこの島に滑走路がなければ、日米両軍が激突する地上戦は勃発しなかっただろう。戦時中、硫黄島に隣接する父島や母島にいた僕の祖父が生還できたのは、父島にも母島にも滑走路整備に適した平地がなかったからだと言える。

1944年夏。米軍は日本軍から奪取したサイパンに、日本本土爆撃の一大拠点を築いた。サイパンから本土までの直線距離は二千数百キロ。硫黄島はサイパン―東京間の直線上のちょうど中間にある。米軍が硫黄島の滑走路を奪う利点は大きかった。

利点の一つは爆撃機の護衛だ。護衛戦闘機を硫黄島に多数進出させ、サイパン発の爆撃機をここから護衛させれば、より低空からの本土空襲が可能になる。それに伴い、爆撃の精度を格段に向上させられるようになる。

二つ目の利点は、爆撃機や搭乗員の損失の抑制だ。本土爆撃の作戦の帰路、サイパンに辿り着けず、海に着水したり、墜落したりした機体は多かった。そのため、米軍は搭乗員と機体の損失を防ぐため、緊急着陸できる滑走路が必要だった。それに適していたのが硫黄島だった。

このほか、硫黄島を燃料補給拠点とした場合、サイパン発の爆撃機は燃料を半減できる一方、本土に投下する爆弾の積載量を格段に増やせるという利点もあった。

こうした米軍側の思惑を、島を守る兵士たちは知っていた。兵士だけでなく、一般国民も分かっていた。新聞が盛んに米軍側の狙いを報道していたからだ。だからこそ守備隊は95%が戦死するまで戦ったのではないか、との見方もある。1945年3月26日。全滅間近の守備隊が最後の総攻撃で出撃した先は、すでに米軍制圧下にあった飛行場方面だった。守備隊は最後の最後まで米軍による本土爆撃を妨げようとしたのかもしれない。

▼「硫黄島はB29の天国」

『戦史叢書』によると、硫黄島の航空基地化は、日本海軍が1933年に南部で飛行場を整備したことが起源だ。その後、戦局悪化とともに滑走路の拡充が進んだ。最終的には島南部の「千鳥飛行場」のほか、中央部に「元山飛行場」、その北側に「北飛行場」を整備した。

1945年2月19日に硫黄島に上陸した米軍は、日本側守備隊との戦闘と並行して、重機を使った元山飛行場の拡張工事に着手した。B29が離発着するためにはより長い滑走路が必要だったからだ。

その滑走路にB29が初着陸したのは米軍上陸から2週間後の3月4日だった。これを皮切

硫黄島発の戦闘機に襲われた変電所が今も東京都東大和市に残る（2022年4月）

りに硫黄島は、日本本土爆撃作戦で被弾・故障したB29の緊急着陸地となった。終戦までの着陸数は2000機を超えたとされる。「硫黄島はB29の天国」。そう記された米側戦記もある。

占領後の硫黄島には、戦闘機P51が多数進出した。硫黄島発のP51の本土攻撃は一つに「武蔵野空襲」がある。東京都武蔵野の工場地帯を狙った爆撃。硫黄島守備隊が「散ルゾ悲シキ」との訣別電報を残して玉砕してからわずか10日余り後のことだ。米軍側記録によると、B29による再三の武蔵野空襲は当初「成果貧弱」「成果不十分」と評価され続けていた。それが硫黄島陥落を境に「成果優秀」に転じた。硫黄島発のP51の護衛により、従来よりも低い高度からの昼間爆撃が可能になったため、とされる。硫黄島の戦闘機部隊は終戦までの4ヵ月で170

０回以上、出撃した。硫黄島守備隊の最高指揮官栗林忠道中将は玉砕間際の硫黄島からこんな電報を本土に発していた。

「（島の）要地（航空基地）ヲ敵手ニ委《ユダ》ヌル外ナキニ至リシハ小職ノ誠ニ恐懼《キョウク》ニ堪《タ》ヘサル所ニシテ幾重ニモ御詫申上ク」

栗林中将の予見は死後、的中したのだった。

▼そして注目の「地下壕マルイチ」へ

広さが東京都板橋区とほぼ同じ硫黄島。１９５２年度から半世紀以上、政府による遺骨収集事業が続けられているが、なぜ２万人のうち１万人の遺骨が見つからないのか。

「滑走路の下に埋まっているからだ」

戦没者遺族の間では長年そうささやかれてきた。自衛隊や米軍機の発着を理由に、滑走路のある地区のみ調査が手つかずだった経過が背景にある。

現在の滑走路は全長２６５０メートル、幅60メートル。米軍が戦闘中に、重機で一帯に土砂を盛って平地にし、コンクリートで地面を覆い、造成した。硫黄島を含む小笠原諸島の施政権が１９６８年に日本に返還されてからは自衛隊が使用している。米軍も今なお訓練で利用している。

滑走路下に遺骨が残存しているという見方には二つの説がある。

一つは「生き埋め説」だ。島中央部は、死傷兵の多さから米軍が「肉ひき器（ミートグラインダー）」と呼んだ要塞群があった激戦地だった。そのため米軍が滑走路を急ごしらえで造成した際、中に日本兵が入ったまま重機でふさがれた壕が少なくないのではないか、というのがこの説の見方だ。

もう一つは「集団埋葬説」だ。島中央部は起伏がある地形だった。米軍はくぼんだ部分に土を盛って整地する際、多くの遺体を埋めたのではないか、という推測だ。

この二つの説の検証に向けた政府の動きは２０１２年に本格化した。防衛省が高性能地中探査レーダーを開発し、地下4メートルの範囲で大腿骨に似た円柱状の固形物がないか探索を始めた。壕の可能性のある空洞が地下10メートルまでの範囲で存在しないかも、このレーダーで探った。

結果、１７９８ヵ所で大腿骨に似た固形物、３ヵ所で空洞が見つかった。固形物はその後の掘削調査で、いずれも石や金属片など人骨以外だったと判明した。一方、３ヵ所の空洞のうち２ヵ所は探索済みの壕だった。２ヵ所とも滑走路の端付近にあり、コンクリートで覆われなかった滑走路外の壕口から内部に入って調べたのだった。未探索だった残る１ヵ所の壕こそが、首相官邸の会議で報告された、あの「地下壕マルイチ」だった。

▼マルイチ内部の有人調査

注目されたマルイチ内部には果たして、どれほど多くの戦没者が眠っているのか。実際に遺骨収集団員らが内部に入る調査は、火山活動による猛烈な地熱に阻まれた。壕内の温度は、高い所で70度に達していた。そして危惧された事態が２０１６年に起きた。内部を調査中の自衛隊員が熱風を浴びて重度のやけどを負ったのだ。これにより有人調査は中断となった。以後の1年間は、冷風を送る装置を使って、内部の温度を下げる作業が繰り返された。そして翌２０１７年、内部に収集団員が入ったところ2体が壕の底から出土した。この成果は、滑走路下での画期的発見として首相官邸での会議で報告された。遺骨はさらに翌２０１8年にも2体が発見された。

有人調査は各年の遺骨収集団がバトンをつなぐ形で継続された。最後のバトンを渡されたアンカー。それこそが僕が参加した「令和元年度第二回硫黄島戦没者遺骨収集団」だったのだ。本来であればマルイチの調査は、この収集団が派遣される前に完了しているはずだった。しかし、飲料水の源となる雨不足のため収集団の派遣中止が続いた結果、バトンが回り回って僕らの収集団に渡ってきたのだ。やけどの事故や雨不足による順延がなければバトンは回ってこなかった。地の底の何かに僕は、呼ばれている。そんな思いが、僕の胸に広がっていった。

▼滑走路直下の調査は平日不可

収集団が現地に滞在した2週間のうち、地下壕マルイチの内部調査の実施日は、土曜日と日曜日だけだった。この派遣期間では4日間だけということだ。平日は自衛隊機や米軍機が発着するというのが、厚労省側が説明した土日限定の理由だった。

その4日間のうちの初日は、9月28日土曜日だった。当日を前に団長から団員に対して、こんな連絡があった。

「マルイチの内部に入るのは1団体につき1名とします。当日までに誰が入るのかを決めてきてください」

体力がある人が望ましいということも伝えられた。高年齢者は参加を見送ってほしい、というような言い方にも聞こえた。つまりこれまでの壕と比べると、作業は危険度が高いということだと理解した。おそらく地熱が相当高いのだろう。実際、過去に自衛隊員がやけどを負う事故も起きている。僕も同じ目に遭うかもしれない。不安が脳裏をよぎる。

さらに僕は、狭い場所が怖い。出口の見えないところに入ると、恐怖を感じる。本能は「志願するな」と僕に警鐘を鳴らした。しかし、「滑走路下遺骨残存説」の真偽を自分の目で確認したいという思いが本能を上回った。「国民の知る権利」に応えなくてはならないという職業的使命感もあったと思う。使命感は本能を超えるのだと、この時、僕は知った。硫黄島防衛を使命とされた兵士たちの95％が命を捧げた理由の一端が分かった気がした。

ともあれ、僕は志願した。

調査を翌日に控えた9月27日。休憩時間に楠さんと会話した。その際、楠さんが前回まで過去3回行われたマルイチの内部調査すべてに参加していたことを知った。そしてこんな話をした。

「明日は予定通りいけばマルイチの調査ですね。ガス検知の結果、調査中止となったあの熱い壕よりも、さらに熱いんですか」

「熱いね」

即答だった。僕が10分もいられなかった、あの壕よりも苦しいのだ。

翌日の調査中止が伝えられたのは夕方だった。その日の作業の成果を報告し、翌日のスケジュールを確認するミーティングの席で、団長からこう告げられた。

「明日の地下壕マルイチの調査がですね、米軍のフライトが入った関係で、なくなりました。明日は本日の現場で作業の続きを行ってください。あさっての日曜日は、今のところ地下壕マルイチをやる予定です」

反論する人はいなかった。同胞の遺骨捜索よりも、米軍の事情が優先されるのだ。それが当たり前という認識が収集団には広がっていた。

▼まるでクフ王のピラミッド

28日のミーティングでは、翌29日は予定通りマルイチの調査を行えると団長から報告された。

いよいよだ。ミーティングから宿舎の自室に戻り、気を引き締めた。

２０１８年4月、滑走路下で初の遺骨が見つかったことを記事化する際、取材した厚労省担当者からはマルイチに関する情報を詳細に聞いていた。だからこの壕については、収集団員の中で僕が一番詳しかったかもしれない。マルイチは滑走路の中心部にある。地中の空洞の有無などを調べる探索レーダーによって見つかった。コンクリート舗装を剝がして約5メートルの縦穴を掘ったところ、かつては階段だったとみられる下り坂の通路の最上部に繫がったということだった。

これはおそらく本来の入り口ではない。硫黄島の地下壕は地面ではなく、洞窟のように崖や斜面に入り口が設けられた。つまりかつてここには崖や斜面があったのだが、滑走路を造成するための平地化で削り取られた。さらにその上に5メートルの土が盛られ、壕は塞がれたということだ。当時の本来の入り口ではないところから、収集団員は内部に入る。まるで盗掘のために後世になって開けられた侵入口が現在の見学者用出入り口になっているクフ王のピラミッドのようだと思った。

最初の内部調査は有人ではなく、カメラを使って行われた。滑走路上からのレーダーの分

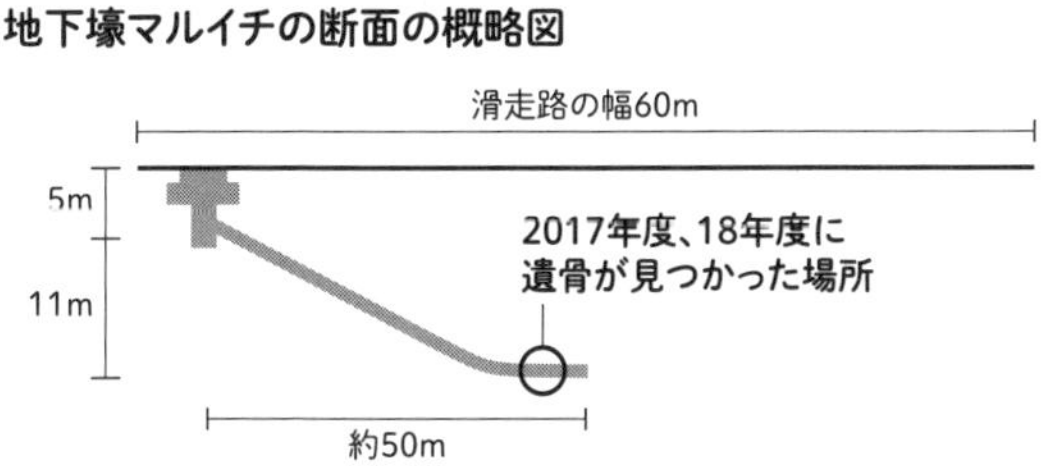

析結果をもとに、空洞が延びていると推測される方向に数メートル間隔で滑走路上から垂直に穴を空け、遠隔操作できるカメラを入れた。そのカメラの映像により、地下壕の全長や天井の高さ、不発弾など危険物の有無をチェックした。その上で、有人調査に移行したのだった。

有人調査を一時中断させる理由となった自衛隊員の事故についても、厚労省の担当者から詳しく聞いていた。隊員が中に入り、壕の底にあった岩を手で持ち上げて除去したところ、岩があった所から熱風が吹き上げた。その熱風が腹部に当たった。熱は作業着越しに皮膚まで伝わり、重い火傷を負ったという経過だった。

マルイチの発見当初の内部温度は70度以上あったという。果たして明日の作業を僕は無事に済ますことができるのだろうか。その不安から午後10時の消灯時間が過ぎ、深夜になっても眠れなかった。やむなくノートパソコンで映画「硫黄島からの手紙」を観ることにした。鑑賞するのは五度目か六度目だ。ストーリーは的確に話せるほど頭に刻み込まれていた。映画で描かれた戦闘の経過は概ね史実の通りだと思っていたが、実際に硫黄島を見た僕の感想は、事実と大きく違う点も少なからずあると気付いた。その一つが、栗林中将が本拠地とした司令部と摺鉢山の距離。映画では実際よりもかなり近い描写をしていた。そんなことを考えているうちに、僕は眠りに落ちた。

▼地下壕マルイチで最も困難な作業

滑走路の中心部にある地下壕マルイチは、収集団員が泊まる宿舎からマイクロバスで5分ほどだった。バスは滑走路上を走った。この日は自衛隊も米軍も軍用機の発着がない日なのだ。真っ平らなコンクリート舗装が続く。その先に見える摺鉢山は小さい。風の音しかしない。名も知らぬ、サギのような白い鳥が数羽、滑走路脇で羽を休めていた。航空基地の静かで平穏な休日。動くものはほかにない。

午前8時。現場に着いた。現場は縦横3メートルほどの正方形にコンクリート舗装が除去されていた。土がむき出しになった正方形の中央にマルイチの内部に入るための立て坑がぽっかりと口を開けていた。立て坑の入り口は直径1・5メートルほどだった。その近くには、縦横3メートルの分厚いコンクリート製のパネルがあった。調査を行うとき以外は、このパネルをジグソーパズルのようにはめ込んで、滑走路を平面化しているのだと理解した。

立て坑の入り口には金属製のはしごが付けられていた。その付近に大きな長方形の機械がどんと置かれていた。機械に接続された太さ20センチほどの管は、立て坑の入り口から地下に延びていた。この機械は冷風装置だった。すでに作動中で、壊れたボイラーのようなひどい轟音を響かせていた。

僕たちが現場に着いた直後、一人の作業員が地下からはしごを登り終えて、滑走路上に座り込んだ。作業員は、厚労省からの委託で遺骨収集事業を支援している建設会社所属の男性だった。僕たちの一団の中に顔なじみの楠さんがいるのに気付くやいなや、息切れしながら絶叫した。

「いやあ、あっつかったあ！」

男性は汗だくだった。玉のような汗が額から流れていた。

男性によると、この日、この男性を含む作業員数人は、午前5時40分からコンクリート製パネルを重機で持ち上げる作業を行い、立て坑を開けた。その立て坑の入り口に管を入れ、マイナス4度の風を壕内に送り続けた。しかし、我々が到着する直前になって、配管に不具合が生じ、十分に冷風が送られていないことが判明した。それで男性が急遽、内部に入って、配管を修復したとのことだった。

作業員は、僕たちに報告した。

「内部の階段のところに、手榴弾の破片らしきものもあった。そこに遺骨があるかもしれない」

手榴弾と一緒に遺骨が出てくるケースが多いことは以前も聞いていた。自決用に大切に持っていたから、というのが理由だった。

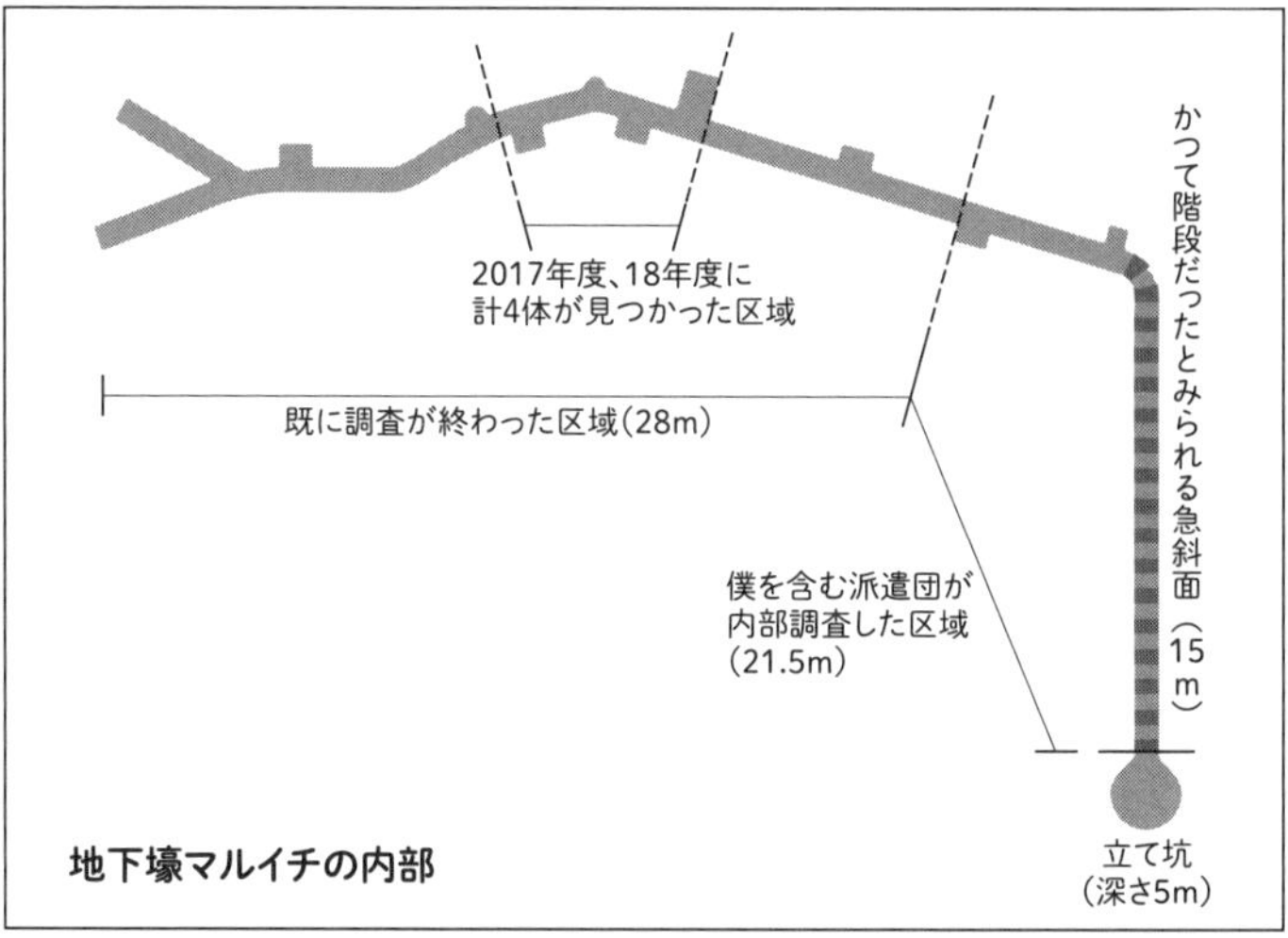

さらに男性は報告を続けた。「70センチから80センチほど土が積もっていて、それが踏み固まっています。それを掘る作業は結構つらいと思うよ」。

踏み固まってしまったというのは、こういうことだ。地下壕マルイチは全長約50メートル。2017年度に本格的に始まった内部調査は、約50メートル先の行き止まりから着手された。ショベルで地上戦当時の地層まで掘り下げる作業を、行き止まりから出口方向に向かって進めた。行き止まりからの28メートルの区間は前回までの調査で終了済みだった。僕たちの収集団は残りの21・5メートルの区間を担当する。しかし、前回までの調査でこの21・5メートルの区間は収集団員が何度も出入りしたため、底の土が踏み固まってしまったのだ。つまり、全長50メートルの区間の中で最も掘るのが困難な区域を、僕たちが担当するということだった。管の不具合で内部の温度は思ったほど下がっていないらしく、さらに掘る土は固いのだ。

僕は暗澹たる気持ちになった。

▼地下壕の前にて「落下傘部隊」の姿に

「それでは本日の作業を始めます」

滑走路上に団長の声が響いた。団員は皆、ヘルメットを外して、立て坑の方を向いた。「拝礼！」という団長のかけ声と共に、頭を下げた。

硫黄島では、作業前に必ず、この拝礼を行った。その際、ある人は、どうか安全に作業できますようにと心の中で願い、ある人は、どうか皆さん一緒に本土に帰りましょう、と呼びかけた。拝礼は作業の終了後にも行い、その日の作業が無事に済んだことへの感謝を伝えた。「合掌」ではないのは、行政機関の「政教分離」の観点からだろうと思った。

いよいよ始まるマルイチの捜索は総勢16人で行うことになった。5〜6人ずつ3班に分かれた。各班は30分交代で内部に入り、「壕底《ごうてい》」に積もった土砂を掘る作業を行う。壕の通路の戦争当時の表面を収集団は「壕底」と呼んでいた。その土砂の中に遺骨がないかを確認する。

僕は1班に加わった。楠さんと同じだった。立て坑の周りに集まるように言われた。そこで人生で初めて、工事現場の作業員が高所作業で装着するハーネス（墜落制止用器具）を着け

転落防止のためハーネスを着けてマルイチに入る団員
(2019年9月。日本戦没者遺骨収集推進協会提供)

た。両肩、腹部、腰部、両太ももにベルトを巻く姿はまるで、落下傘部隊の兵士だ。

腰部のベルトには、キーホルダーのフックを大きくしたような金具がぶら下がる。これを命綱に着けて転落事故を防ぐのだ。なぜマルイチにはハーネスが必要なのか。まず地下壕内部に繋がる立て坑。これの深さが5メートルある。さらに内部に入ると、深さ16メートルまで続く急斜面がある。地熱による火傷、崩落による生き埋め以外に、転落事故のリスクもあるのだ。この現場活動は、体力のある団員を対象にした志願制だったが、内部に入る直前になって、その理由がよく分かった気がした。

▼「ここで死ねたら」と語った遺族

僕の暗澹たる思いは表情に出ていたのだろう。

「大丈夫ですよ」

と声をかけてくれた人がいた。日本遺族会の推薦を得て収集団に参加した千葉県の正木敏順さん（72）だ。叔父を硫黄島戦で亡くした遺族だった。稲作農業を営んでいるため、毎年、稲刈りを終えた9月以降の遺骨収集団に参加している。顔が小麦色に日焼けしているのはきっとそのためだ。

「そんなに僕、心配そうな顔をしていましたか。崩落とか大丈夫ですかね」

「大丈夫ですよ。70年間、大丈夫なんだから」

「正木さんは怖くないんですか」

「私は叔父を帰すためにここに来ているんです。ここで死ねたら本望ですよ」

決意の固さが違うと思った。70年以上も前の戦争で失った親族を帰すために、命をかける人が、21世紀にもこうしているのだ。

会話が途切れたところで、団長の声が響いた。「では作業を始めます。1班の人は順次、入っていってください」。

1班は5人。立て坑に備えられたはしごと並行して命綱が垂れ下がっていた。一人目が命綱とハーネスをつなぎ、慎重にはしごを降りていく。二人目も続いた。そして3人目が僕だった。はしごの最上段に足をかけ、立て坑の中を見下ろす。暗くて何も見えない。団長が、さあ降りて、という仕草をした。僕は一段、一段、慎重に降りた。冷風装置の機械音のほかに、内部の照明の電源となる発電機の轟音が壕内に響き渡っていた。耳をつんざく音量。会話は不可能だと思った。はしごの最下段に降り立った。はしごの長さは5メートル。この長さは、米軍が滑走路を造成するために盛った土の厚さだ。

僕は遂に地下壕マルイチの入り口に立った。報道関係者として初めて滑走路の地下に入った。地下壕はまるで滑り台のような角度で深くまで続いていた。かつては階段だったのだろうが、段はまったくない。戦後七十数年間の

急角度の斜面を降りる僕
（2019年9月。日本戦没者遺骨収集推進協会提供）

歳月で風化した上、台風の際などに土砂が流れ込んでしまったのだろう。急勾配の坂道になっていた。

僕は命綱につかまりながら、慎重に坂道を下った。下るたびに温度が増していった。最深部の深さ16メートルまで辿り着いたとき、僕はすでに熱気で汗だくになっていた。通路の先を見渡しても、人工物は何も落ちていないように見えた。

地下壕マルイチは「空っぽ」だった。それが滑走路直下での僕の第一印象だった。

▼チリの鉱山事故と硫黄島慰霊碑

壕の通路は高さ約150センチ。僕の身長は179センチ。立ち上がれる高さではない。前屈みになって慎重に歩く。幅は1メートルほどしかない。そこに太さ50センチほどの冷風装置の管が通っている。すれ違うことはできない。5人は入った順番のまま、30分間、作業をしなくてはならなかった。

管は数メートルごとに穴があり、そこからマイナス4度の冷風が噴き出した。その穴付近は確かに涼しい。しかし、そこを離れると、たまらない熱さだ。冷風装置のためか砂ぼこりもひどい。肺にも悪そうだ。まるで炭鉱作業員になったようだ。

5人の役割分担はこうだった。5人のうち、後から入った二人がシャベルで土を掘る。当時の壕底が出るまで掘り続ける。掘った土は箕に入れる。箕は残りの3人がバケツリレー方式で、入り口とは反対方向に運ぶ。つまり、土を掘る場所から奥はすでに調査が終わっているため、奥側に土を捨てても構わないという判断だった。

5人のうち真ん中にいる僕は、土を掘る二人に空の箕を渡し、それに土が盛られて返ってくると、それをバケツリレーの一人目に渡した。それを30分間繰り返した。どうか僕が壕の中にいる30分間、地震が起きたりして崩れませんように。生き埋めになりませんように。そう願いながら。

僕の頭の中に常にあったのは、2010年8月にチリのコピアポ鉱山で起きた事故だ。落盤によって作業員33人が69日間、閉じ込められた。このニュースを知った時、僕は大きな恐怖を感じた。作業中、考えないようにしても、頭から離れなかった。

それにしても熱い。そして息苦しい。作業は両膝と片手を壕底に付けた姿勢で続けた。壕底の地熱を我慢できたのは最初の10分だけだった。次第に手や膝に痛みを感じるようになった。低温やけどをしているのではないかと思い、膝と手をこまめに壕底から離すようにした。

そして30分が経過した。一人が、地上に戻ろうという合図をした。そして僕たちは再び滑り台のような角度の坂道を転落しないように慎重に登り、立て坑のはしごを登り、地上に出た。

日の光と雨水が受けられるよう碑の上部だけ天井が開いた構造の「硫黄島戦没者の碑（天山慰霊碑）」（2019年9月）

ばたりと滑走路に倒れ込むと、視界いっぱいに青空が広がった。息を整えた後、冷えたポカリスエットをごくごくと飲んだ。そして、僕は思い出した。旧厚生省が戦後、島内に建立した戦没者慰霊碑のことを。その慰霊碑は、碑の上部だけ天井が開いた造りになっている。それには意味があった。暗い地下壕内で日の光に憧れ、飲料の雨水を求めながら死んでいった兵士らの心を表しているのだ。

僕は今、彼らが渇望した青空の下、渇ききった喉を存分に潤していた。先ほど出てきたばかりの立て坑を振り返った。この程度の作業ではもう二度と「つらい」「しんどい」と口にしないと誓った。

▼地底からの生還と「南洋リゾート気分」

3班によるマルイチ内部での作業は30分交代だったので、次に内部に入ったのは1時間後だった。人間の「慣れ」とはすごいものだ。1回目の時に抱いた恐怖心や不安感はほとんど感じなくなった。2回目の僕の役割はバケツリレーのうちの一人目だった。1回目と同様に汗だくになって地上に出た。そして午前の作業は終了となった。

頭から足のつま先まで全身、土まみれだった。現地作業員の一人がハンディタイプの掃除機のような機械で僕に強風を浴びせ、作業着やヘルメットに付いた土を吹き飛ばしてくれた。全員が土を落とし終わったところで、バスに乗り込み、再び滑走路を横切って、宿舎に戻った。

自室に着いて「ああ、生還した」と一人ごちた。未知の地の底から帰ってくることができた。ベッドの横の小型テーブルの上に置いていたスマホを見ると、ショートメールの着信が1件あった。宿舎のある自衛隊の庁舎地区は携帯電話やインターネットが繋がった。ただ、衛星回線のためなのか、本土に電話すると、まるで国際電話のようにタイムラグがあった。

メールは、同僚からだった。こんな一文だった。

「どうだい南洋リゾート気分は」

読んで苦笑した。確かに僕が2週間過ごすのは南洋の島だが、リゾート気分は1ミリも感じたことはない。むしろ毎日、汗にまみれ、土にまみれ、命を賭して、リゾートとは真逆の日々を過ごしているのだ。僕は1分でも1秒でも長く休憩するため、適当な返信をして、スマホを放り投げるように手放した。

▼そして地下壕マルイチは塞がれた

午後の作業から変更点があった。30分交代は20分交代に短縮された。作業による心身の消耗度をふまえると30分では長すぎるという声が、きっと収集団員から上がったのだろう。午後の作業は、楠さんに相談して、バケツリレー要員ではなく、壕底まで土を掘る作業を担当させてもらった。3回目の内部捜索。前の班がスコップや箕を置いていった箇所が、次の僕たちの班が引き継ぐ捜索現場だ。僕は残されたスコップを手にし、がむしゃらに掘った。掘っても掘っても遺骨は出てこない。兵士の身の回り品も、見つかったのは水筒1個だけだった。そのほか、出てきたのは主に小銃弾と、元々は何だったのか分からない金属の塊などだった。僕たちが担当する21・5メートルの区間のうち、20メートルの捜索が終わったところでこの日はタイムオーバーとなった。

残った捜索作業は次の土曜日である10月5日に行われる予定だった。しかし、またもや軍用機が滑走路を使うという理由で中止になった。結局、最後の日曜日である10月6日に行われた。この日の捜索でも兵士の亡骸は骨片すら出てこなかった。

この壕は「空っぽ」だ。そんな第一印象通りの結末となった。

地下壕マルイチ内部は、ぽつんと水筒だけが落ちていた
(2019年9月。日本戦没者遺骨収集推進協会提供)

全員が地上に上がり、スコップなどの道具を片付けた。作業終了後に行う拝礼の前、団長は皆に向かって、こう言った。

「これをもって3年間に及んだ地下壕マルイチは終了となります。この壕でお迎えできたのは前回までに見つかった4体でした。それでは皆さん、ヘルメットを脱帽してください。それでは拝礼します。拝礼!」

僕たちは、この現場に来たときと同様、僕たちだけでバスに乗った。一緒に帰る兵士を一人も見つけることができなかった。団員の一人がバスの中でこんな話をした。

「ここは硫黄島の戦いの中でも初期の戦闘が行われた場所だ。栗林中将は全将兵に対して、無謀なバンザイ攻撃を禁止し、持久戦を続けるよう厳命していた。ここでの地上戦で戦死しなかった人は、持久戦継続の命令を守って北部に移動したのではないか。だから、壕の中に残って絶命した人は少なかったのではないか」

兵士の95％が戦死した硫黄島は、生還者の証言が限られることから、分からないことだらけだ。この団員の推測通りかもしれないし、違うかもしれない。実相は誰にも分からない。少なくとも言えることは、マルイチからは4体しか見つからなかったという事実だけだ。

現場から宿舎に向けて走り出したバスの窓から、僕はマルイチの現場を振り返った。現地作業員たちがクレーンでコンクリートのパネルを下ろして立て坑を塞ごうとしていた。

そしてマルイチは閉じられた。おそらく、永遠に。その光景を見ていたのは、バスから振り返った僕と、滑走路脇で羽を休める、名も知らぬ鳥たちだけだった。

第4章

情報公開請求で暴いた硫黄島戦後史

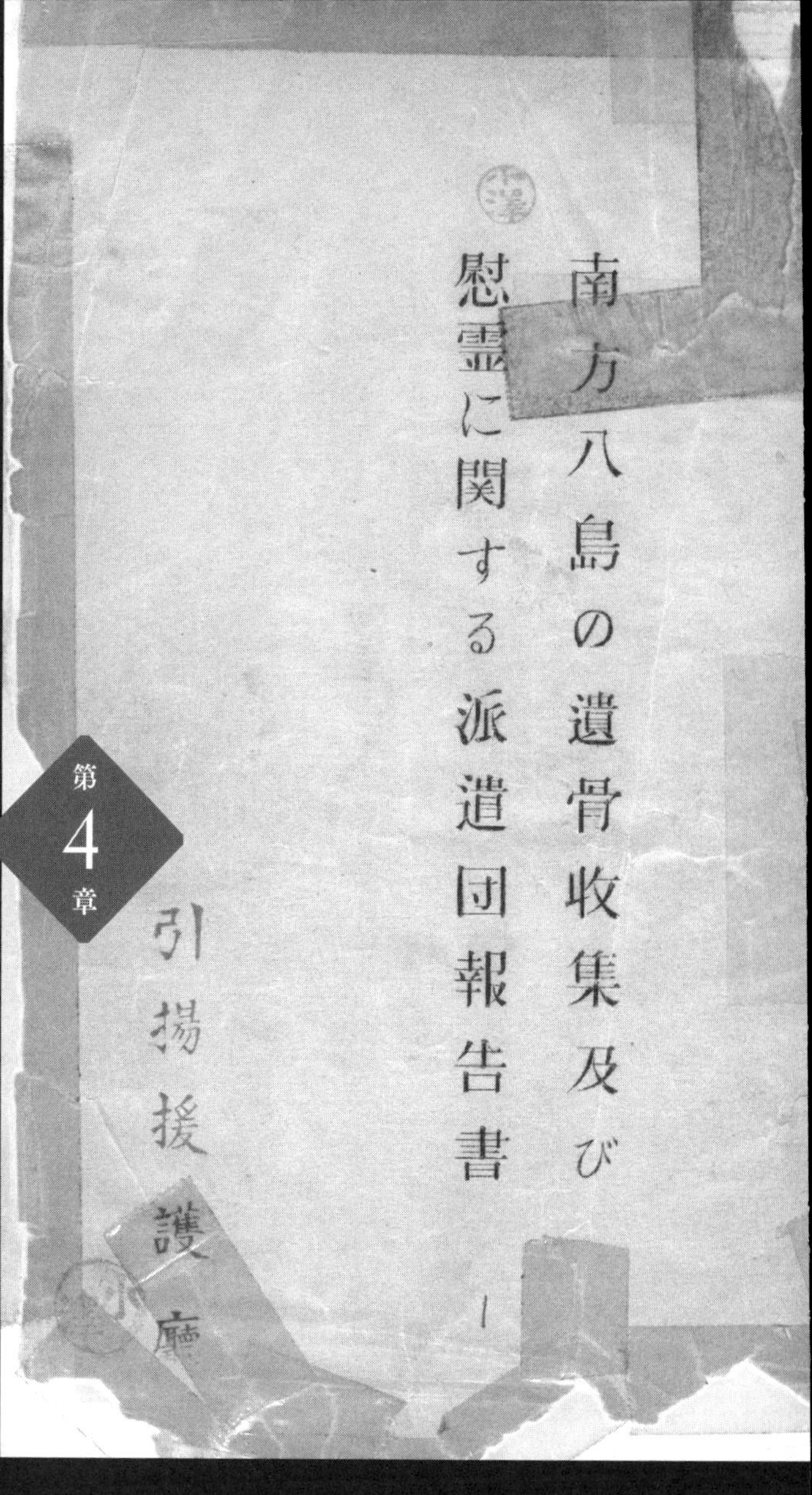

▼懸命な捜索活動、見つかったのは4体

総勢37人が2週間、硫黄島に渡り、発見した遺骨は4体——。

それが、僕も参加した2019年9~10月の「令和元年度第二回硫黄島戦没者遺骨収集団」の全成果だった。連日、炎天下の中、地熱でサウナ状態の地下壕に入り、全身、汗と土にまみれながらも、その数しか見つけられなかった。命を賭する覚悟で、腰に綱を着けて、地下16メートルまで潜入した滑走路下の地下壕マルイチでは、ゼロだった。収集団員、厚労省職員、在島の自衛官、現地作業員……。誰一人、手を抜く人はいなかった。予定より早く壕の捜索が終わっても、休む時間を惜しみ、予定になかった別の壕の作業に取りかかった。そんな努力の末にもかかわらず、これだけしか見つからないのはなぜなのか。

ある壕では2日間かけて捜索したが、骨片すら出てこなかった。成果がないと、どうしても団員は沈んだ気持ちになる。そんな中、一人のベテラン団員が励ますように言った。「この壕には誰も残されていないということを確認するのも、われわれの役目です。だからこの2日間が無駄ということでは決してないのです」。

この言葉を聞いて僕は映画「硫黄島からの手紙」で硫黄島最高指揮官、栗林忠道中将を演じた渡辺謙の台詞を思い出した。「我々の子供らが日本で一日でも長く安泰に暮らせるなら、

我々がこの島を守る一日には意味があるんです」。
あの2日間に、意味はあったのだ。

▼「塩は必要ないよ」と僕は言った

僕たち収集団一行を乗せた自衛隊機が埼玉県の航空自衛隊入間基地に帰着したのは夕方だった。基地の滑走路脇に立つ「入間ターミナル」と呼ばれる建物内で、解団式が行われた。団長が解団を宣言して慰労の言葉を述べた。最後に念を入れるように注意事項を話した。「在島中の休息日などに撮影した島内の写真はくれぐれもSNSなどにアップしないでください」。

一行は基地内からバスに乗り、入間市駅に向かった。都心方面に向かう二人と一緒に電車に乗った。すでに日は暮れていた。車窓から見える21世紀の首都圏の光景。「なんだか、ものすごくまぶしいですね」と僕は言った。2週間、ジャングルの島で過ごしたのだから、当然だった。一人が言った。「僕たちが驚くのだから、兵隊さんたちが帰ってきたら、目を丸くするでしょうねえ。戦後ずっと暗い壕の中にいたんですからねえ」。

2週間ぶりの帰宅。軒先に立ってわが家を見て、しばし感慨に耽った。もう不発弾も崩落事故も何の不安もない日常に僕は帰ってきた。まるで復員兵のような思いが胸にこみ上げた。インターホンを押すと、7歳の長女と5歳の長男が迎えてくれた。僕の顔を見て「パパ、真っ黒になっている」とはしゃいだ。万一のこともあるかもしれないと伝えていた妻は、安堵した表情だった。晩ご飯は手巻き寿司だった。食糧補給に難のある硫黄島の食事は冷凍食品が中心だった。連日、揚げ物が続いた。それだけに生の食材の味は心底おいしかった。硫黄島生還者の記録によると、兵士たちの食事のおかずは乾燥わかめや乾燥野菜が中心だったという。荷揚げする海岸はあまりにも乾燥わかめの箱が多いことから「わかめ海岸」と呼ばれていた、と伝えられている。本土の味はなんとおいしいことか。僕は復員兵の感動を疑似体験した。

ところで、僕が家に着いたとき、妻は塩を小皿に入れて用意してくれていた。お葬式から帰ってきた時のように。僕は「塩は必要ないよ」と言った。今回、僕は一人でも二人でも多くの兵隊さんを本土に帰すために硫黄島に渡ったのだ。僕は霊魂を信じない。でも、一緒に帰ってきた兵隊さんが仮にいたのであれば、それは喜ばしいことだと思った。

翌朝、僕は電車に乗って東西線九段下駅で降り、千鳥ヶ淵戦没者墓苑に行った。靖国神社にも行った。そこで待っているかもしれない戦友たちの元に送るために。千鳥ヶ淵墓苑では、前日、入間基地での解団式をもって別れた団員二人とばったり出会った。同じことを考えている人がほかにもいた。3人で笑った。ここに来て、ようやく遺骨収集団員としてのすべての役目を終えた気がした。

▼紆余曲折を経て体験記発信

本土に帰った翌日から、僕は仕事に復帰した。

このときの僕の担当は「遊軍」だった。遊軍とは新聞業界で一般に、どの記者クラブにも所属しない記者を指す。大きな社会的出来事や災害、事件が起きた際、真っ先に対応することを求められるのが遊軍記者だ。

さらに僕には皇室報道担当という兼務もあった。10月9日の職場復帰早々、目が回るような忙しさに追われた。台風19号が本州を直撃して各地で深刻な被害をもたらした。国際オリンピック委員会（ＩＯＣ）が東京五輪マラソン・競歩の札幌開催の検討に入ったと発表した。神奈川県内の災害現場と大会組織委が入る都心の高層ビルを往復する日々が続いた。

その中で、歴史的な舞台にも行った。第１２６代天皇陛下の即位を国内外に宣言する「即位礼正殿の儀」（10月22日）の取材だ。先輩記者はこう言った。同じ月に硫黄島の地下壕と皇居宮殿に入った記者は新聞史上、僕が初ではないかと。宮内記者会に所属する14社の記者と共に、僕は宮殿の「松の間」の近くまで行き、まるで平安絵巻のような儀式をつぶさに記録した。

業務過多でくたくたになる日々が続き、僕の心は揺らぎ始めた。できることなら硫黄島での体験を記事化したいと当初は考えていた。しかし、必ずしもそうする必要はないのではないかと思い始めていた。そもそも僕はボランティアとして硫黄島に渡ったのだ。取材目的ではない。記事にして発信することで、トラブルになるのではないか。そんな危惧を抱いていたのも事実だ。

揺らいだ気持ちが変わったのは、政治担当の後輩記者の言葉がきっかけだった。たびたび国会議事堂の食堂で昼食を共にする仲間だった彼にこう言われた。「酒井さんが硫黄島で見たものは公文書同然ですよ」。

記事にしないなんて何、眠たいことを言っているんですか、先輩、目を覚ましてください。僕に失望したような言い方だった。

ちょうどこのころは、安倍晋三首相（当時）主催の「桜を見る会」を巡る政府の公文書管理の不透明さが問題になっていた時期だった。「国に遮断されて誰もがアクセスできない〝公文書〟に酒井さんは執念で辿り着いたわけです。広く国民と共有すべき情報です。そう思いませんか」。

その通りだと思った。僕は行動に移した。厚労省の社会・援護局を訪ね、遺骨収集の体験記を記事として発信することを担当職員に伝えた。困った顔をされるか、と思っていたが、それは杞憂だった。掲載時期がいつになるのかを確認されただけだった。いちローカル紙に掲載されたとしても社会的な影響はない、という判断があったのかもしれない。これが全国的な影響力のある全国紙やテレビ局の記者だったら、違ったのかもしれない。

体験記は「残された戦後　記者が見た硫黄島」とのタイトルで、番外編を含め計4回連載された。12月8日の「開戦の日」に合わせた。現役新聞記者による硫黄島の遺骨収集現場ルポは、毎日新聞の栗原俊雄記者が２０１２年に発信して以来7年ぶり。収集団員に対する規制が強化されてからは、僕が初だった。遺骨収集が進まないのは、国民に知られていないからだ。それが栗原記者と僕の共有認識だった。とにかく知ってほしい。そんな一心で発信した。

意外な反響があった。全国の新聞社、通信社、放送局が加盟する日本新聞協会からだ。毎月2回発行される「新聞協会報」の担当者から、硫黄島上陸に至るまでの経過を詳しく聞きたい、との連絡があった。僕は人生で初めて「他紙」の取材を受けた。僕の話を担当者はよくまとめてくれた。翌月の２０２０年1月14日に発行された新聞協会報に、僕の硫黄島報道を紹介する記事が載った。見出しは「遺骨収集の現場　執念で報道」だった。

紙面は札幌の実家の母に送った。「お父さんとおじいちゃんにも読んでもらおうと仏壇に供えたのよ」と後に母から知らされた。

▼コロナ禍で始めた「一日一硫黄島」

中国湖北省武漢市で原因不明の新型肺炎が拡大——。

そんな不気味なニュースが盛んに報じられるようになったのは、この時期だ。僕は自分とは何ら関係のない異世界の出来事のように思っていた。しかし、突発的な社会事象への臨機応変な取材活動が求められる「遊軍記者」の僕は、この未知の疫病の国内最前線に身を投じることになる。武漢に滞在する邦人約200人を帰国させるために派遣したチャーター機が1月29日、羽田空港に到着すると、政府が発表したのだ。

到着直後の邦人一行を取材するため、羽田空港に向かうよう上司から命じられた。硫黄島に行かせてくれた職場の恩に報いたいという思いから、僕はあらゆる業務命令を受け入れようとし、実際にそうした。夜明けの羽田空港に到着すると、到着ロビーの一角に大勢の報道関係者が集まっていた。僕は二人が感染していないことを信じ、取材団の最前列で彼らの言葉を記録した。帰国を果たした邦人のうち二人が取材団の質問に応じることになった。

その約3週間後の2月19日。僕は横浜港に群がる報道陣の中にいた。船内で未曽有の集団感染が起きたクルーズ船「ダイヤモンド・プリンセス」から下船する乗客の取材を命じられたためだった。

新型コロナウイルス禍で、人生初のテレワークが始まった。家に閉じこもる日々が続いた。これに伴い毎日往復1時間半を要していた丸ノ内線での通勤時間はゼロになった。この1時間半を、僕は硫黄島の時間に充てることにした。それで硫黄島への思いを繋ごうとした。何か一つでも良いから、硫黄島に関連することに取り組もうと思った。僕はそれを一日一善ならぬ「一日一硫黄島」と呼んだ。硫黄島の文献を読む、関係者をリモート取材する、それをSNSで発信する。それらを「一硫黄島」とカウントした。そんな中でリモート取材に応じてくれた一人が、戦没者遺骨収集の戦後史研究の第一人者である帝京大学の浜井和史准教授だった。まるで講義のような解説を受けた。国が戦没者遺骨に対してどう対応してきたのかについての理解が格段に深まった。

▼戦前から終戦直後の遺骨収集史

浜井准教授によると、海外戦没者に対する国の対応は、時代によって大きく変遷してきた。日露戦争では、現地で荼毘《だび》に付し、焼いた遺骨を本土に帰還させるという対応が制度化されていた。1941年に開戦した太平洋戦争でも継承された。しかし、ガダルカナルやアッツなど激戦地では、こうした対応は当然、実行不可能だった。相次ぐ兵士の未帰還が批判的世論の高まりにつながることを懸念した軍部は、1944年制定の「留守業務規程」で新たな対応を定めた。それは、外地で遺骨収容ができない場合には、遺骨の代わりに現地の砂や石を遺骨箱に収めて遺族に渡すという方法だった。

遺骨なき箱を遺族に渡すことによって戦没者処理は終了したと見なす。そうした考え方は戦後の政府にも引き継がれた。太平洋戦争での戦没者は約310万人。そのうち海外戦没者は約240万人。戦後、空っぽの箱が遺族の元に次々と届けられた。その結果、実際には膨大な数の遺骨が現地で放置され続けることになった。

転機の一つとなったとされるのが新聞報道だ。1951年9月10日付の朝日新聞。サンフランシスコ講和条約の調印を終えた吉田茂首相らが祝杯を挙げる華やかな写真の隣に、こんな記事が載った。見出しは「〝南海の生存者〟引取りへ　孤島、密林に数千？　野ざらしの遺骨も収容」。この記事は講和条約調印の関連記事として記されたものだ。

〈講和は終わったが、残された遺骨は数十万体を数えるとみられる。これらの骨を講和後の日本はどう処理するのか。古今東西の戦史によれば、敗戦国は必ず戦場で自国兵士の遺骨を集めているというが、日本は遺骨だけでなく、多くの外地残存兵を抱えている。外務省、引揚援護庁は必要な対外交渉ができ次第、生存者の引き揚げや遺骨収集を進める方針だ（要約）〉

記事の結びには、芥川賞作家寒川光太郎氏のコメントも掲載されていた。寒川氏は戦時中、フィリピンで捕虜となり、1947年まで現地で旧戦地の清掃作業などに従事した人物だ。寒川氏はコメントで〈スコールにたたかれ土に埋まって白骨の一部が露出〉しているなどの無残な光景をコレヒドール島で目撃したと報告。その上で、日本の国際社会復帰を機に〈それらの骨を拾って、弔ってやれる日が待ち遠しい〉と訴えた。

この記事の反響の大きさを、寒川氏は半年後の1952年3月に出版した『遺骨は還らず』（双葉書房）で記している。記事を読んだ多くの戦没者遺族から便りが寄せられたといい、その一例として「少年の手紙」を紹介した。

〈拝啓　九月十日の朝日新聞で、先生が一日も早く遺骨引取りをしなければならぬといったお言葉を読んで、ぼくは胸をしめつけられました。ぼくの父はコレヒドールで戦死したというのですが、遺骨はカラ箱なので、どうしたものかと未だに心配でたまりません。ぼくは十七才ですが三人の妹と弟のほか、母と祖母さんと六人の家族で、毎日父のことを思いながら暮らしています。ぼくは工場で働いています。どうか遺骨引揚げが一日も早くなるようにお力になつて下さい。ではさようなら。敬具〉

僕は手紙を読んで、父と死別した10歳の時の自分を思い出した。僕の場合は、冷たくなった父の顔を見ることもできたし、火葬場で骨を拾うこともできた。それでも、父の死は何かの間違いで、父は仕事で出張先にいて、いつか「ただいま」と帰ってくる日が来ると夢想していた。時代は変わっても、子供が親を思う気持ちは不変なのだ。この手紙は、そんな真実を伝えていると僕は思った。今も健在であれば、17歳だった少年は現在、89歳前後だ。僕が今でも時折、父の帰宅を夢想するように、この少年も父を思い続けた人生を歩んだのではないか。

朝日新聞の報道は、遺骨収集の推進を求める世論を高めた。それに後押しされて政府の動きは加速していった。10月29日には、参議院の特別委員会で、引揚援護庁や外務省の担当者が初めて、南海の島々など各地の日本兵未帰還問題について報告。朝日新聞は翌日の朝刊で「浮ぶ『南方の遺骨』百五十万が散在　参院　引取り計画に本腰」との見出しで報じた。

政府が遺骨収集への第一歩として検討したのは、本土に近く、米国の施政下にある硫黄島と沖縄だった。硫黄島の遺骨収集を巡っては、同島の元海軍警備隊司令の和智《わち》恒蔵《つねぞう》氏が終戦直後から、連合国軍総司令部（GHQ）に対し、慰霊を目的とした渡島を再三申請していたが、却下が続いていた。この動きに対して、日本政府は世論をバックに支援に乗り出し、調査団の渡航許可を要請した。講和条約が調印されたこともあり、米国側は従来にない柔軟な対応を示し、これを認めた。

こうして翌1952年1月、硫黄島に初の調査団が派遣されることになった。これが硫黄島遺骨収集史の起源となった。

▼新たな「未踏の地」は厚さ50センチの公文書

遺骨収集団に参加して僕が知ったこと。それは収集団の全員が全力を尽くしていたということだ。なのに、約2週間、捜索に取り組んでも、なぜ4体しか見つからないのか。どうして戦後七十数年たっても、これほど小さな島で戦没者2万人のうち1万体しか収容できないのか。

新聞記者にはいろんな属性がある。政治記者や経済記者、スポーツ記者など。僕は元々「サツ回り」だった。北海道警の担当記者だった。分からなければ分かるまで現場に行け。事件の捜査官の世界では「現場百遍」というその心構えを、僕は駆け出しのころにたたき込まれていた。

しかし、硫黄島の現場に二度も三度も行くのは現実的に不可能に思えた。であれば関係者に聞いて回るしかない。「どうして1万人が今も見つからないのですか」。関係者にその疑問をぶつける取材を始めた。

そのうちの一人が口にした言葉が、後に僕を新たな「未踏の地」に向かわせる発端となった。「報告書を一冊も読んだことがない人が、硫黄島の遺骨収集について書こうとしてはだめですよ」。長年、遺骨収集に携わってきた元厚労省職員の言葉だった。

報告書とは、旧厚生省や現厚労省が年度ごとに遺骨収集の経過と成果をまとめた公文書だった。遺骨収集史に関する出版物はこれまで多数読んできた。しかし、参考文献欄に「報告書」と書かれた書籍は記憶にない。

すぐにでも厚労省に対して情報開示請求をしよう。そんな前のめりの思いが僕の表情に出ていたのだろう。元職員は諭すように僕に言った。「ただし、報告書は数百ページになるものもありますよ。それを全部開示請求するとしたら、それなりの金額が請求されますよ」。

それでも僕は厚労省への「行政文書開示請求」を行ってみることにした。インターネット上での手続きは煩雑で、一般の人にはハードルが高いように感じた。僕も前のめりになった直後でなければ、煩雑さに負けて、断念していたかもしれない。通常であれば開示まで2ヵ月以上かかるとのことだった。僕は以後、この手続きを何度も繰り返した。

先に記した通り、硫黄島遺骨収集史の起源は1952年だ。初の政府調査団が硫黄島に派遣された年だ。僕はこの調査団の記録がつづられた同年から、昭和が終わった1988年度までの報告書をすべて開示請求した。実際に全開示が終わるまで1年以上要した。「不開示」となった報告書はなかった。ただし、個人名など黒塗りになっていた部分はあった。

これまでに開示された報告書は年度ごとにファイルに納めた。すべてを積み上げると高さは約50センチになった。情報公開のために支払った金額は数万円になった。元厚労省職員の指摘通り、僕にとってなかなかの出費となった。妻は理解してくれた。新たなことを一つ始めるには、何かを一つやめなくてはならない。僕は20年以上ほぼ休まず飲んできた酒を44歳にして、きっぱりやめた。

▼遺骨行方不明の要因1「島の様変わり」

硫黄島の遺骨に関する最古の報告書は、1952年のものだ。全部で56ページあった。表紙に書かれた表題「硫黄島の遺骨調査に関する報告」以外はすべて手書きだった。開示されたのは白黒のコピーだったが、原本は相当朽ちているのが分かった。よくぞ今日まで保管してくれたと思った。僕はこの公文書を約70年間、リレーの如く繋いできた旧厚生省、現厚労省の歴代の職員に心から感謝した。

各年の報告書の文章の多くは、手書きだった。だからなのか、無機的なはずの書類の山からは、歴代の担当者の熱のようなものが伝わってきた。「あなたもよくぞ読んでくれた」。そんな喜びの声が、書類から伝わってくるような気がした。僕は心して一字一句、読み尽くさなければ、と思った。

1952年報告書を記したのは、硫黄島の元海軍司令和智恒蔵氏と共に上陸した引揚援護庁復員局の白井正辰氏と中島親孝氏だ。

各年度報告書の表紙

戦後7年間、米軍の占領下に置かれ、日本本土からの視線が遮断され続けてきた硫黄島。上陸した3人が見たのは、どんな光景だったのか。それは、島内の状況が戦時中とは様変わりし、戦後わずか7年にして〈探査行動及び洞窟の発見を、既に著しく困難にしている〉という実情だった。

なぜ様変わりしてしまったのか。原因は二つ記されていた。

一つ目は「ジャングル化」だ。報告書には〈この島は、目下非常な勢いで植物が繁茂しつつある〉と記載。焦土化した島の自然な緑化に加え〈米軍が近年大規模に種子を撒布した〉というネムの木が島全域に生えたこともジャングル化の一因になったようだ。ジャングル化により〈日本軍当時の旧道が全く跡形ないのは勿論のこと、その後米軍が掘開した道路も、交通に利用していないものは、殆んど徒歩で辿ることさえ出来ない程度〉になってしまったという。

島を変容させた二つ目の理由は、米軍による土地開発だ。〈7年の歳月と、加えられた人工の力は、この島を戦禍の島から平和の島へと復元し、又変ぼうせられつつある〉との記載がある。

僕が驚いたのは、次の一文だ。

〈玉名山は頂上が飛行場工事のため現存しない〉

玉名山とは、死傷兵の多さから米軍が「肉ひき器」と呼んだ要塞群があった島中央部の激戦地だ。生還者の回想録などに多く登場する地名の一つだ。島全体を見渡せる摺鉢山と異なり、低い山だったが、兵士たちにとっては地理の目印になるランドマークだったのだろう。僕はかつて三浦孝治さんからこんな話を聞いていた。「いつかの遺骨収集に、生還者が参加していた。彼は硫黄島に着くなり、真っ先にこう言ったんです。『玉名山がない！』って」。三浦さんは、そのときの生還者の驚きの表情を真似した。目を大きく開いて遠くを見つめ、口をあんぐりと開けた表情だった。

玉名山は戦後間もなくして忽然と消えた。山が一つ丸々なくなるぐらいだ。そのほかにも大規模な地形の変化があったのだろう。海外戦没者の遺骨収集は主に、生還者の記憶によって進められた。しかし、硫黄島においては、このような急速な島の変貌から、すでにこの時点で記憶に基づく捜索は極めて困難な状況に陥っていたのだ。

▼遺骨行方不明の要因2「米軍による壕の閉塞」

米軍が占領下の硫黄島で行ったことは、基地化に伴う地形の変化だけではなかった。報告書にはこうあった。

〈兵力密度が大であった関係上、洞窟は、全島至るところに構築されている。しかしながら、それは、米軍による掃蕩戦の当時から、多分戦後にもかけ、（中略）入口を閉塞されたのが大部分なので（中略）小官等が内部を調査し得たのは、洞窟の数からいえば一部に過ぎない〉

〈米軍による掃蕩戦から終戦後にかけての壕の閉塞作業は（中略）ほとんど『しらみつぶし』といってよい位に残らず行われた〉

硫黄島は総延長18キロメートルにも及ぶ地下壕が築かれたとされる。「友軍ハ地下ニ在リ」という硫黄島発の電報も伝えられている。そのため、地下壕内も遺骨捜索の対象となってしかるべきだと調査団の3人は考えていたが、すでに多くの壕が塞がれていたのが実情だった。なぜ米軍は壕を「しらみつぶし」に塞いだのか。その理由は、後に別の公文書で僕は知ることになる。

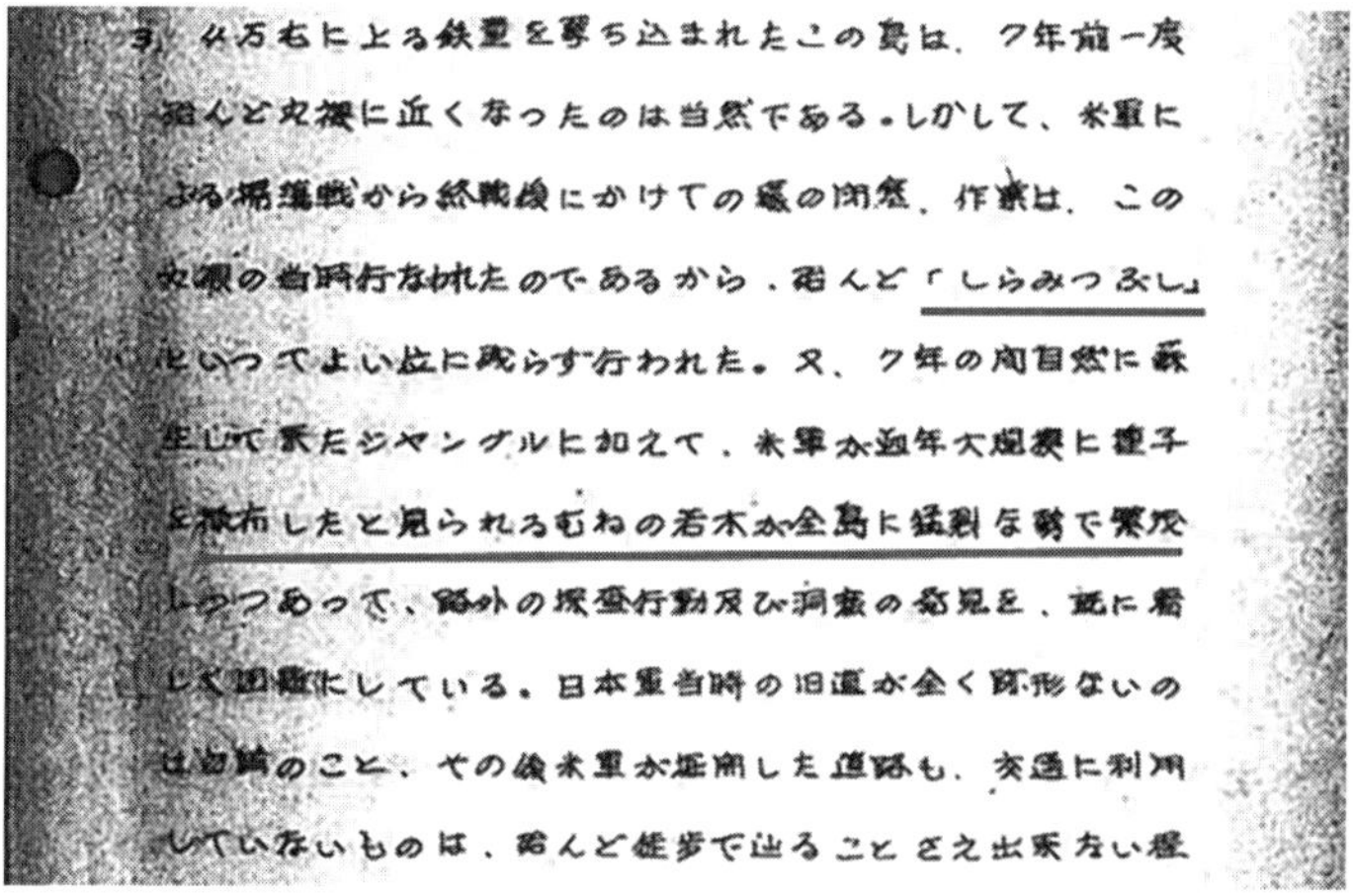

3、4万屯にも上る鉄量を撃ち込まれたこの島は、7年前一度殆んど丸裸に近くなったのは当然である。しかして、米軍による掃蕩戦から終戦後にかけての壕の閉塞、作業は、この丸裸の当時行なわれたのであるから、殆んど「しらみつぶし」といつてよい位に残らず行われた。又、7年の間自然に発生して来たジャングルに加えて、米軍が近年大規模に種子を撒布したと見られるねむの若木が全島に猛烈な勢で繁茂しつつあつて、路外の探査行動及び洞窟の発見を、既に著しく困難にしている。日本軍当時の旧道が全く跡形ないのは勿論のこと、その後米軍が啓開した道路も、交通に利用していないものは、殆んど徒歩で辿ることさえ出来ない程

米軍によって多数の壕が塞がれていたことを伝える1952年報告書

▼塞がれた壕の見つけ方

米軍によって「しらみつぶし」に潰された壕を、調査団の3人は何を手がかりに見つけ出したのか。報告書に記されていた。

〈岩に残つた弾痕だけは、7年の歳月をもつてしても、到底消すことはできない。4万屯にものぼる鉄量を撃ち込まれたこの島の岩という岩には、それだけでも激戦の模様を十分知ることができる程度に弾痕が残つている。中でも、特にこれが蝟集しているところの下には先ず壕の入口があるものと見て間違いない。察するに、米軍が掃蕩戦当時、残存兵がいようがいまいが先づ《ママ》機関銃の猛射を入口めがけて発射したことによるものと思う〉

僕は、「首なし兵士」が見つかった壕「235I－2」を思い出した。壕の入り口は、多数の弾が撃ち込

まれ、無数の穴が空いていた。その入り口付近で見つかった兵士の遺体は頭蓋骨だけが粉々だった。敵に囲まれ、手榴弾で自決したのではないかと推測された。調査団を元部下のもとに導いたのは、元部下たちを死の淵に追い詰めた無慈悲な敵弾の跡だった。報告書の記述は、なんとも悲しいものだと僕は思った。

▼壕の捜索は「におい」に導かれて

1952年報告書は、公文書ならではの事務的な記述に加え、叙情的とも言える情報も多く記載されているのが印象的だった。読んでいるうちに、まるで自分が時空を超えて戦後初の遺骨調査団に参加しているような臨場感を抱いた。興味深かった情報の一つが次の一文だ。

〈調査は、洞窟の入口発見より始まるのは当然であるが、一行の間に、自然に生まれて来た言葉に『においがする』というのがある。これは別に洞窟の屍臭を指すのではなく、地形の関係上『ここには、どうも洞窟があるらしい』という意味である。ともあれ、この合言葉が生れた所以のものは、この島の地形の特性になじんで来るに従い、又当時の将兵の心になつて見ての地形眼を体得するに伴い、自然に壕のあり場所をよく発見できるようになつたということを物語つている〉

調査団の3人はいずれも陸海軍の元将校だった。白井氏は元陸軍中佐、中島氏は元海軍中佐だった。まだ戦争の記憶が風化していなかった時代。彼らの軍隊経験と五感を研ぎ澄ませた捜索は、この時代ならではのものだったのだろう。

こうして苦心の末に見つかった壕で彼らは壮絶な光景を見たと伝えている。〈洞窟の中では、白骨が巻脚絆を巻いたまま、折り重なってほんとうに足の踏む場所もないところもあり、担架に寝たままで横たわっている姿もあり、拳銃で又手榴弾で自らの命を絶ったあとをそのまま示しているものも見られ（中略）思わず眼をそむけることがたびたびであった（従って、遺族としては、この光景に到底耐え得られないと考える）。しかし、その洞窟より外界に出れば、ジャングルの木漏れ日、小鳥の声、（中略）疾駆する自動車の音、全く悪夢からさめたような感に打たれる〉

そして、こう問題提起している。〈平和な村、平和な町でも、若し仮に、その墓地をあばいたとしたら、そこには、悲惨な世界ものぞくことはできるであろう。ただ、その村又町とこの島が違っているところは、この幽明の境に、前者は、きまりがつけられ、道徳的な又宗教的なしつかりした扉があるに反し、後者はきまりがつけられておらず、その扉が立てられていないということにある〉。

〈幽明〉とは「冥土と現世」という意味だ。つまり、調査団員は、硫黄島はあの世とこの世の境がない超常的な島だと指摘しているのだ。その上で〈政府としては、どうしても、この遺体を収容し、多数の霊を内地に迎え入れ、そしてこの島に幽明のきまりをつけ、その扉を立てなければならないと思う〉と訴えた。

▼悲惨な状況は極力記載せず「口頭報告」に

報告書を読んで感じたのは、調査団員は多様な項目について詳細に伝えようとしていたということだ。一方で、意図的に記述を避けた情報もある。それが、彼らが目撃した遺骨の情報だ。情報は先に記した〈洞窟の中では――〉から始まる記述のみ。〈生々しき壕内の光景については、この報告書にことさら記述するを避け、細部を帰還後の口頭報告に譲りたい〉とした。

それには二つの理由があったと推察される。一つは遺族感情への配慮だ。〈遺族は、たとえ熱烈なる希望を表明するものがあっても、一行に加えることは、不適当である〉との一文がある。悲惨な状況が伝わることは遺族にとって良からぬことだという判断を彼らは下したのだろう。

もう一つの理由と推測されるのは、米国側への忖度だ。

調査団が上陸した初日、大手全国紙の記者とカメラマンがチャーター機で硫黄島に上陸し、数時間だけ調査団を同行取材して本土に帰った。そして各紙は翌日以降「白骨の山」

「死の島」などの見出しでセンセーショナルに硫黄島の状況を報じた。このことを本土から知らされた調査団員たちの懸念が報告書には記されていた。〈非常なる好意をもつて、重要なる島をオープンにした米側に対しても、非常なる悪影響を及ぼしたのではなかろうか〉。日本政府が以後、沖縄など米国施政下の地域で遺骨収集を行うには当然、米国側の了承が必要だ。しかし、このようなセンセーショナルな報道がなされ、日本側の対米感情が悪化するのであれば了承を得られなくなるのではないか。そんな懸念が現実とならないよう、報告書では遺骨の状況に関する記録は最小限に抑えられたのではないか。

▼遺骨行方不明の要因3
「先に遺骨を収容した日本人たちがいた」

戦後初の硫黄島遺骨調査団の前に、まだ一定程度しか風化が進んでいない膨大な遺骨と向き合った日本人集団が存在した。一般に知られていないその事実を知れたことも、報告書を開示請求した成果の一つだった。

1952年調査団報告書の「第7」の項目は「■の好意」という表題だった。■の部分は開示文書では黒塗りだった。民間人の集団名がそこに記されていると推察された。報告書によると、調査団の活動は〈この島の作業を担任している■の好意と各種の便宜供与がなかつたならば、絶対に遂行不可能であった〉としている。具体例として〈洞窟の位置に関し、情報を提供し、貴重なる休養の時間をさいて案内の労をとり、又作業の余暇に収集した遺品を差し出す等〉の対応があったと記している。

[redacted]は一体、どんな集団だったのか。白井氏らが本土帰還直後の3月10日、衆議院特別委員会に参考人として招致された際の議事録を読んで分かった。[redacted]は〈高野建設という会社〉だった。ただ、この議事録からは、それ以上の詳細を探ることができなかった。

この会社を探る手がかりは国立国会図書館にあった。１９６０年に刊行された社史『高野建設風雪30年』に詳細が記されていた。

社史によると、同社は調査団が硫黄島に上陸する約1年前の１９５１年2月から１９５５年9月にかけて米軍の〈硫黄島基地〉から〈硫黄島清掃工事〉などを受注した。この工事の目的はこうだった。〈破壊された砲台、自動車、上陸用舟艇その他もろもろの兵器（中略）を全島くまなくとり片付けて、戦争の痕跡をのこさないようにすることが目的であった〉。つまり同社は米軍からスクラップの回収を委託された会社だった。硫黄島の作業員の規模については、〈その年（１９５１年）の12月には３５０名が、島で暑いお正月をむかえている〉とある。この人数は、約１ヵ月後に上陸した調査団が出会った作業員の人数と同じであろう。

彼らは、具体的にどんな作業をしたのか。

〈島内を20数ヵ所の区域にわけて、調査班1班につき1区域を受けもち、全島いたるところシラミつぶしに、隅から隅まで調べてまわった〉。単純計算だと1班15人ほどの態勢でローラー作戦を行ったのだ。政府の調査団はたったの3人だったことを考えると、調査の目的が鉄くず回収だったとは言え、桁違いに多くの遺骨を目撃したと推察される。それを裏付ける記載が社史にあった。

〈戦火の焼土の跡には、タコの木やパパイヤそのほか名も知られない灌木が、丈こそひくいがおい茂って、その枝々には樹木の成育につれて地上をはなれた白骨が、さながら白い花のようにまといつき、超現実派の夢のような様相を呈していた。なんというむごい姿だ。焼けただれた戦車や、塹壕のあったくぼ地の雑草の中には、かならず骨片を発見したものである。地下に無数に掘られた洞窟のなかには、数しれぬ白骨が、さながら地獄絵のようにちらばっていた〉

そうした遺骨への対応は、米軍の受注業務の枠から外れていた。しかし、作業員たちはこんな対応をとった。

〈社員をふくめて労務者のなかには、過ぎにし戦争のなかに、兄弟、親戚、友人たちを失ったものも多かろう。この島で玉砕した英霊の身寄りのものもいたであろう。しかも同胞のなきがらである。そのうち、だれとはなしに野ざらしの遺骨を集めだした。そして、米軍の目

にふれないように、そうっと安置したのである〉

半世紀以上続く硫黄島遺骨収集の派遣団は一般に人数が数十人、期間は2週間程度だ。つまり、高野建設は戦後初にして最大最長規模の「遺骨収集団」だったと言える。

彼らが遺骨を〈そうっと安置した〉場所というのはどこなのか。それはこの社史を読む限りは、謎だった。

▼遺骨行方不明の要因4「収集は3時間で幕引き」

1953年報告書の表題は「南方八島の遺骨収集及び慰霊に関する派遣団報告書」。1952年の派遣は遺骨の状況を確認する「調査団」だったのに対し、1953年は遺骨収集を目的とする初の「収集団」だった。収集団は遺族代表や宗教関係者、作業員らで構成し、運輸省（当時）航海訓練所の練習船「日本丸」で1953年1月31日に東京港を出発、サイパンやグアム、ペリリュー、硫黄島など米国施政下の8島に順次上陸して遺骨を収容し、3月19日に帰着した。

各島での滞在日数は極めて限定的だった。8島のうち最後だった硫黄島は3月12日のみ。日誌によると、収集団は午前9時に上陸後、慰霊碑の建立準備などに取り組み、遺骨収集の作業を始めたのは昼食後だ。〈洞窟内で収集した遺骨は午後三時迄にこの場に運搬し引き続き火葬することに致しました〉とある。昼食を終えたのが正午ごろだったとすれば、戦後初の遺骨収集はたったの３時間だったということになる。

前年の調査団は１９５２年の報告書で〈本格的遺骨収集の作業は、一日も早く行うべきである〉と提言していた。〈（島のジャングル化で）日本軍当時の旧道が全く跡形ないのは勿論のこと、その後米軍が掘開した道路も、交通に利用していないものは、殆ど徒歩で辿ることさえ出来ない程度となつている〉という実情が理由だった。しかし、１年後に実現した初の遺骨収集は、その提言が全く反映されない、極めて限定的なものだった。

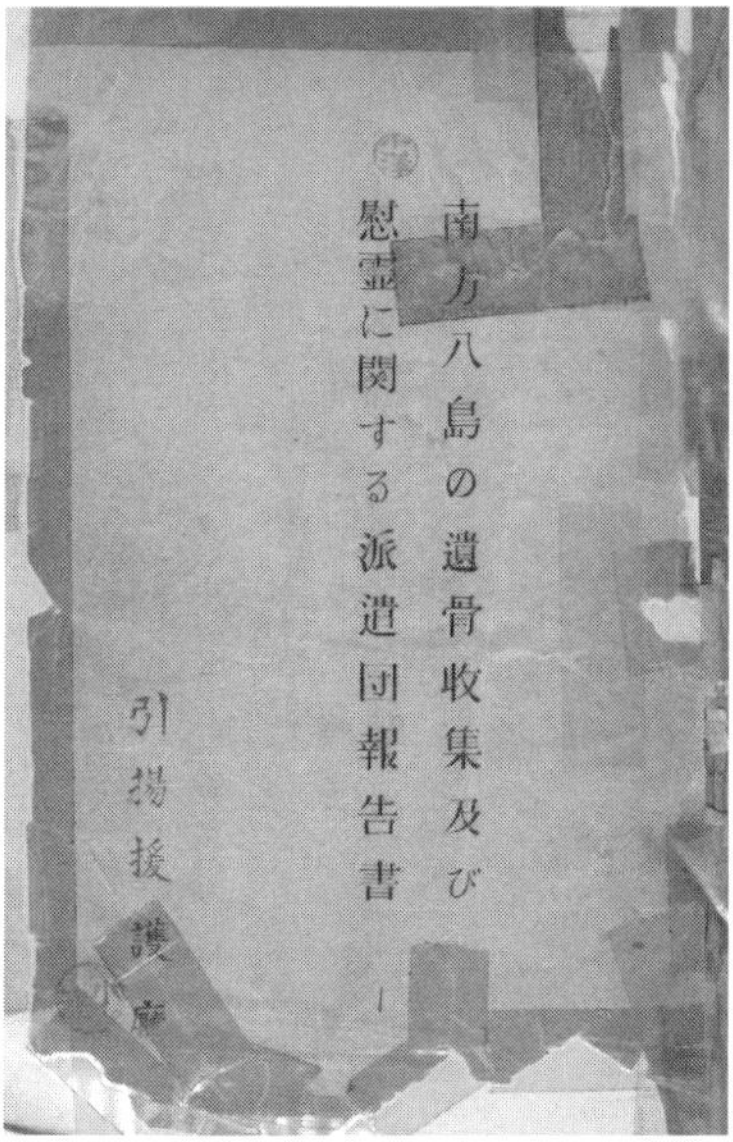

硫黄島での収集作業が数時間だったことを伝える1953年度報告書

背景にあったのは、その半年前の１９５２年10月23日の「閣議了解」だった。政府はこの閣議了解で、遺骨収集は「象徴遺骨」方針によって行うと定めた。これは、現地に残るすべての遺骨を収容しようとするのではなく、一部の遺骨を本土に持ち帰ることでその地域全体の遺骨収集を終了したとみなす方針だった。「象徴遺骨」との概念が生まれた時代的事情は後に記す。

この方針に従って収集団が捜索した収集

現場は1ヵ所のみ。〈通称地獄谷洞窟〉だった。結果、収容したのは〈約三十体〉だった。硫黄島戦から8年。収集団員は一定程度しか風化していない遺骨も目撃している。〈頭髪のそのまゝついた頭蓋骨が数個ありました〉。

▼高野建設の埋葬地の遺骨は収集対象外に

高野建設の作業員たちが作業中に発見した遺骨を〈そうっと安置した〉という場所。その位置が1953年報告書に記載されていた。場所は〈キャンプ北方〉にあり〈無名戦士の墓〉と呼ばれているとのことだった。報告書の地図には〈日本人キャンプ〉と記されたエリアがあった。東西に延びる島中心部の滑走路の東の端と海岸の間。1932年ロサンゼルス五輪馬術金メダリストとして知られるバロン西（西竹一男爵）率いる戦車部隊の陣地があったあたりだ。

1953年報告書によると、収集団は〈当初の計画ではこの墓地を発掘することにしていた。しかし〈埋葬遺骨が約七十体あり全部を発掘することは、作業力の関係上到底不可能であること〉などを考慮し〈発掘せず引続き■従業員に墓守りを願うこと、し〉たという。

そして収集団は午後6時50分に日本丸で島を発った。島内の滞在時間は9時間50分。この時点で、政府は、これにより硫黄島のすべての遺骨収集を終了するという判断を下してい

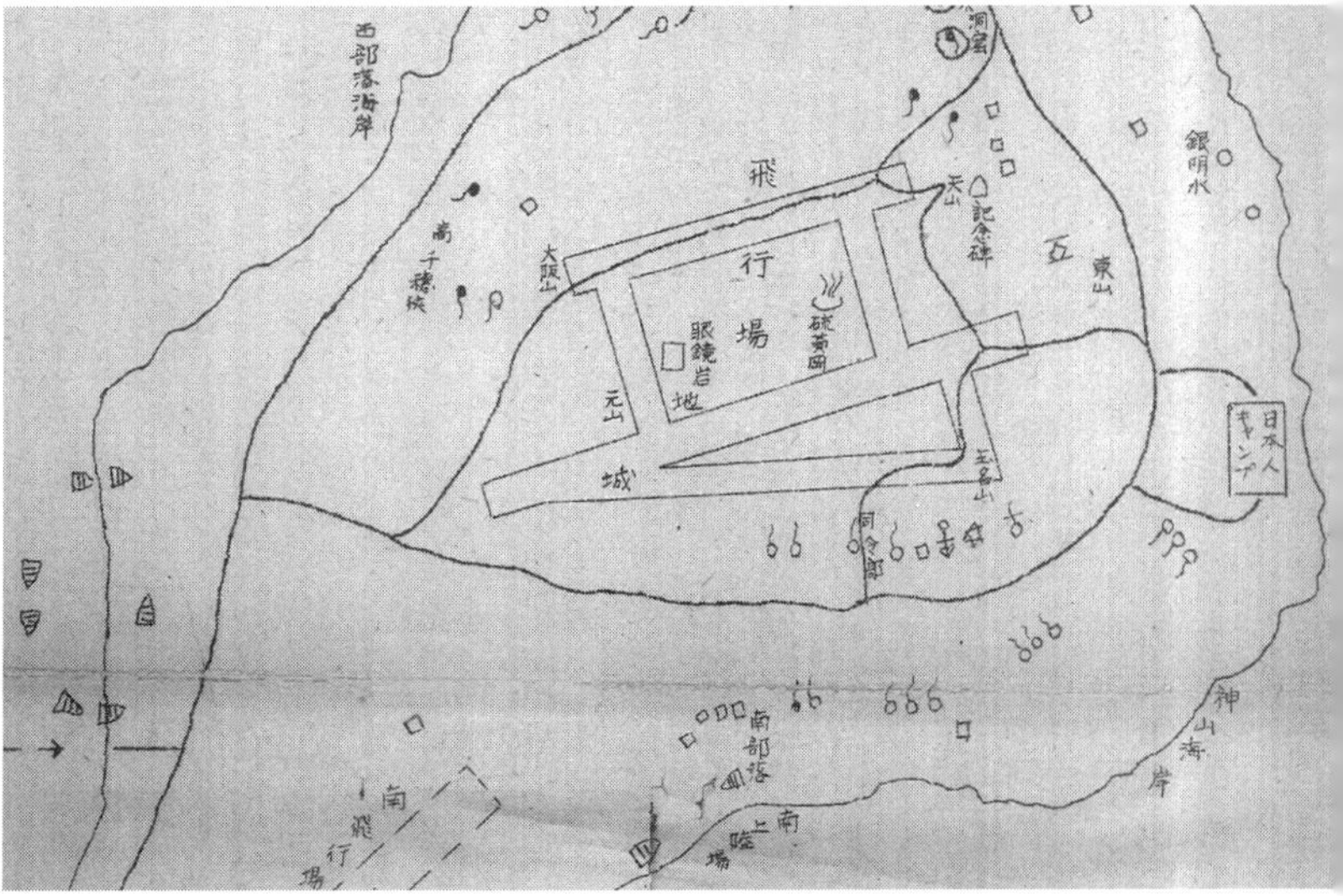

地図の右端中央付近に「日本人キャンプ」と記されている（1953年報告書）

1953年の収集団が設置した「戦没日本人の碑」（2023年2月）

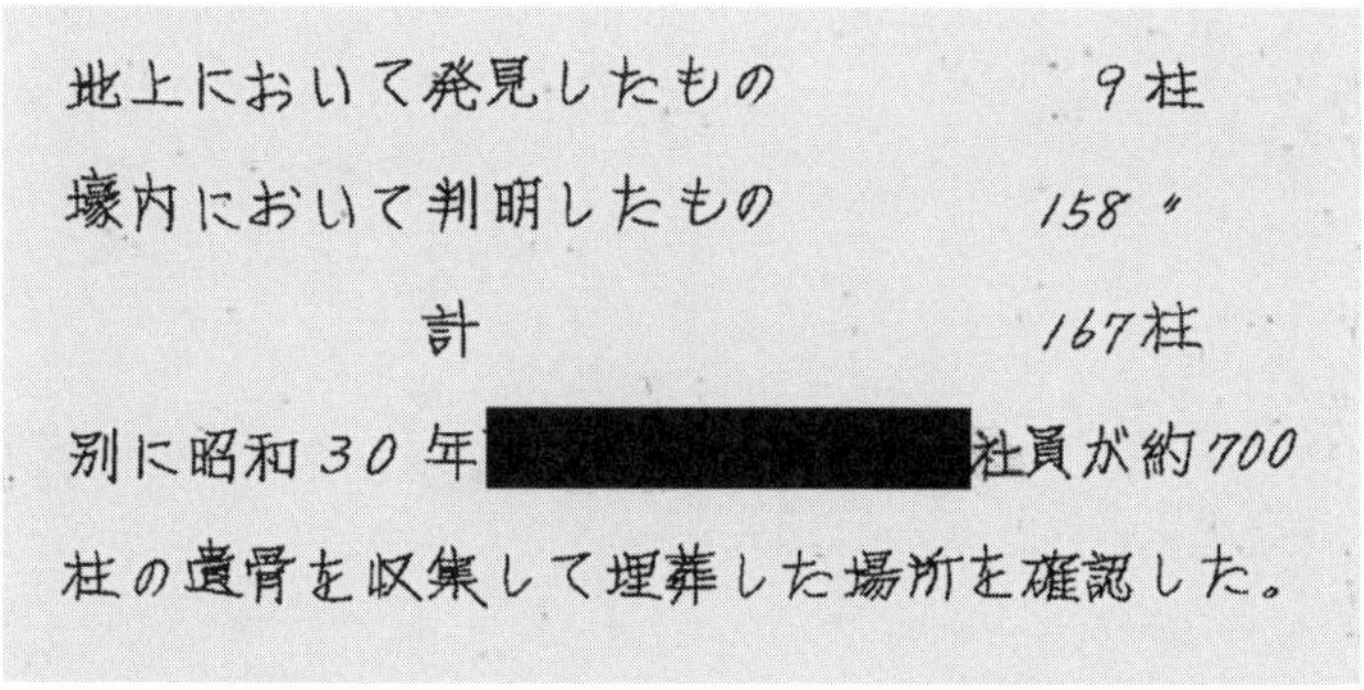
地上において発見したもの　9柱
壕内において判明したもの　158〃
計　167柱
別に昭和30年[redacted]社員が約700
柱の遺骨を収集して埋葬した場所を確認した。

1968年度報告書。厚労省が黒塗りした部分は「高野建設」とみられる

た。「象徴遺骨」方針により、こうして大半の遺骨は島内に残されるという運命を辿ることになった。

そんな１９５３年報告書を読み終えて、僕は思い出した。硫黄島守備隊の生還者石井周治氏が１９５２年に刊行した『硫黄島にささぐ』（生活新社）の一節だ。

米軍との地上戦勃発から10日余りが過ぎた１９４５年3月初旬。〈私たち兵隊の間に、一つの噂が伝わつた。それは信仰のように私たちを力づけたが、三月十日にわが連合艦隊がその艦勢力と航空勢力を挙げて、島を救援に来るというのである。それがどれほどの真実性を持つているかどうかは誰も問題にせず、ただ必ず来る、来る、とその日をまるで正月を待つ子供のように、指折り数えて待つていた。（中略）私たちが最後の望みをかけて待つた陸軍記念日はかくてあつけなく終つてしまつた〉。

硫黄島守備隊は、本土から増援も救援もないまま玉砕した部隊だった。見捨てられたのだ。そのことを裏付け

る史料もある。軍事史学会編『大本営陸軍部戦争指導班　機密戦争日誌』（錦正社）だ。日誌によると、米軍上陸3日後の1945年2月22日、秦彦三郎参謀本部次長は会議で〈硫黄島ノ組織的抵抗ハ2週間ト判断ス〉と発言した。大本営ははなから短期で陥落すると認め、援護の発想はなかったのだ。その後、硫黄島に関する論議は3月17日まで一度もなかった。そのことからも、いかに見捨てられた戦場だったかが分かる。

援軍の願いも空しく散っていった兵士たち。彼らの遺骨は長く放置され続けた。その末にやっと訪れた遺骨収集団は半日だけの滞在で本土に帰っていった。遺骨に心があるのならば、こう思ったのではないか。

自分たちは二度も祖国に見捨てられたのだと——。

▼横井庄一さん帰国が転期に

当時の政府の遺骨収集方針は、次の通りだ。

まずは、比較的協力を得やすい米国施政下の「南方八島」に収集団を送る。8つの島には硫黄島が含まれていた。それぞれの島に1〜2日滞在し「象徴遺骨」方針に従って一部の遺骨を収容する。この8つの島を皮切りに、政府は当事国と交渉して許可を得られたニューギニア、ビルマ、インド、フィリピンといった旧激戦地に1回ずつ収集団を派遣する。象徴遺骨を納める地として1959年に千鳥ヶ淵戦没者墓苑を整備し、幕引きを図ることにした。

当時の時代背景を考えると、こうした政府の対応はやむを得なかったとの見方は強い。帝京大の浜井和史准教授は2022年8月に行った講演でこう指摘した。

「1950年代における遺骨収集団の派遣というのは、高度経済成長前の日本において限られた予算、人員という制約の中で実施されたものであり、広大な地域に散在する遺骨を収容するにあたって現実的な方策であったと言えるかと思います。遺骨収集団の派遣は、遺骨の早期収集を願う遺族や戦友たちの要望をある程度満たし、一定の社会的な役割を果たしたと評価できるかと思います」

実際、遺骨収集に対する国民の関心は低下していったようだ。新聞は国民の関心度の映し鏡だ。大手全国紙3紙それぞれのデータベース検索を使って調べてみると、各紙とも1960年代に入ると戦没者遺骨の関連記事がぐっと急減している印象があった。

しかし、その後、遺骨収集の再開を求める世論は突然、思い出したように沸騰する。1964年に日本人の海外渡航が自由化され、旧戦地を訪れた遺族らが多数の遺骨が残存している状況を目撃したことなどが背景にある。こうした世論に押される形で政府は1967年に遺骨収集を再開した。当初は5年間で終了する計画だったが、1972年にグアム島で元日本兵の横井庄一さんが発見され、さらに遺骨を含む兵士帰還の関心が高まった。それにより、以後も継続する方針に転換された。その方針は現在に至るまで変わらない。日本遺族会などを中心に収集団を編成し、年数回派遣するという形式も同じままだ。こうした継続方針の延長線上に、僕も参加した「令和元年度第二回硫黄島戦没者遺骨収集団」があったのだ。

遺骨行方不明の要因5「空白の15年間」

思い出したように再開された政府の遺骨収集事業。1953年に1回行われただけだった硫黄島に政府が再び調査団を派遣したのは1968年のことだ。1968年度報告書には、遺骨収集再開の根拠となる「硫黄島戦没者遺骨の調査及び収集等に関する実施要領（案）」も綴じられていた。これには再開に至る経緯が記されていた。

〈昭和四十三年六月二十六日小笠原諸島返還に伴い緊急を要する国民的課題として処理すべき問題は、まず同諸島中の硫黄島における遺骨収集問題である。硫黄島においては、過ぐる大戦において約二万名の将兵が玉砕している。政府は昭和二十七年に同島の遺骨調査を行ない、翌二十八年一部の遺骨の収集を実施し、一応の慰霊を行なったところであるが、同島における米軍管理下の特殊な事情により完全な調査及び収集は実施できず今日に至ったところである。以上の事情にかんがみ、同島の返還を期として、この課題を解決するため、すみやかに国において所要の方途を講ずることとし、もって民生の安定に寄与しあわせて遺族の要

望にこたえたい〉
つまり、収集再開は1968年6月、硫黄島を含む小笠原諸島の施政権が米国から日本に戻ることを一次的な発端とした。多くの遺骨が残存している状況を〈緊急を要する国民的課題とし処理すべき問題〉として捉え〈遺族の要望にこたえたい〉としていることから、当時の世論の沸騰も背景にあったと推察される。計画では、調査に重点を置く第1次調査団が8月に上陸し〈遺骨の所在の現状を把握する〉。上陸期間は9日間とした。その上で、第2次調査団を送り、さらに詳細な調査を実施。それらの結果に基づいて同年度中に〈相当な工事作業を伴う大規模な遺骨収集を実施〉するとした。開示された1968年度の報告書は、第1次と第2次の2冊あった。
このうち第1次の報告書は、1953年に行われた戦後唯一の遺骨収集からの〝空白の15年間〟で、遺骨を巡る状況がどう変化したのかを伝える貴重な記録だ。
調査団員たちが目撃したのは、さらに変貌してしまった島の姿だった。〈昭和27年（1952年）に（中略）調査を実施した際に開口していた地下壕も、A地区28個のうち1個を残し、その他は全部その後に閉塞され〉ていた。A地区とは、栗林忠道中将もいた司令部壕など重要拠点が集中したエリアだ。戦後7年の時点ではあった壕の多くが〝空白の15年間〟で塞がれてしまっていたのだ。

こうした壕の消失など〈地形の変ぼうが大きい〉理由も記されていた。〈地形の変ぼうは、戦闘間における砲爆撃、戦闘直後におけるB29支援のための戦闘機用飛行場の建設（特に広大な飛行機置場の建設）、その後において国際不時着場として使用するための拡張工事、戦場掃除（戦闘直後及び昭和24〜30）及びロラン局の設定等によるほか、地殻の変動によるものである。このため地下壕の半数は完全に埋没破壊されているものと推定される〉。

ロラン局とは、米軍が島北部に整備した電波通信施設を指す。島中心部の滑走路のさらなる拡張も行われていたようだ。さらに、追い打ちをかけるように、米軍はこんなこともしていた。〈上記の地形の変ぼうの際、行なわれたもののほか、その後において危害予防のため埋没、壕口の閉塞（爆破、ブルドーザー作業、手作業）により行なわれており、上記地形の変ぼうの影響をうけなかった残りの半数も相当数が完全に埋没、破壊されているものと推定される〉。

「危害予防」とは、島に駐屯した米軍兵士の安全確保のことを指しているのだろうか。報告書を読む限り、これ以上の詳細は分からなかった。いずれにしても〝空白の15年間〟にこれほどまで地下壕が消失してしまった以上、遺骨収集の大幅な進展は望めないと調査団は判断したようだ。報告書はこう強調している。〈復員者及びその他の者が、在島当時のことを基準として国民特に遺族に説明することは、大きな誤解をまねくこととなるので特に注意する必要がある〉。つまり、遺族らに遺骨返還の期待を持たせるなということだ。〈今次調査によって約266個（中略）の入口を発見したが、今後いかに努力してもさらに100個を発見することは困難であろう〉と絶望的な記述も添えられていた。

▼高野建設時代の「日本人墓地」を発見

第1次調査団の最大の成果は〈日本人戦没者墓地〉の発見だった。この日本人墓地は、高野建設の作業員たちが1951年から1955年にかけてスクラップ回収のため在島中に見つけた遺骨を納めた場所だった。調査団は、一度は場所の特定に失敗したが、二度目の調査で〈刻字不明瞭の標石〉を発見した。その所在地は、1953年度報告書にある通り、高野建設の作業員が暮らした〈日本人キャンプ〉地跡の近くだった。1968年度報告書には、日本人墓地について〈（作業員が）地上及び目につきやすい地下壕等で収集した約700柱を埋葬したところ〉と表現していた。〈700柱〉という数値はおそらく高野建設側から聴取した数字だったのだろう。

この第1次に続く、翌年2月の第2次調査団も〈大いなる成果〉を挙げた。〈今回の調査で全島最大といわれる武蔵野壕を発見し壕内にある遺骨500体以上（中略）を確認した〉という。

これらの調査結果に基づいて遺骨収集が行われた1969年度の収容数は2837体に達した。この数は、現在に至るまで半世紀以上にわたる硫黄島遺骨収集史において突出する。しかし、こうした大成果は続かなかった。続かなかったどころか、以後の成果は年を追うごとに先細っていくことになった。

▼遺骨行方不明の要因6「生還者証言の限界」

海外各地の遺骨収集は、生還者（元帰還兵）の証言が頼りだった。政府派遣の収集団には生還者が多数参加し、激戦が行われた場所や戦友を埋葬した場所を証言し、それに基づいて発掘作業が行われた。

しかし、こと硫黄島においては、生還者の証言が必ずしも成果に結びつかない特殊事情があった。一つは先にも記した地形の大幅な変化だ。太平洋戦争でも最大級とも言われる砲爆撃で地形が変わり、さらに戦後の米軍の整備で山は削られ、谷は埋められた。地下壕の入り口は徹底的に塞がれた。さらに他の旧戦地にはない特殊事情として火山活動による著しい島の隆起があった。これにより海岸線は大幅に変わった。1973年度報告書は、証言に基づく壕の入り口探しが不発に終わった例が相次いだと記した上でこう伝えている。〈（生還者は）地形地物の変ぼうの激しさで戦闘時の記憶と結びつかず、当初の意気ごみほど成果が上らないことや、また、調査時間が短い等の理由で夕食後も探索に出向く者もあった〉。これを読んで僕は、生還者が多く参加した時代の遺骨収集団に加わった元収集団員の話を思い出した。「ある生還者は宿舎で夜中に瞑想するようにして、戦闘時の記憶をたぐり寄せていた。そして突然、かっと目を見開いて、宿舎を飛び出していくんです。真っ暗なジャングルの中へ。なぜ夜中に捜索に出るのか。それは戦闘時の島内の移動はもっぱら夜中が多かったからだそうです。昼間は敵に見つかるため壕の中に潜み、夜に移動した。だから夜の記憶が多い。そんな話をその生還者はしていました」。

ともあれ、自分の記憶が役に立たないもどかしさは、誰よりも生還者自身が感じていたのだろう。1976年度報告書は、こう伝えている。〈彼ら（生還者）の多くは、島へ渡り戦友の遺骨や壕を捜す間、生きていることに負い目すら感じている。必死に壕を捜しながら「生きて捜す者のほうがよっぽどつらい。あのとき死んでおればよかった」などと涙ながらに述懐するとき、そのいたましい気持が異常な執念となってまわりの者に伝わって来る〉。

▼遺骨行方不明の要因7「在島米軍兵士の盗掘横行？」

次の一文は、1968年度報告書にあった。〈今次調査の際壕内において発見した遺骨は158柱である。これらは比較的新しく発見（ロラン局のアメリカ人、自衛隊派遣隊員及び今次調査）した壕であって『昭和27年調査報告』の壕から発見したものは少ない〉。

なぜ15年前に見つかった壕には遺骨が少ないのか。1955年まで島内にいた高野建設の作業員たちが善意で遺骨を収集したためだろうか。ただ、作業員たちが収集したのは〈地上及び目につきやすい地下壕等〉（1968年度報告書）にあった遺骨だという記録もある。

謎を解く鍵かもしれないと思った記録は、同年度報告書に綴じられた〈8月4日〉の日誌にあった。〈午前午後ともロラン局勤務の米人数名が、蕃刀、懐中電灯をもって洞窟探しをしているのに出合った。現在でもなお、洞窟探しをしているらしい〉。

硫黄島は施政権が日本に返還された後も、米国沿岸警備隊の隊員たちが駐屯し、島北部のロラン局で任務に当たっていた。日誌に出てくる〈米人数名〉とは彼らのことだ。彼らは何らかの目的を持って地下壕への出入りを繰り返していたようだ。

同じことは戦後、硫黄島の基地に勤務した米軍兵士たちも行っていたようだ。〈栗林壕には米軍が電気をつけていたらしい。120Wの電球あり〉と1968年度報告書にある。大勢の米軍兵士が戦後、出入りしたのだろう。こうした壕はほかにもあったと推察される。

壕に入る目的は何だったのだろう。好奇心を満たすためだったかもしれないし、日本側死者を弔うためだったかもしれない。しかし、そのどちらでもない衝撃の目的を、毎日新聞は1987年8月15日付朝刊の1面トップ記事として大々的に報じていた。見出しはこうだ。

○伏屋委員　これはとんでもないことでございまして、ことしの四十二回目のいわゆる終戦記念日の、硫黄島協会という民間レベルの慰霊祭の席上において会長がそういうことを言った。少なくとも一千個以上の頭蓋骨がアメリカに行っておるだろう。日本の国のために殉じていった方々の頭蓋骨が、事もあろうにアメリカで灰皿にされたり飾り物にされておるというような事実。そういうことを厚生省が、民間レベルから出てきてわかりました、連絡はとっております、それでは済まない。

頭骨の持ち去り問題を取り上げた1987年8月の衆院外務委の議事録

「駐留軍、米へ持ち帰り　硫黄島戦死日本兵の頭骨　少なくとも千体以上　30余年の沈黙破り　米側に返還申し入れ」

記事を要約すると、次の通りだ。〈日本軍戦死者のおびただしい数の頭蓋骨が米国に持ち去られていたことが、戦後42年たって明らかになった。政府の遺骨収集に協力する生還者らの団体「硫黄島協会」の調査で分かった。同協会は日米友好に悪影響が及ぶことを懸念し長年、沈黙を守り、厚労省もひた隠しにしてきた。「一刻も早く返還してもらい、手厚く葬る時期がきた」と判断し、7月に協会幹部が渡米、沿岸警備隊当局などに協力を要請した。今後、日米双方のメディアにも呼びかけ、米国に渡った頭蓋骨の帰還運動を展開していく（要約）〉

記事によると、この時点で、硫黄島で収容された遺骨は約７０００体を数えるが〈このうち四千柱は頭骨がなく、厚生省は大たい骨二個で一体確認とする〝硫黄島方式〟で、遺骨を数え〉たという。記事では関係者の談話も並ぶ。１９５２年の調査団員の一人である同協会の和智恒蔵会長の証言はこうだ。〈少なく見積もっても一千人以上、多ければ三千人もの頭がい骨が持ち去られた。（昭和）二七年に島へ渡った時には、米軍の将校用食堂に、荒縄で鉢巻きをした頭がい骨があった〉。厚生省援護局の大西孝夫・庶務課長のコメントが続く。〈米兵が記念品として持ち帰ったケースがあることは聞いていた。日本人の感情とは違い、遺骨をモノとしてとらえているようだ〉。

僕は2019年の遺骨収集団参加時、〝首なし兵士〟が見つかったときのことを思い出した。あのとき、ベテラン団員の水野勇さんは僕にこう言ったのだ。

「頭がそっくりない遺体が多い島なんだよ」

故郷に家族を残して絶望の島に送られた末、死後もなお家族の元に帰ることができないどころか、亡骸の一部を敵兵に略奪されて異郷の地の闇の中に消えていった……。そんな硫黄島兵士が無数にいる。米軍兵士の「記念品集め」によって、全身の骨が揃わなくなったり、ばらばらに四散したりし、「1体」とカウントできなくなった遺骨も相当数に上ると推察される。このことも、1万人が行方不明のままという現状に至る大きな一因になったのではないか。

▼遺骨行方不明の要因8「ちらつく米国の壁」

僕は情報開示した1952年から1988年度までの報告書を、とにかく時間をかけて読み込んだ。先にも記したが、こうした報告書を参考文献にした硫黄島関連の出版物を僕は目にしたことがなかったからだ。ならば、僕がその役割を担おうと、とことん意気込んだ。平日は新聞記者としての仕事があるため、読み込む時間が確保できない。だから、通勤時間を利用した。自宅の最寄り駅である丸ノ内線荻窪駅から、道新東京支社近くの国会議事堂前駅まで片道で約40分。往復1時間20分。出勤時も帰宅時も報告書を持って電車に乗り込んだ。片手で持てる重さではない報告書が多いので、いつしか僕はつり革をつかまずに無意識にバランスを取る術を身に付けた。

昭和期の全報告書を読んで分かったこと。それはどの時代も、遺骨収集現場の第一線に集まった遺族、生還者、自衛官、厚生省職員はその時代における最大級の努力を尽くしてきたということだ。僕が遺骨収集に参加した時に目にした、土にまみれ、汗にまみれ、時には涙を浮かべながら遺骨を捜した団員たち。その姿はどの時代も同じなのだ。

一方で思った。なぜこんなにも遺骨収集団の派遣回数が少ないのだろう。昭和期の派遣数は、15年ぶりに調査が再開された1968年度の3回が最多。1975年度など派遣がゼロの年もある。そのほかは1〜2回。1回の派遣期間は10日前後が大半だ。硫黄島の遺骨収集は〈緊急を要する国民的課題〉（1968年度報告書）という問題の重要性を考えるならば365日行っても良いはずなのに、なぜなのか。各年度の報告書を読むと、その背景に米軍の壁があったのは間違いなさそうだ。

例えば戦後初の遺骨調査が行われた1952年の報告書。その一項目「米軍との関係」によると、遺骨調査は団員だけで自由に行ったわけではなかったようだ。〈(駐留米軍の)少佐を始め、両軍医長(中略)、従軍牧師等は、一行の調査に同行し〉たとある。1968年度報告書には、厚生省幹部が現地慰霊行事で述べた言葉が綴られていた。〈あれから二十三年誠に長い長い歳月でございました。この間日本政府はいろいろと皆様のご遺骨の状況を調査し、これを収集し追悼しようと思いましたがアメリカ軍の占領下各種の制約をうけ思うにまかせませんでした〉。

さらに、同年度報告書には、厚生省が防衛施設庁に宛てた依頼文「硫黄島の米軍が使用する区域内に立ち入ることに関し米軍の了解を得られたいことについて(依頼)」が綴られていた。日付は7月24日。硫黄島の施政権が返還されたのは同年6月26日だ。それから1ヵ月たっているのに、遺骨収集には米軍の許可が必要だったのだ。

硫黄島は再び日本の領土となった。にもかかわらず、遺骨収集を思うように行えないのはいったいなぜなのか。謎は深まった。それを解く鍵を追ううち、僕は日米の知られざる核の歴史に辿り着くことになる。

硫黄島は、米軍が核兵器を隠す、秘密基地だったのだ——。

第5章 硫黄島「核密約」と消えた兵士たち

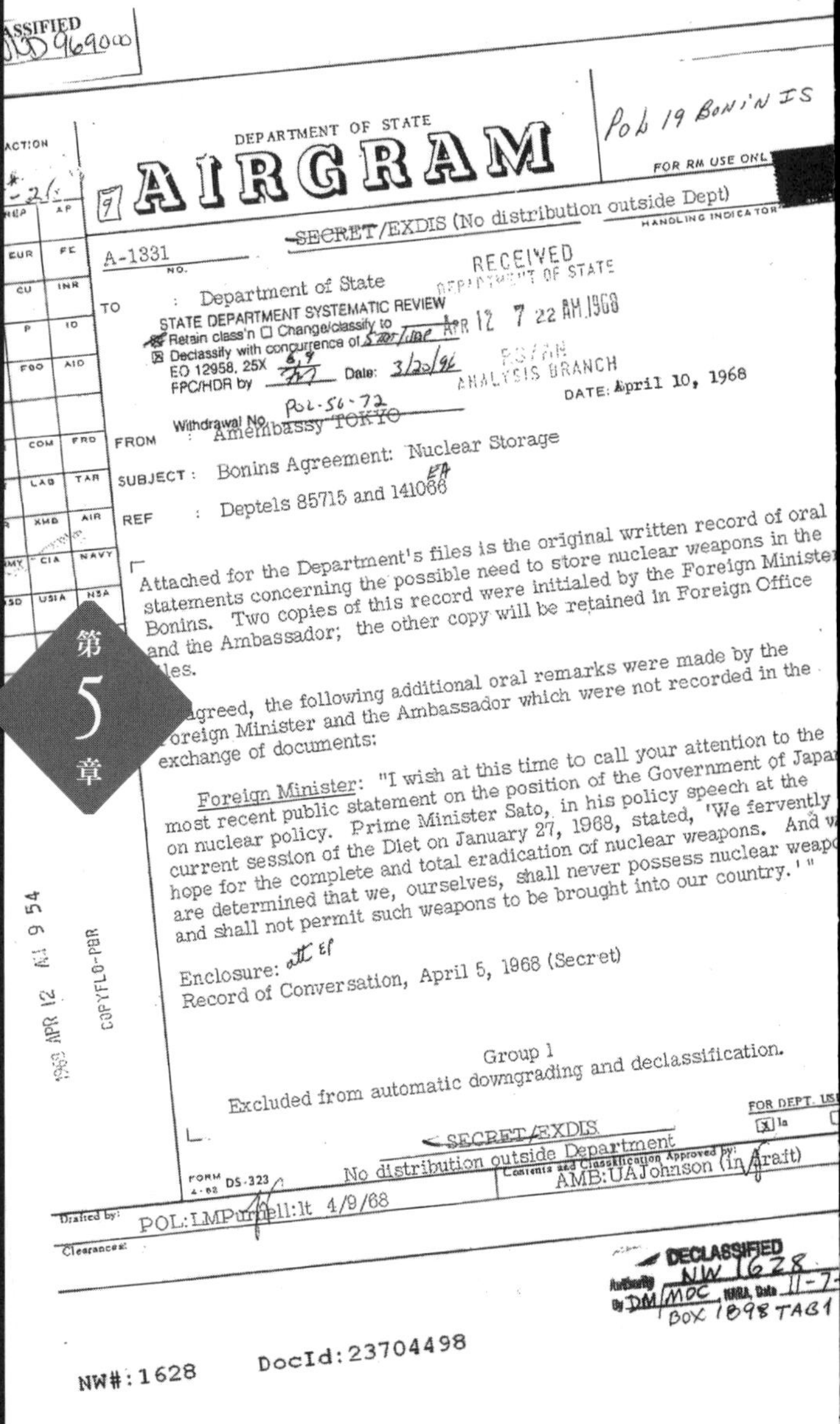

ASSIFIED
NND 969000

ACTION

Pol 19 BONIN IS

DEPARTMENT OF STATE

AIRGRAM

FOR RM USE ONLY [redacted]

~~SECRET~~/EXDIS (No distribution outside Dept)

HANDLING INDICATOR

A-1331
NO.

RECEIVED
DEPARTMENT OF STATE

TO : Department of State

STATE DEPARTMENT SYSTEMATIC REVIEW
☒ Retain class'n ☐ Change/classify to
☒ Declassify with concurrence of
EO 12958, 25X
FPC/HDR by Date: 3/20/96

APR 12 7 22 AM 1968

ANALYSIS BRANCH

DATE: April 10, 1968

Withdrawal No. POL-56-72

FROM : ~~Amembassy TOKYO~~

SUBJECT : Bonins Agreement: Nuclear Storage

REF : Deptels 85715 and 141066

Attached for the Department's files is the original written record of oral statements concerning the possible need to store nuclear weapons in the Bonins. Two copies of this record were initialed by the Foreign Minister and the Ambassador; the other copy will be retained in Foreign Office files.

As agreed, the following additional oral remarks were made by the Foreign Minister and the Ambassador which were not recorded in the exchange of documents:

Foreign Minister: "I wish at this time to call your attention to the most recent public statement on the position of the Government of Japan on nuclear policy. Prime Minister Sato, in his policy speech at the current session of the Diet on January 27, 1968, stated, 'We fervently hope for the complete and total eradication of nuclear weapons. And we are determined that we, ourselves, shall never possess nuclear weapons and shall not permit such weapons to be brought into our country.'"

Enclosure: att EP
Record of Conversation, April 5, 1968 (Secret)

Group 1
Excluded from automatic downgrading and declassification.

1968 APR 12 AM 9 54

COPYFLO-PBR

FOR DEPT. USE

~~SECRET~~/EXDIS
No distribution outside Department

FORM 4-62 DS-323

Contents and Classification Approved by:
AMB:UAJohnson (in draft)

Drafted by: POL:LMPurnell:lt 4/9/68

Clearances:

DECLASSIFIED
Authority NW 1628
By DM/MDC NARA, Date 11-7-
BOX 1898 TAB1

NW#:1628 DocId:23704498

▼新たな謎——なぜ米国は日本の遺骨収集を阻んだのか

硫黄島は現在、紛れもなく日本の領土だ。戦後、米軍の占領が続いた末、1968年6月26日に施政権が日本に返還された。

海外で遺骨収集を行う場合、当事国の許可が不可欠となる。多数の自国民が犠牲になった国では対日感情も絡み、最小限にしか実施できない地域もある。

そんな状況と硫黄島は違う。許可を得なくてはならない相手国があるわけではないはずだ。厚労省によると、本土復帰後の収集団の派遣回数は1〜2回の年がほとんどだった。なぜそれほどまで限られたのか。さらに言えば、1968年6月まで23年間続いた米軍占領時代、派遣がたった2回だったのはなぜなのか。収集団を阻む壁となったのはいったい何だったのだろう。それこそが、戦没者2万人のうち1万人の遺骨が見つからない謎から始まった僕の新たな探究のテーマとなった。

▼イニシャル「C」と「I」を巡るミステリー

その答えとして、戦後史の闇から浮かび上がったのが、硫黄島の核配備の歴史だった。この知られざる歴史は近年になって解明され、発信された。宇都宮軍縮研究室が発行した『軍縮問題資料』収載の「それらはどこにあったのか、日本はどれだけ知っていたか？」（2000年）などによると、発端は、米国で1990年代に機密解除された国防総省の公文書だった。

「核兵器の保管と配備の歴史」と題されたこの文書には、米国の軍部が1950年代から1970年代にかけて、核を配備した国・地域のリストが添付されていた。リストの中には、黒塗りにされた国・地域があった。これらはいったいどこなのか。そんなミステリーに挑んだのが、米核軍縮団体である天然資源保護協会のロバート・S・ノリス氏らだ。彼らは1999年12月、黒塗りされた国・地域17ヵ所のうち、地名がアルファベット順であることなどをヒントにして、16ヵ所の地名を特定したと発表した。特定できなかった残る1ヵ所は「C」から始まる国・地域名だった。

米国政府は、核の配備について長年、一貫して「NCND」政策をとってきた。NCNDは「Neither Confirm Nor Deny（肯定も否定もしない）」を意味する。つまり、世界のどこに核を配備しているのかを、一切明らかにしてこなかった。

当然、米国政府はNCND政策に基づけば、ノリス氏らの発表を無視するはずだった。しかし実際は違った。ノリス氏らが「I」から始まる国・地域名はアイスランドであると発表したのに対して、ビル・クリントン政権（当時）は誤りであると否定したのだ。こうして未

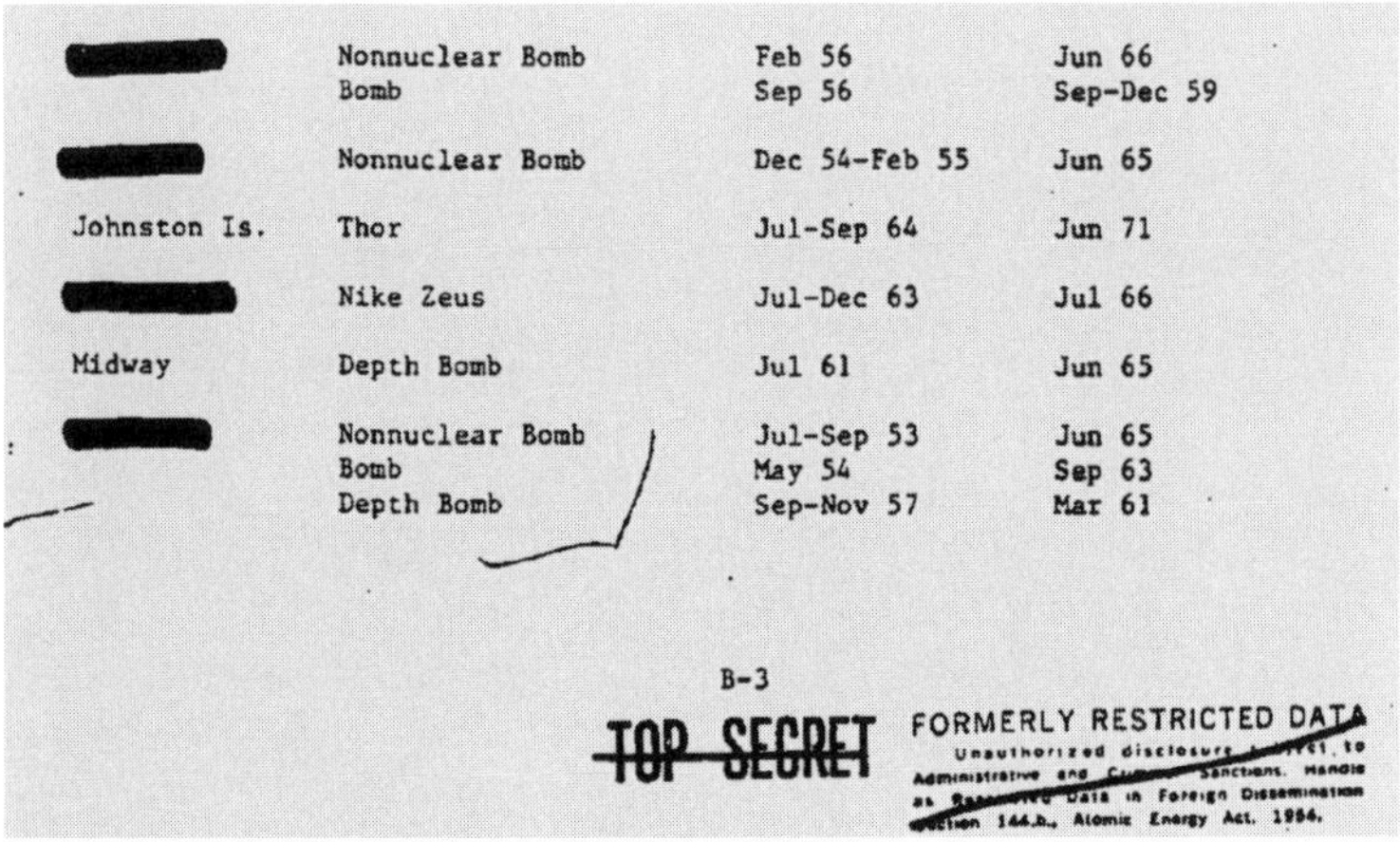

[redacted]	Nonnuclear Bomb Bomb	Feb 56 Sep 56	Jun 66 Sep-Dec 59
[redacted]	Nonnuclear Bomb	Dec 54-Feb 55	Jun 65
Johnston Is.	Thor	Jul-Sep 64	Jun 71
[redacted]	Nike Zeus	Jul-Dec 63	Jul 66
Midway	Depth Bomb	Jul 61	Jun 65
[redacted]	Nonnuclear Bomb Bomb Depth Bomb	Jul-Sep 53 May 54 Sep-Nov 57	Jun 65 Sep 63 Mar 61

B-3

~~TOP SECRET~~

FORMERLY RESTRICTED DATA
Unauthorized disclosure subject to Administrative and Criminal Sanctions. Handle as Restricted Data in Foreign Dissemination Section 144.b., Atomic Energy Act, 1954.

核が配備された時期が記録された「核兵器の保管と配備の歴史」のリスト。最上段の黒塗りが「Iwo jima」とされる

解明の国・地域は「C」だけでなく「I」も加わることになった。

ちなみにリストによると、「C」という国・地域に核兵器が配備された期間は１９５６年２月から１９６５年12月だった。「I」は１９５６年９月から１９５９年12月ごろにかけて核弾頭が持ち込まれていた。１９５６年２月から１９６６年６月までは核兵器の関連部品も貯蔵していた。

「C」と「I」の解明を目指すノリス氏らにとって、大きな転機となったのは、日本から届いた１通のメールだった。小笠原諸島でフィールド・ワークを重ねる社会言語学者ダニエル・ロング氏が、「C」は父島の可能性がある、とメールで伝えたのだ。ロング氏は、父島の帰島民から、米国統治時代に核兵器があったのではないかという証言を得ていた。父島は硫黄島と異なり、終戦翌年

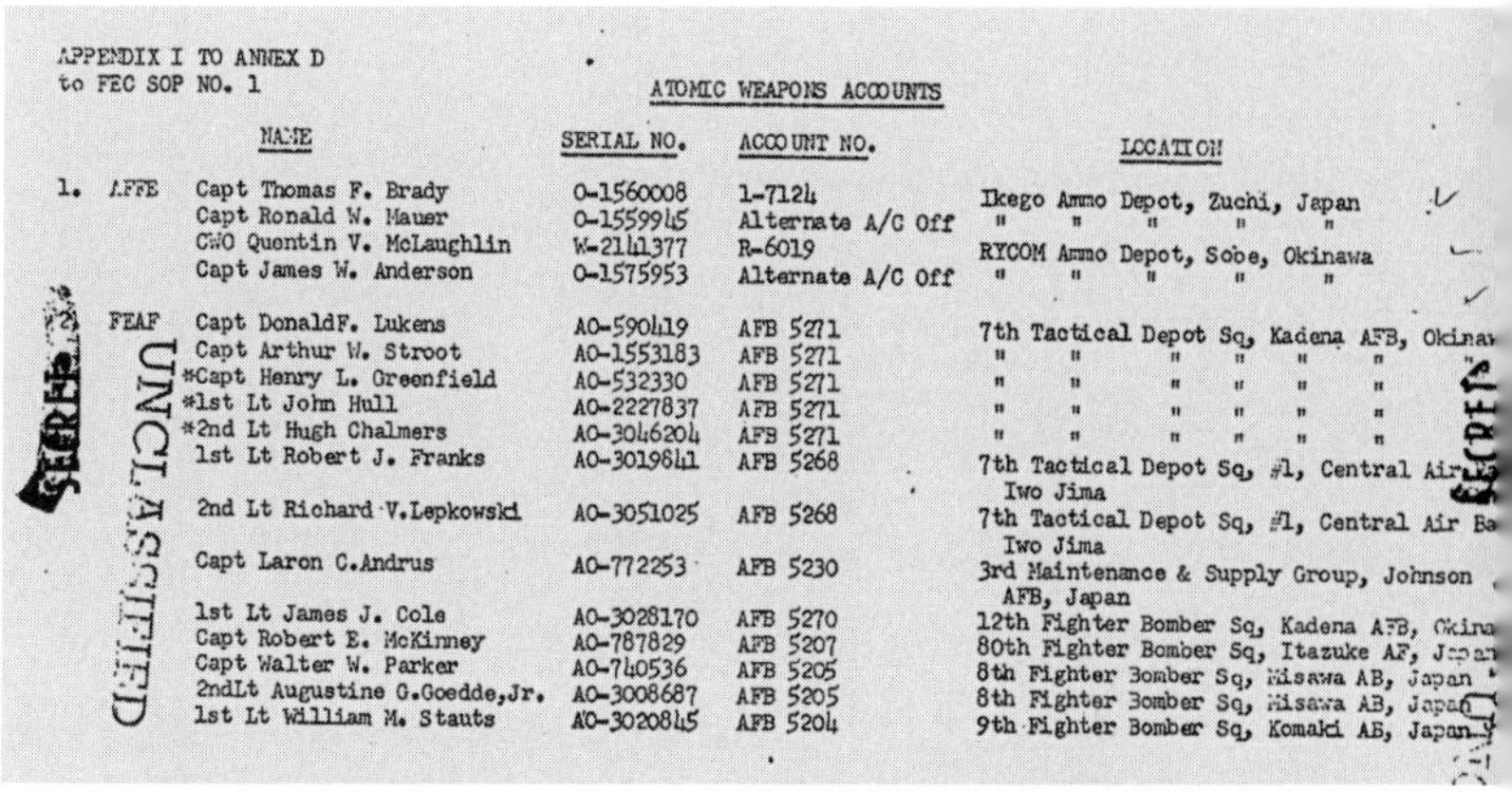

APPENDIX I TO ANNEX D
to FEC SOP NO. 1

ATOMIC WEAPONS ACCOUNTS

		NAME	SERIAL NO.	ACCOUNT NO.	LOCATION
1.	AFFE	Capt Thomas F. Brady	O-1560008	1-7124	Ikego Ammo Depot, Zuchi, Japan
		Capt Ronald W. Mauer	O-1559945	Alternate A/C Off	" " " " "
		CWO Quentin V. McLaughlin	W-2141377	R-6019	RYCOM Ammo Depot, Sobe, Okinawa
		Capt James W. Anderson	O-1575953	Alternate A/C Off	" " " " "
2.	FEAF	Capt DonaldF. Lukens	AO-590419	AFB 5271	7th Tactical Depot Sq, Kadena AFB, Okinaw
		Capt Arthur W. Stroot	AO-1553183	AFB 5271	" " " " " "
		*Capt Henry L. Greenfield	AO-532330	AFB 5271	" " " " " "
		*1st Lt John Hull	AO-2227837	AFB 5271	" " " " " "
		*2nd Lt Hugh Chalmers	AO-3046204	AFB 5271	" " " " " "
		1st Lt Robert J. Franks	AO-3019641	AFB 5268	7th Tactical Depot Sq, #1, Central Air Iwo Jima
		2nd Lt Richard V.Lepkowski	AO-3051025	AFB 5268	7th Tactical Depot Sq, #1, Central Air Ba Iwo Jima
		Capt Laron C.Andrus	AO-772253	AFB 5230	3rd Maintenance & Supply Group, Johnson AFB, Japan
		1st Lt James J. Cole	AO-3028170	AFB 5270	12th Fighter Bomber Sq, Kadena AFB, Okina
		Capt Robert E. McKinney	AO-787829	AFB 5207	80th Fighter Bomber Sq, Itazuke AF, Japan
		Capt Walter W. Parker	AO-740536	AFB 5205	8th Fighter Bomber Sq, Misawa AB, Japan
		2ndLt Augustine G.Goedde,Jr.	AO-3008687	AFB 5205	8th Fighter Bomber Sq, Misawa AB, Japan
		1st Lt William M. Stauts	AO-3020845	AFB 5204	9th Fighter Bomber Sq, Komaki AB, Japan

SECRET
UNCLASSIFIED

硫黄島など核兵器の緊急搬入先が記された「極東軍管理運用規定１号」

の1946年に、ルーツが欧米系の住民百数十人に限って帰島が許可され、米国統治下の島内で暮らしていた。ノリス氏らはこうしたロング氏からの情報提供を元に調査を重ね、その結果「C」が父島であり、「I」は硫黄島と断定するに至った。

断定の根拠とした一つは、米極東軍が1956年11月に作成した機密文書「極東軍管理運用規定1号」だ。この機密文書には、緊急時などに核兵器を搬入する地域が記録されていた。その一つに「Central Airbase, Iwo Jima」と記されていたのだ。

硫黄島中央空軍基地——。1968年の硫黄島返還直前まで、そこに核弾頭や核兵器の関連部品が隠されていた。それはいったいなぜなのか。

▼島内への核配備と重なる〝空白の15年間〟

各種文献を探ると、硫黄島と核を巡る戦後史は、次のような経過を辿った。

戦後、島民不在となった硫黄島は、時代を追うごとに軍事的価値が高まっていった。ディーン・アチソン国務長官は1950年1月の演説で、フィリピン、沖縄、日本列島、アリューシャン列島を結ぶ線を対共産国の「不後退防衛線」と定めると表明し、この軍事戦略に硫黄島も組み込まれることになった。そして同年6月に朝鮮戦争が勃発すると、硫黄島は米国本土と最前線をつなぐ中継地点としてさらに重要視されるようになった。

日本政府が1952年に初めて戦没者遺骨の調査団を派遣した時、硫黄島は軍事拠点化が急速に進展する最中にあった。だから、僕が厚生労働省に開示請求した1952年の報告書には、〈7年の歳月と、加えられた人工の力〉によって〈玉名山は頂上が（中略）現存しなくなるほど島が激変した様子が記されていたのだ。島の変貌の背景には、冷戦の緊迫化があったのだ。

翌1953年は、硫黄島に加え、ペリリューやサイパンなど米国統治下の「南方八島」の遺骨収集が行われた年だ。しかし、米国が認めた各島での遺骨収集はたった1回のみ。上陸日数は1～2日だ。硫黄島の場合、遺骨収集作業を行えたのはわずか数時間だった。

なぜ米国側はここまで限定したのか。浮かび上がったのは当時の核戦略だ。

この年、1953年は、アイゼンハワー大統領が「大量報復戦略」を採用した年だ。大量報復戦略とは、圧倒的な核の報復能力を持つことでソ連による西側諸国への侵攻を抑止しようとするものだった。核を配備する要衝の一つとして、硫黄島は位置づけられたのだった。その結果、1956年2月から、秘密裏に核兵器が配備されることになったのだ。

核関連の兵器が撤去されたのは10年後の1966年6月。この10年間は、1953年を最後に一度も遺骨収集が行われなかった〝空白の15年間〟と重なる。これは何を意味するのか。

冷戦時代を迎えた米国の安全保障政策によって、遺骨収集は阻まれたのだ。

▼「メリーさんの羊」という名の核兵器

それを裏付ける外交文書がある。1957年9月23日に行われた藤山愛一郎外相とジョン・フォスター・ダレス国務長官の会談記録（「藤山大臣、ダレス国務長官会談録」外務省外交史料館所蔵）だ。1950年代当時、硫黄島を巡っては、旧島民の帰島や墓参をどうするかという問題が日米間にあった。会談ではこの問題が議題に上がった。そして、ダレス国務長官はこう述べたのだ。〈この問題については軍に理由ありとの結論に達せざるを得なかつた。軍は混血系を（父島に）帰えしたことも失敗であつたと考えており、右はsecurity reasonに

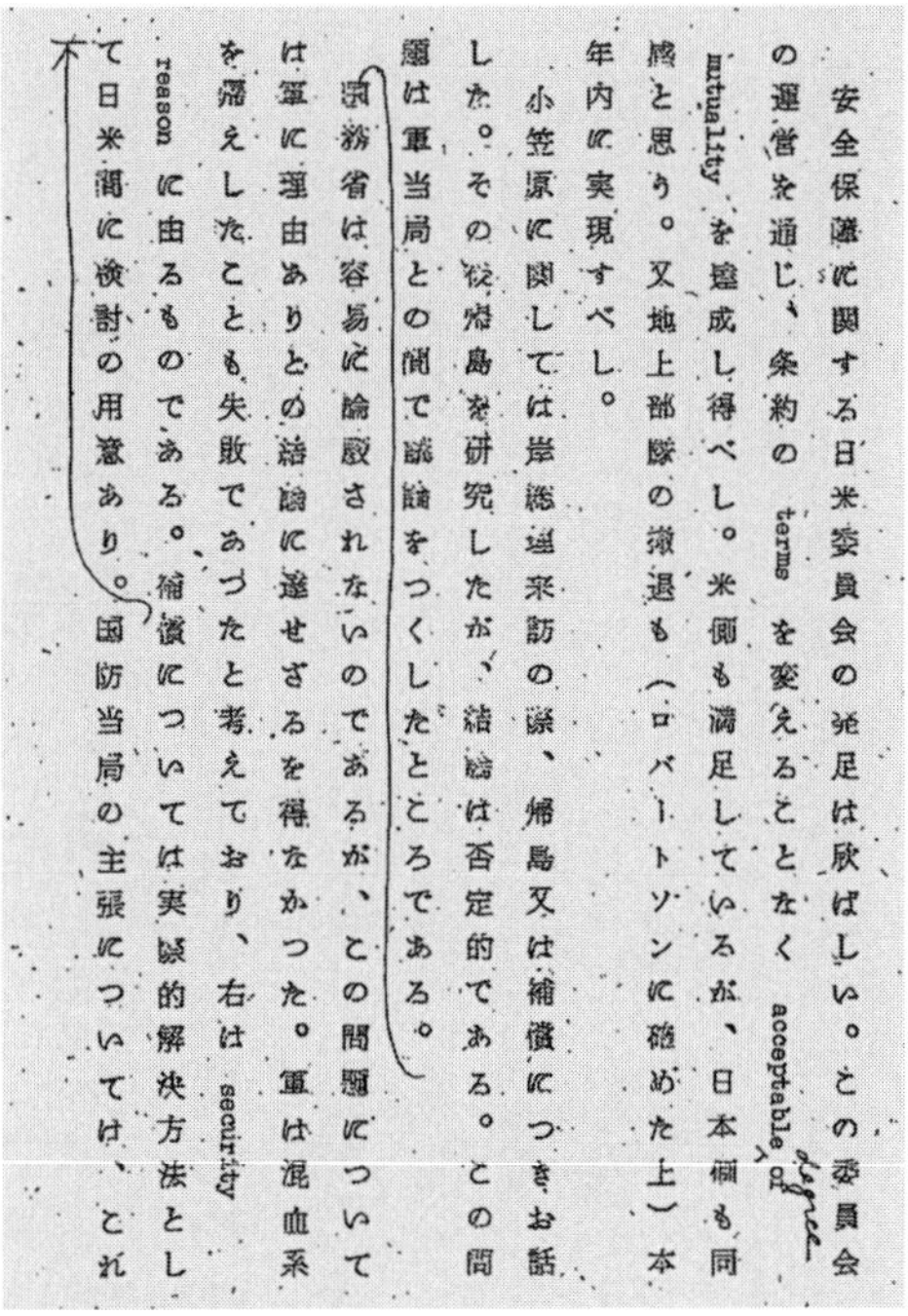
安全保障に関する日米委員会の発足は欣ばしい。この委員会
の運営を通じ、条約の terms を変えることなく acceptable degree of
mutuality を達成し得べし。米側も満足しているが、日本側も同
感と思う。又地上部隊の撤退も（ロバートソンに確めた上）本
年内に実現すべし。
小笠原に関しては岸総理来訪の際、帰島又は補償につきお話
した。その後帰島を研究したが、結論は否定的である。この問
題は軍当局との間で議論をつくしたところである。
国務省は容易に論破されないのであるが、この問題について
は軍に理由ありとの結論に達せざるを得なかった。軍は混血系
を帰えしたことも失敗であつたと考えており、右は security
reason に由るものである。補償については実際的解決方法とし
て日米間に検討の用意あり。国防当局の主張については、これ

帰島問題について記録された
「藤山大臣、ダレス国務長官会談録」

由るものである〉（原文ママ）。

つまり、米国側は終戦翌年の１９４６年に、父島への帰島を求める欧米系の旧島民の再定住を許可したが、その判断は軍事的には失敗だったと認識していたということだ。〈security reason〉は「安全保障上の理由」を意味する。この時期は父島と硫黄島の双方に核兵器が配備されていた時期だった。安全保障とはつまり核の秘密貯蔵にほかならない。

住民がいる父島においては、米軍の思惑に反して、核貯蔵が公然の事実となってしまっていた。ロバート・D・エルドリッヂ氏は『硫黄島と小笠原をめぐる日米関係』（南方新社）で、証言に基づき、冷戦時代の父島には〈メリーさんの羊〉と名付けられた核兵器の格納庫があったと指摘した。その上で〈島民は、何かがあると気付いていたが、それについては尋ねず、入り口の近くまで行かない方が良いということを分かっていた〉と伝えている。

活字化された最古の証言とみられるのは、1994年6月1日に新樹会が発行した新聞「新樹」の記事だ。それに〈欧米系の古老の一人〉の証言が記載されていた。〈あの当時、米海軍の荷役の仕事はみなわれわれがやってたもんだが、たまに、今日は家から一歩も出るな、荷役はすべて軍人だけでやるというんだ。まるで戒厳令のような日だった。あれは間違いなく原爆を島に持ち込んだり、島から出したりしたとわれわれは確信したし、今でもそう思う〉。

▼そして、硫黄島にキノコ雲が出現した

島民の目がある父島では機密保持に限界があった。こうした父島の実情を踏まえると、島民不在の硫黄島は、核の秘密貯蔵の適地中の適地だった。

米軍が冷戦時代、秘密のベールで包んだ硫黄島で行っていたのは、核の貯蔵だけではなかった。核兵器が配備された直後、核戦争を想定した大規模な訓練を実施していたのだ。その詳細を、米軍の準機関紙である「星条旗新聞」が報じている。

1956年2月19日付紙面を国立国会図書館で見た僕は「何だ、これは」と声を上げそうになった。摺鉢山を背景に大きなキノコ雲が立ち上る写真が掲載されていたからだ。記事によると、これは「模擬原爆」の煙だった。世界唯一の被爆国で核廃絶運動が盛んな日本の本

土で行えば、反米感情が一気に高まっていただろう。そんな訓練を米軍は行っていたのだ。

外務省外交史料館所蔵の簿冊『藤山外務大臣第1次訪米関係一件（1957・9）第2巻』に収められた藤山―ダレス会談記録（「九月二十三日大臣ダレス国務長官会談録訂正の件」）には、日本側の担当者による注目すべきメモ書きが残されていた。島民が希望する墓参に対する今後の対応について、藤山大臣が尋ねた際、こんな一コマがあったと伝えた。〈（同席した次官補の）ロバートソンがダレスに耳打ちした際（top secret）という言葉が一寸聞えたそうです。つまりSecurityの為に日本人には目的の如何を問わず来て貰っては困ると云う事の様です〉。

繰り返しになるが、〈Security〉とは米国が自国を共産国の侵攻から守る「安全保障」のことだ。安全保障の最大の戦略は、極秘の核配備だ。つまり、旧島民が島に帰れないのも、戦没者の遺骨が祖国に帰れないのも、核兵器のためだったのだ。

その結論に至った僕は新たな謎に向かうことになる。硫黄島の核関連兵器は米国側の記録の上では、1966年6月にすべて撤去されたことになっている。隠すべき核がなくなったのに、なぜそれ以降も民間人の渡島制限が続いたのか。それは、日米両政府が今なお隠し続ける「核密約」があるからだ、との指摘があることが分かった。

返還後の知られざる核の歴史が、僕にとって新たに目指すべき「未踏の地」に定まった。

その探究の果てに長年、研究者の目に触れられなかった「核密約」の原本とも言える機密文書「A－1331 Bonins Agreement：Nuclear Storage（小笠原合意書：核兵器貯蔵）」に辿り着くことになるとは、夢にも思っていなかった。

▼共同通信が核交渉を特報

硫黄島と核の歴史を最初に指摘したのは、先に記したノリス氏らだ。彼らは、小笠原諸島を返還しても核兵器の貯蔵庫として引き続き使用できる権利を米国側が日本側に交渉していたと指摘した。ただ、その結果に関する文書は〈機密にされたままである〉ことから〈交渉が最終的にどうなったかは全く不明である〉とした。その文書こそが「A－1331」だった。〈全く不明〉だった核貯蔵を巡る謎の交渉内容。その闇に切り込んだのは、日本の通信社「共同通信」だった。記事は多くの新聞に掲載された。そのうちの一紙が、2000年8月2日付の北海道新聞だ。「小笠原での核貯蔵黙認　米公文書で判明　68年　返還時に日米が密約」との見出しで大きく報じた。

記事の内容は衝撃的だった。〈一九六八年の小笠原諸島返還で、有事の際は小笠原に米軍の核兵器を貯蔵することを日本政府が事実上黙認する秘密了解を結んでいたことが一日までに判明、小笠原返還時の「密約」が初めて確認された（要約）〉。

つまり、日本政府は交渉の結果、核の有事貯蔵を認めていた、と報じたのだ。

その根拠は〈米国立公文書館などで見つかった米機密公文書〉だった。ただ、それにはA－1331は含まれていない。A－1331は〈依然、非公開〉だったためだ。

では、いかなる公文書を根拠にしたのか。それは米国側で公開済みだった、核貯蔵を巡る三木武夫外相とジョンソン駐日大使の議事録の「草稿」だ。草稿は、日米間で事前に調整された両氏の発言の台本とも言い換えることができる。つまり、交渉が台本通りに行われたであろう、という仮定に基づいた報道だった。

▼知られざる小笠原議事録

この時の三木外相とジョンソン大使の議事録は研究者間で「小笠原議事録」と呼ばれている。議事録の草稿には、核密約を結んだと直接的に記載されているわけではない。研究者らが、婉曲な表記を解析した結果、核の密約が交わされたと結論付けたのだ。

1968年当時、日米関係は現在と大きく違った。ベトナム戦争などを背景に、日本国民の対米感情は戦後最悪と言われるほど悪化していた。米国は、対立するソ連などから自国を守るためには、日本との良好な関係が不可欠と考えていた。その考えに基づき、日本人の感情を改善するために、米軍占領下の小笠原諸島を日本側に返還する判断を下した。

米国は核攻撃された場合、最初に壊滅させられるのは日本本土や沖縄の基地だと想定していた。従って、反撃に転じるためには、日本本土や沖縄から遠く離れた小笠原諸島に速やかに核を配備する態勢の確保が必要だった。一方、日本政府側は、その希望に応じたくなかった。日本は先の戦争で原爆投下の悲劇を経験した国で、核兵器廃絶を望む国民世論が支配的だったためだ。

そこで両国政府は1968年4月5日に小笠原諸島返還協定を結ぶ際に、国民に知られないように密約を交わすことにした。それがいわゆる「小笠原議事録」だ。

小笠原議事録は、次の二つの文書から成ることが分かっている。

①事前協議に関する討議の記録（以下、討議の記録）

②事前協議に関する討議の記録を補足する口頭発言（以下、口頭発言）

二つとも、小笠原諸島返還協定時の、ジョンソン大使と三木外相の発言を記録した形式でまとめられている。

①は、簡単な言葉に置き換えると、次のような内容だった。

ジョンソン大使「小笠原諸島に核兵器を貯蔵しなくてはならない有事の際、日本政府の好

三木外相

意的な反応を期待します」

「在日米軍の装備の重要な変更は、事前協議の対象となっています。現時点ではあなたが言う状況において日本政府はそのような協議をすることになるとしか言えません」

会談当日、二人がこの発言をすることはあらかじめ決められていた。しかし、数日前になって突然、三木外相は、この発言を否定する声明を出したいと米国側に求めた。それはなぜか。佐藤栄作首相（当時）が国会演説で示した「非核三原則」に矛盾する発言だったからだ。非核三原則とは、核兵器を持たない、作らない、持ち込ませないことを日本の国是とすると宣言したものだ。

日本側が直前になって姿勢を変えたことに対し、米国側は憤りを顕わにした。小笠原諸島の返還も白紙化しかねない事態に発展した。それは、日本側にとっても困る事態だった。結局、日米双方は話し合い、会談当日に公式文書自体には記載しないことを条件に、三木外相が望む発言とそれに対するジョンソン大使の発言を何らかの形で記録に残すことにした。それが②の「口頭発言」だ。要約すると、こんな内容だった。

三木外相　「この際、核に対する日本の立場を伝えておきます。佐藤栄作首相は1月27日に国会で行った演説で、核を保有したり、持ち込みも許さない決意であると述べました」

ジョンソン大使「そうした演説が行われたことは私も知っていますが、事前協議の場で話し合うというあなたの発言を変更するものではないと理解します」

三木外相　「然り」

▼根拠の一つは「シエナ文書」

これらの発言を読む限り、ジョンソン大使が有事の際に核を持ち込むことを認めてほしいと望んだのに対して、三木外相は直接的に「認める」とは発言していない。なのに、なぜこれが持ち込みを認めた密約であると研究者は見ているのか。

その根拠として挙げられているのは、主に二つある。その一つは「シエナ文書」だ。

シエナ文書とは、1968年8月26日付のシエナ陸軍副次官の部内メモのことだ。

ロバート・D・エルドリッヂ著『硫黄島と小笠原をめぐる日米関係』によると、これには、小笠原議事録についてこんなことが書かれていた。〈我々は、機密のやりとり（classified exchange）で、米国は有事の核作戦（nuclear operations）のために小笠原を使用する必要があった場合、日本の了解に期待する（we expected that the Japanese would understand）と表明した。日本側はその立場を了承（acknowledged）することで、「同意（agree）」を免れたのだ〉。

密約研究の父と言われる新原昭治氏の解釈は著書『「核兵器使用計画」を読み解く アメリカ新核戦略と日本』（新日本出版社）に記されている。〈（シエナは）この密約がかわされた結果、日本側は「危機のさいにあらためて〔アメリカ側に〕核貯蔵への同意を与えなくてもすむようになった」と言い切っている。つまり、日本政府は小笠原核密約によって、事前に「有事」の核兵器配備を一括承認してしまったと断じているのである。これが恐らく、小笠原核密約についてのアメリカ側の公式解釈であろう。そう解釈されるようなルーズな密約を結んだということにほかならない〉。

▼事前協議制度の形骸化

日本側が核貯蔵を認めたというもう一つの根拠は「事前協議制度」を巡る解釈だ。

事前協議制度は、米軍の装備における重要な変更を行う場合は、両国政府間で事前に協議を行うという制度だ。1960年1月の日米安保条約の調印に際して、岸信介首相とハーター国務長官が交わした交換公文によって定められた。

硫黄島の核の歴史などを研究する名古屋外国語大学の真崎翔氏が注目したのは、事前協議の形骸化だ。著書『核密約から沖縄問題へ　小笠原返還の政治史』（名古屋大学出版会）で〈事前協議の対象にしたところで、結果的に小笠原への核貯蔵を認めたことに等しい〉と指摘した。理由として挙げたのがNCND政策だ。〈事前協議は、核を『持込む』側の米国が主導するが、米国はNCND政策から核の所在について明らかにしない。そのため、事前協議は行われないのである〉。つまり、事前協議は行われないのだから、協議の対象にしたということは、核貯蔵を黙認したことを意味すると、真崎氏は主張しているのだ。

ミステリー文書「A－1331」が遂に機密解除

日本側が核貯蔵を事実上黙認した「密約」であるとの見方がある一方で、否定的な見解もある。政治学者の信夫隆司氏は著書『米軍基地権と日米密約　奄美・小笠原・沖縄返還を通して』（岩波書店）で〈討議の記録では、アメリカ側の核貯蔵の希望に、三木大臣は、それは事前協議の対象であるから、事前協議に応ずるとしか言えないと述べているだけである〉と指摘。その上で〈核持ち込みの事前協議に応ずること自体は、事前協議制度に沿っていることを示唆したものである。したがって、「討議の記録」を密約と断定することは難しい〉と結論付けた。つまり、三木外相とジョンソン大使は、有事に核貯蔵する際の原則論を確認しただけであると解釈したのだ。

果たして米国側が「有事核貯蔵」を求めたのに対して、日本側は黙認したのか、それともしなかったのか。その二者択一の答えが記録されている可能性があるとして注目されてきたのが「A－1331」だった。

研究者がA－1331に注目した理由の一つは、小笠原返還の半年後の1968年12月30日にジョンソン大使が本国に発信した公電にあった記載だ。これには〈1968年4月10日付、東京発電報1331号（＝A－1331）にある、小笠原核貯蔵に関する取り決めについて、愛知外相は東郷（外務省北米局長）によってブリーフィングを受けたことを本日確認した〉と記されていた。そのため、研究者たちは、A－1331には、小笠原核貯蔵に関する機密文書が一式収められているのではないか、と見ていたのだ。

真崎氏の著書『核密約から沖縄問題へ』によると、A－1331は長年にわたり〈『国家安全保障上の情報を含む』という理由から（中略）機密解除され〉ない状況が続いていた。しかし、その真崎氏を2022年末に取材した際、僕は驚きの情報を聞いた。それは、米国国立公文書館で2018年にA－1331の機密が解除され、入手した人物がいるということだった。

早速、紹介してもらい、取材を打診した。その人物は、千葉県在住の斉藤利光氏（47）。本職は会社員だが、ライフワークとして核密約を追う「在野研究者」と呼ぶべき人物だった。外務省などへの情報公開請求を２００回以上重ね、公文書に基づく探究の成果を硫黄島協会の会報で発表していた。

斉藤氏は取材に応じ、Ａ－１３３１の複写を提供してくれた。小笠原議事録の「本丸中の本丸」とも言える一級の史料だ。〈国家安全保障上の情報を含む〉ことから非公開が続いた文書に、僕は息を呑みながら目を通した。

Ａ－１３３１は、米国大使館が、小笠原諸島返還協定締結の５日後（１９６８年４月10日）に国務省に宛てた電報だった。書類の枚数は計８枚。〈68年４月５日　協定の調印を前に駐日米国大使と日本の外相との間で次のような会話が交わされた〉と報告するものだった。

目を通すと、三木外相とジョンソン大使の発言は「草稿」と同じだった。両氏は、事前にすり合わせた通りに発言していた。つまり、ジョンソン大使が核の持ち込みを認めるよう求めたのに対して、三木外相は事前協議を行いましょうと回答した、と記録されていた。

会談当日は草稿よりもさらに踏み込んだ発言が交わされたのではないか、と推測する見方もあっただけに、拍子抜けした。ただ、「草稿」に基づいて進められてきた先行研究者たちの分析が裏付けられたことは意義深いのではないか、とも思った。

一方、斉藤氏は、ほかに重要な意義を見いだしていた。

Ａ－１３３１にはこんな一文が記されていた。〈この文書記録の複製は２部作られ、日本外務大臣と駐日米国大使のイニシャルでの署名が記載されている。この記録の一部は、日本外務省に保管される〉。2018年のNHKの報道によると、これまで外務省は、小笠原議事録に関する取材に対し「米国で公開された文書についてはコメントしない」という立場を取り、小笠原諸島返還時に核貯蔵を巡る交渉が行われたことを認めてこなかった。

しかしA－1331の記載によって、小笠原議事録が外務省にも保管されていることが初めて判明したのだ。

「外務省が保管しているということは、核密約の効力が今もあるという立証に繋がるのではないか」。そう考えた斉藤氏は2022年12月、外務省に小笠原議事録の複写の開示請求を行った。請求に対する外務省の回答はこうだった。

「不開示（不存在）」（原文ママ）

外務省に小笠原議事録はないということだった。斉藤氏はこれを不服とし、2023年2月に、行政不服審査法に基づき再度、開示を求める請求を行った。

斉藤氏によると、2023年7月現在、外務省からの回答はないという。

なぜ斉藤氏は、小笠原議事録の探究に執念を燃やすのか。

その原点は、遺骨収集団に参加した経験だった。

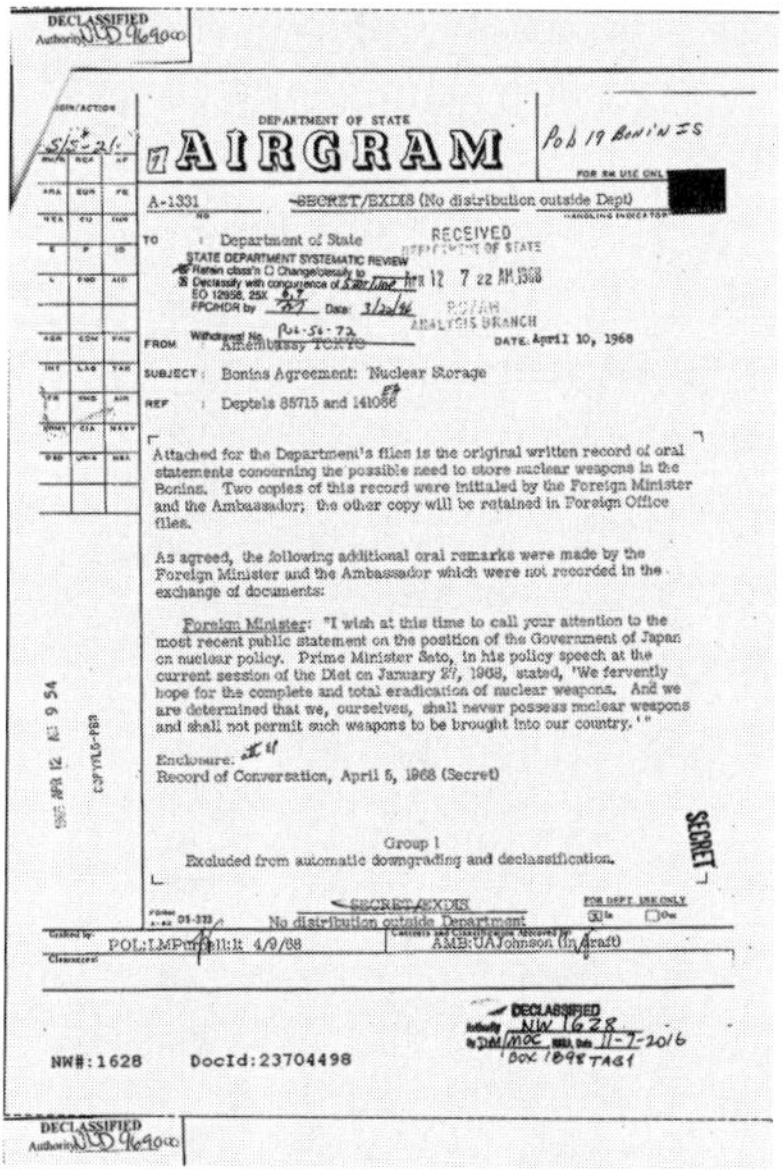

DECLASSIFIED
Authority NND 969000

DEPARTMENT OF STATE
AIRGRAM

Pol 19 BONIN IS

A-1331 SECRET/EXDIS (No distribution outside Dept) [redacted]

TO : Department of State

RECEIVED
DEPARTMENT OF STATE
APR 12 7 22 AM 1968

STATE DEPARTMENT SYSTEMATIC REVIEW
Declassify with concurrence of
EO 12958, 25X 6,7
FPC/HDR by Date: 3/20/96
ANALYSIS BRANCH
Withdrawal No. Pol-56-72

FROM : Amembassy TOKYO DATE: April 10, 1968

SUBJECT : Bonins Agreement: Nuclear Storage

REF : Deptels 85715 and 141086

Attached for the Department's files is the original written record of oral statements concerning the possible need to store nuclear weapons in the Bonins. Two copies of this record were initialed by the Foreign Minister and the Ambassador; the other copy will be retained in Foreign Office files.

As agreed, the following additional oral remarks were made by the Foreign Minister and the Ambassador which were not recorded in the exchange of documents:

Foreign Minister: "I wish at this time to call your attention to the most recent public statement on the position of the Government of Japan on nuclear policy. Prime Minister Sato, in his policy speech at the current session of the Diet on January 27, 1968, stated, 'We fervently hope for the complete and total eradication of nuclear weapons. And we are determined that we, ourselves, shall never possess nuclear weapons and shall not permit such weapons to be brought into our country.'"

Enclosure:
Record of Conversation, April 5, 1968 (Secret)

Group 1
Excluded from automatic downgrading and declassification.

SECRET

SECRET/EXDIS
No distribution outside Department

POL:LMPurnell:lt 4/9/68 AMB:UAJohnson (in draft)

DECLASSIFIED
Authority NW 1628
By DM/MOC NARA Date 11-7-2016
BOX 1898 TAG1

NW#:1628 DocId:23704498

DECLASSIFIED
Authority NND 969000

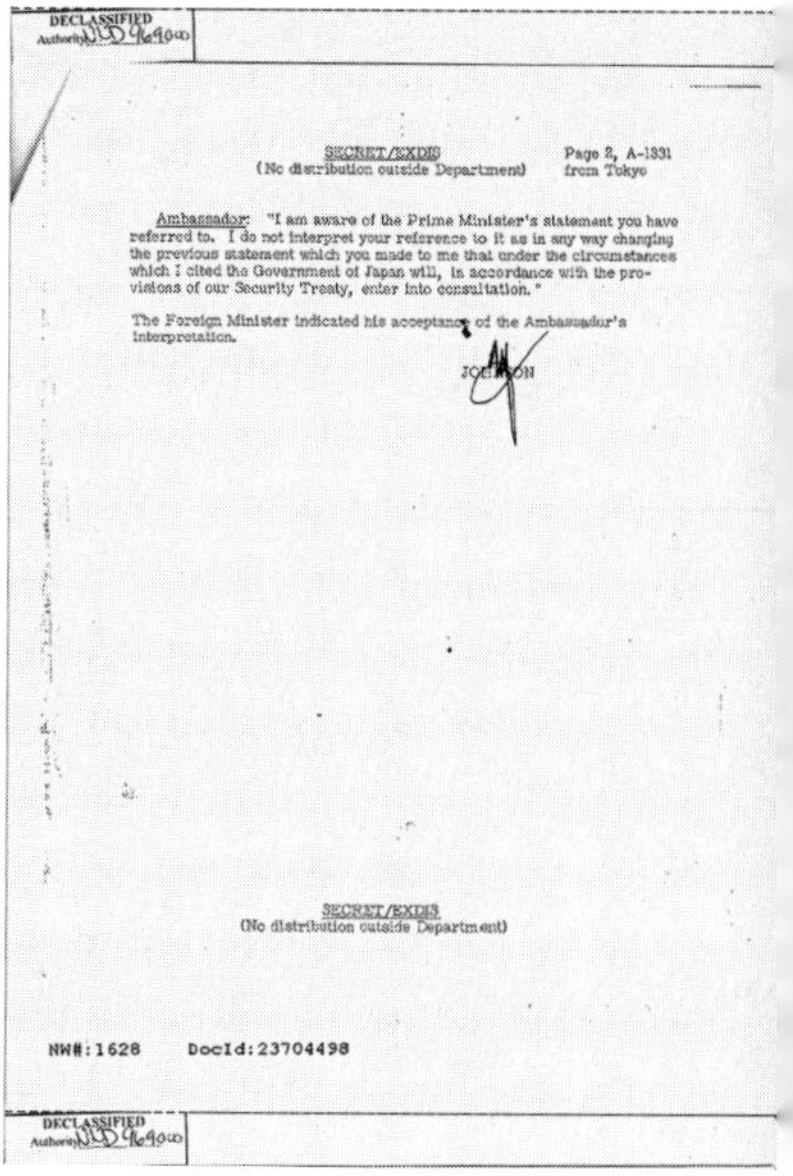

DECLASSIFIED
Authority NND 969000

SECRET/EXDIS
(No distribution outside Department)

Page 2, A-1331
from Tokyo

Ambassador: "I am aware of the Prime Minister's statement you have referred to. I do not interpret your reference to it as in any way changing the previous statement which you made to me that under the circumstances which I cited the Government of Japan will, in accordance with the provisions of our Security Treaty, enter into consultation."

The Foreign Minister indicated his acceptance of the Ambassador's interpretation.

JOHNSON

SECRET/EXDIS
(No distribution outside Department)

NW#:1628 DocId:23704498

DECLASSIFIED
Authority NND 969000

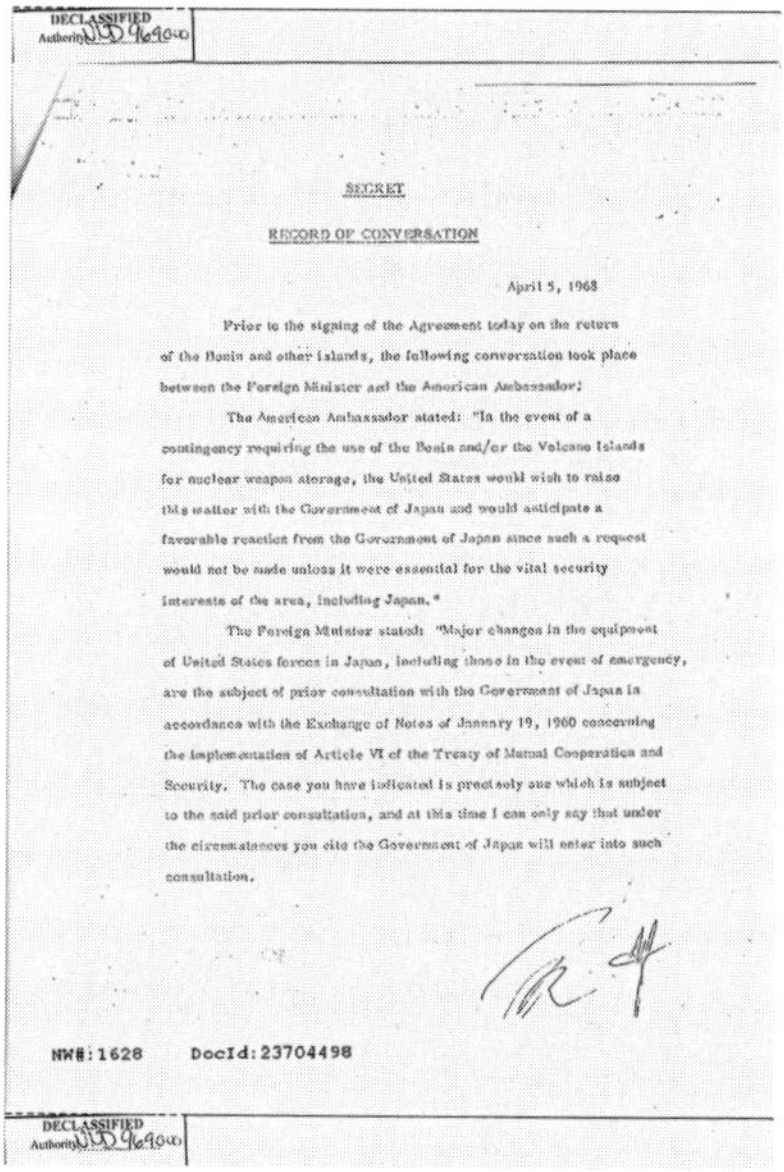

DECLASSIFIED
Authority NND 969000

SECRET

RECORD OF CONVERSATION

April 5, 1968

Prior to the signing of the Agreement today on the return of the Bonin and other islands, the following conversation took place between the Foreign Minister and the American Ambassador;

The American Ambassador stated: "In the event of a contingency requiring the use of the Bonin and/or the Volcano Islands for nuclear weapon storage, the United States would wish to raise this matter with the Government of Japan and would anticipate a favorable reaction from the Government of Japan since such a request would not be made unless it were essential for the vital security interests of the area, including Japan."

The Foreign Minister stated: "Major changes in the equipment of United States forces in Japan, including those in the event of emergency, are the subject of prior consultation with the Government of Japan in accordance with the Exchange of Notes of January 19, 1960 concerning the implementation of Article VI of the Treaty of Mutual Cooperation and Security. The case you have indicated is precisely one which is subject to the said prior consultation, and at this time I can only say that under the circumstances you cite the Government of Japan will enter into such consultation.

NW#:1628 DocId:23704498

DECLASSIFIED
Authority NND 969000

米国国立公文書館で機密解除された「A-1331」(斉藤利光氏提供)。上段の2枚に「口頭発言」、下段の1枚に「討議の記録」が記載。三木外相とジョンソン大使のイニシャル署名が記され「SECRET」の印が押されている

▼硫黄島で見た不思議な光景

斉藤氏は、シベリア抑留の生還者の孫だった。子供のころ、祖父に連れられて靖国神社に何度も行った。参拝時に涙を流す祖父の姿を見て、先の大戦に関心を持った。その関心は大人になってからも続き、会社勤めの傍ら、国立国会図書館などに足繁く通った。やがて、関心は戦没者遺骨の未収容問題に移った。硫黄島の現状に心を痛め、政府の遺骨収集事業に長年協力する「硫黄島協会」の賛助会員となった。協会の推薦を受け、2014年と2016年、政府派遣の収集事業に参加する形で硫黄島に渡った。

不思議な光景を見たのは、滑走路地区で捜索作業をしていたときのことだった。荒れた状態のまま放置されていた滑走路の端の一部を、作業員が急ピッチで補修し始めたのだ。なぜそんなにも慌てたように補修工事が始まったのか。作業関係者に聞いたところ、米軍機による離着陸訓練が前倒しで行われることになったため、と教えられた。それを知って思った。「自衛隊のものだと思っていたこの滑走路は、実は米軍のものではないのか」。そんな仮説が頭から離れず、本土帰還後に探究を重ねていった。探究が進むにつれ、仮説は確信に近づいていった。

やがて関心は核密約に及んだ。先行研究者が、小笠原議事録が核密約であるとした根拠の一つは、事前協議制度の形骸化だった。事前協議は開かれないのだから、日本側は核の持ち込みを拒否できない。従って日本は核持ち込みを事実上容認した、という論理だ。一方、斉藤氏が打ち立てた論理は違った。

「小笠原議事録を簡単に言うと、米軍による核の持ち込みについて日本側が事前協議で話し合うと回答した文書です。非核三原則を遵守するならば、『ノー』と回答した文書しか作成できません。しかし、事前協議で話し合うということは『ノー』もあれば『イエス』もあると認めた文書であるということです。『イエス』という選択肢があり得る以上、小笠原議事録は決定的な核密約なのです」

斉藤氏は、これまで苦労して集めたであろう膨大な一次資料を、僕に提供してくれた。初めて見る資料ばかりだった。なぜ、こうも僕の探究に協力してくれたのか。後に斉藤氏に尋ねると、こんな言葉が返ってきた。「自分には発信力がない。この新聞記者に託せば、遺骨収集の加速化につながる発信をしてくれるかもしれないと考えました」。

僕が最も驚いたのは、東京都立中央図書館所蔵『都内米軍基地関係資料集』（東京都総務局基地返還対策室編）だった。

地図によると、戦後、米軍が運用した電波通信施設「ロランC」がある島北部のエリアが「施設及び区域」となっていた。該当エリアの名称は「硫黄島通信所」と記されていた。

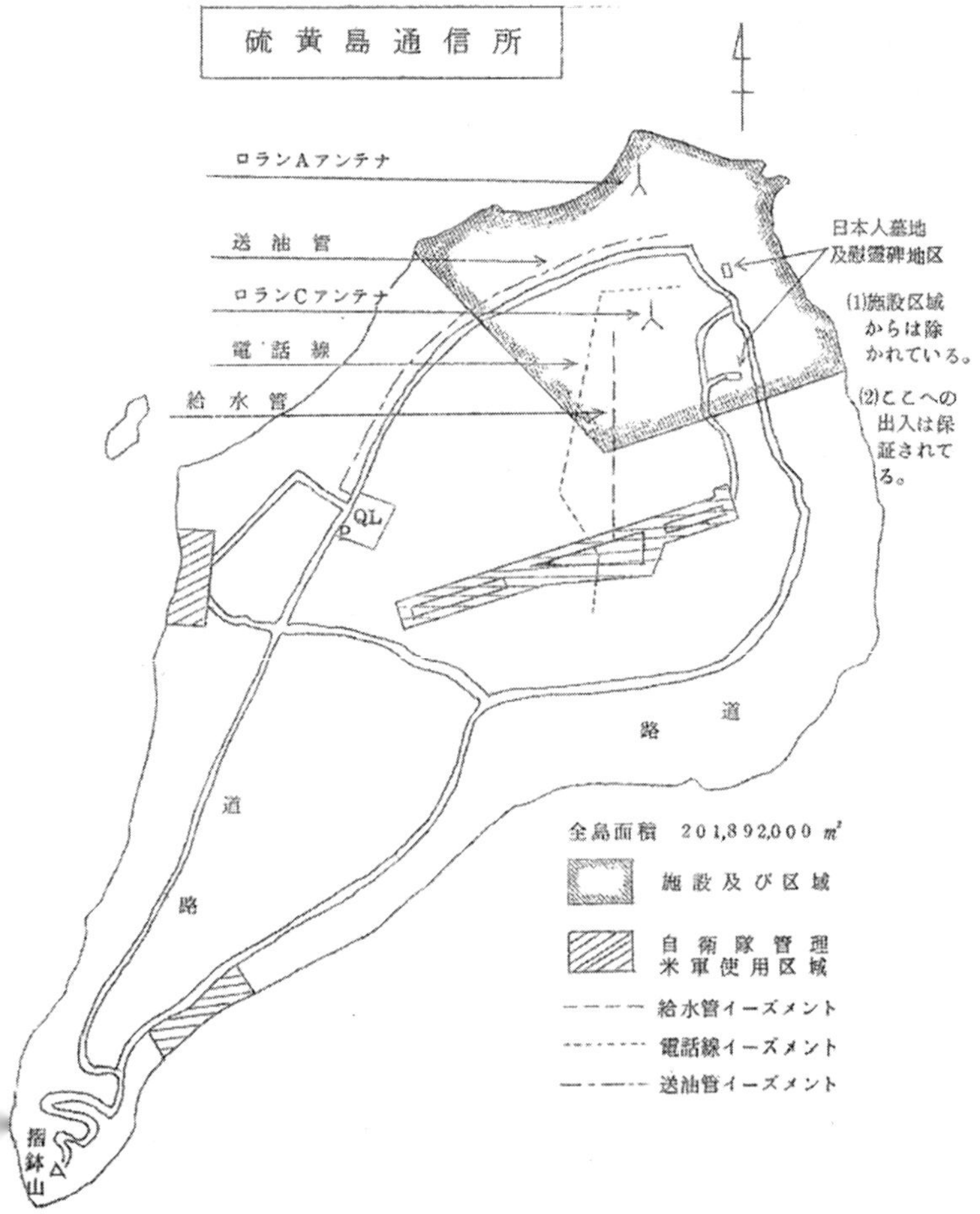

島北部一帯が米軍に提供されている状況を示す地図（『都内米軍基地関係資料集』）

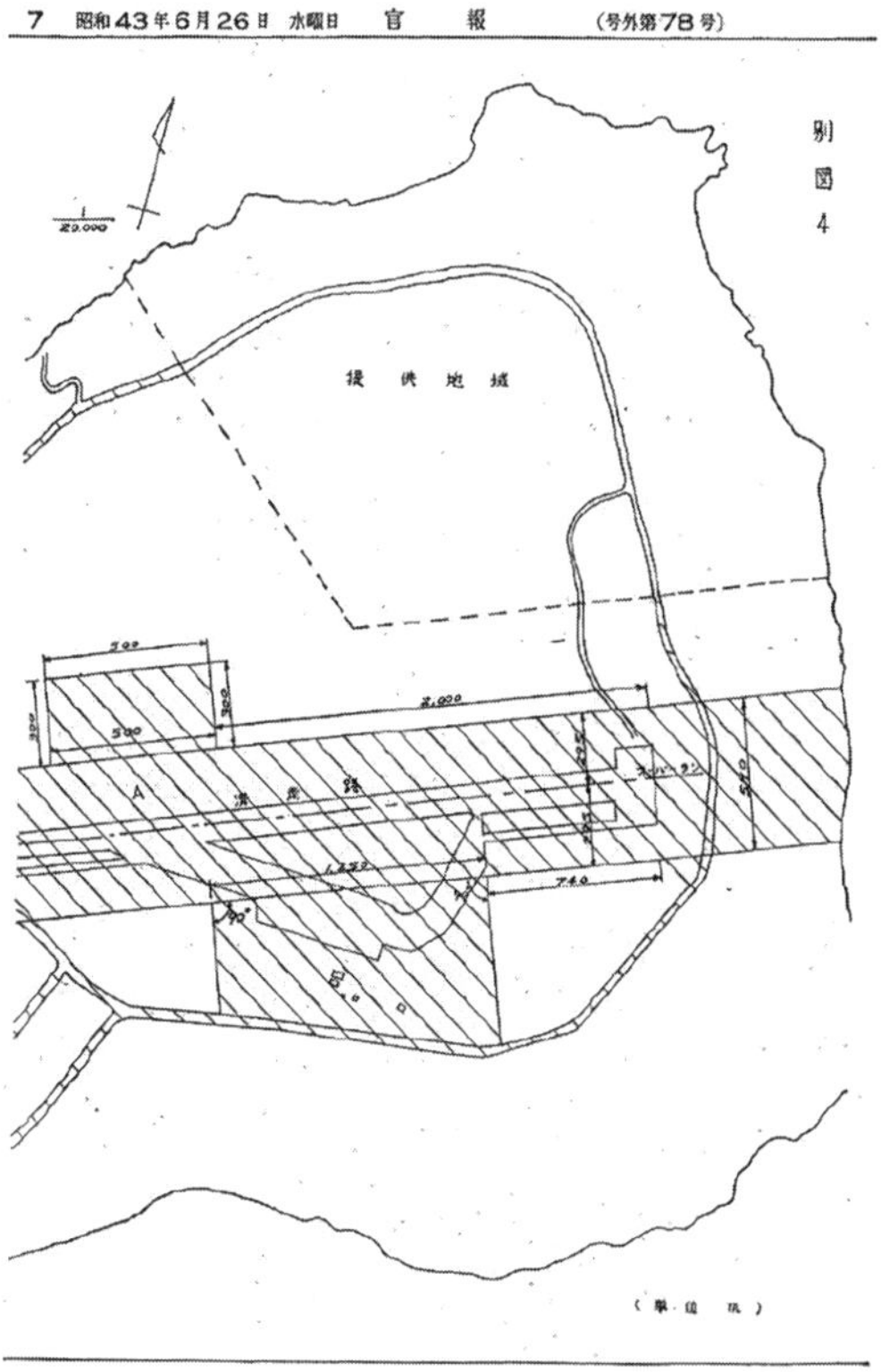

1968年6月26日付の官報。硫黄島北部の菱形部分が米軍への「提供地域」となっている

「施設及び区域」は、いわゆる「在日米軍基地」のことだ。日米地位協定は、米軍専用の「施設及び区域」内では米軍の管理権を侵害しない範囲でしか日本国内法が適用されない「排他的管理権」を認める、としている。日本の主権が事実上及ばない広大なエリアが、返還後の硫黄島にはあったのだ。

▼硫黄島は核戦略の〝目〟に

どうして〝こんなこと〟になったのだろうか。

遡ると、1968年の小笠原諸島返還時に施行された「小笠原諸島の復帰に伴う法令の適用の暫定措置等に関する法律」（暫定法）に辿りついた。

暫定法は第12条で、国に対して驚きの権限を認めていた。国が使用したいと判断した土地については「公示」の手続きさえ済ませれば、所有者不明の民有地であっても使用できるというものだ。この暫定法に基づき、返還日当日の「官報」に、防衛施設庁による「国が使用する土地についての告示」が掲載された。そのエリアはまさに在日米軍基地「硫黄島通信所」と一致した。

日本の領土に戻った硫黄島で、残留した米軍は何をしていたのか。『都内米軍基地関係資料集』によると、基地の使用者は〈沿岸警備隊極東支部・空軍第1956通信隊〉で、配属された軍人・軍属は〈約35名〉。任務は〈電波通信施設（ローラン）の操作〉だった。この施設は「ロランC」と呼ばれていた。

ロランCは〈太平洋における航行船舶及び航空機に自己の位置を確認されるための電波発信〉をすることが目的と記されていた。が、実態はどうだったのだろう。法学者の潮見俊隆ら編『安保黒書』（労働旬報社）はこう指摘している。硫黄島のロランCは〈ポラリス潜水艦に正確な位置を計算させ、ポラリス核弾頭弾を目標にむけて正確に発射させるために不可欠の施設〉だった。つまるところ〈米国の核戦略の〝目〟〉だったと指摘している。

米国側の記録によると、硫黄島から核関連の兵器がすべて撤去されたのは1966年6月だ。そして翌月に潜水艦基地のあるグアムに核兵器ポラリス・ミサイルが配備された。硫黄島返還の動きが日米間で本格化した時期と重なる。このことは、通信や潜水艦の機能向上により米国の核戦略が変わり、硫黄島内での核兵器は常時配備から有事配備に移行したことを物語る。

そして1968年に行われたのだ。米国側が硫黄島の「有事核貯蔵」を求めたジョンソン大使と三木外相の秘密裏の会談が。硫黄島の北部には、知られざる在日米軍基地が置かれ続けた。中央部滑走路は、日米地位協定に基づき、引き続き米軍も一時使用できる自衛隊施設となった。

滑走路は米軍が有事の際に核兵器を持ち込むために不可欠な施設だ。なぜ滑走路を米軍専用の「施設及び区域」として組み込まなかったのか。返還前と変わらず米軍支配が続くという日本側の批判をかわすために、硫黄島の実効支配を必要最小限にしたという思惑が透ける。

▼滑走路などの管理権、電波障害への懸念

硫黄島の最重要施設とも言える滑走路は先に記した通り、米軍施設から自衛隊施設となった。管理権は当然、日本側にある。しかし、その実効性を疑わせる公文書がある。

1979年7月6日に防衛庁事務次官室で行われた会議録「硫黄島施設の整備について」（国立公文書館所蔵）だ。この公文書に、以下の記載があった。〈米国との小笠原返還協定（43・6・26効力発生）に伴い、日本政府は、米国に対し、滑走路、誘導路、駐機場、タカン等の維持を含め、返還時の状態を維持することが義務づけられている〉。

コンクリート舗装を剥がして土中を探るなど滑走路地区の本格調査を遺族らに望まれながらも、未だ実現していないのは、形式上の管理権は日本側にあるものの、米軍側に忖度しなければ現状変更が難しいからではないのか。そんな推論が頭をよぎった。

さらに目を引く記録が米国国立公文書館所蔵の公電「A－1315」だ。公電は1968年4月9日に米国大使館が国務省に宛てたものだ。この中に、小笠原諸島返還協定が締結された4月5日に行われた日米合同委員会の議事録が収載されていた。議事録は全ページに、米国側代表のジョンソン大使と日本側代表の東郷文彦外務省北米局長のサインや〈CONFIDENTIAL（秘）〉の文字が記されている。

議事録によると、ジョンソン大使は、返還後の小笠原諸島に関して様々な提案をし、東郷北米局長は「日本政府にとって受け入れ可能です」とすべての提案項目に合意している。合意項目の中に〈日本政府は地位協定に従い電波障害除去のための適当な措置をとる〉という米国側の提案があった。

米国側は、硫黄島返還に際して、電波障害が生じることを非常に警戒していた。実はこの当時、日本本土では米軍の通信施設とその周辺地域の軋轢が社会問題化していた。

その一例が横浜市の上瀬谷《かみせや》通信施設を巡る問題だ。米軍側は、広大な周辺地域を「電波障害防止制限地区」に指定し、地域住民に対してさまざまな制限を課した。1968年3月のサンデー毎日の記事「特報　団地に来た〝米軍命令〟」によると、米軍側による制限は蛍光灯やヒーターの使用禁止など細かな行動にも及び、新築する建物も〈高さ二〇フィート〈約6メートル〉まで。鉄筋鉄骨は一切ダメ〉などと規定。こうした防止地域が全国の〈一二ヵ所〉の米軍基地にも広がろうとしており、各地で〈すでに強い反対運動がはじまっている〉とし、全国規模の問題に発展していると報じた。この問題は1969年5月1日付の読売新聞も報道。〈電波障害を理由に（中略）、自由にクワを振るうことさえ〉禁じられた上瀬谷地区の農家の怒りを伝えている。

硫黄島の場合、住民が一人もいないため、問題化することはなかったということだ。

こうした経過から浮かび上がってくるのは、米国は返還に際して、日本側を様々な規制でがんじがらめにしたという実態だ。目的はただ一つ、米国にとって最大の安全保障政策である核戦略の遂行だ。核ミサイルを発射する潜水艦の運航には、硫黄島に電波通信施設を置く必要があり、その任務遂行に必要な電波を妨害しないよう日本側に求めていたのだ。

▼硫黄島の土を掘った希有な研究者

小笠原核密約の研究者は少ない。その一人である名古屋外国語大学の真崎翔氏は、別の面でも希有な研究者だった。最初のインタビューは2022年11月。コロナ禍のためリモートで行い、その後も電話やリモートで応じてもらった。

著書のプロフィール欄を読み、僕より10歳若い「1986年生まれ」とは知っていた。が、自身が「戦没者4世」であるということは、インタビューの中で初めて知ることになった。

真崎氏によると、曽祖父の戦没地は当初「南方」とだけ伝えられていたという。日米関係史の研究を進める中で「もしかすると、戦死したのは硫黄島かもしれない」という思いもあったという。後に墓石の刻字を読んで、戦没地はフィリピンのルソン島クラークと知った。硫黄島戦と同時期に繰り広げられた激戦地だ。クラークは戦後、空軍基地が整備された。その下には多数の遺骨が残っているとされる。「だから（同じく航空基地化されて）遺骨収集が極めて困難になっている硫黄島の戦没者遺族には、個人的にはすごいシンパシーを感じてきました。人ごとではない思いを抱いています」。終始、落ち着いた口調ながら、真崎氏は、戦没者遺族に寄り添う熱い心を持った人だと、僕は思った。インタビューに快く応じてくれた理由が、対話しているうちに分かった気がした。

真崎氏が希有な研究者であると僕が思ったのは、政府派遣の硫黄島遺骨収集団にボランティアとして参加した経験があるからだ。

真崎氏が遺骨収集団に参加したのは2014年。印象深かったのは、収集団員が宿泊した自衛隊滑走路近くの宿舎だったという。部屋は「H」型をしていた。「H」のうち縦線はベッドなどの生活用具が置かれた個人用空間で、横線はトイレとシャワーの共用空間。つまり二つの個人用空間に宿泊する団員が、その間にあるトイレとシャワーを共用して使うという構造だった。それは、真崎氏が米国留学時代に過ごした寮と同じだった。「日本で見たことのない形で（宿舎内の）緊急避難経路は英語表記だった。米国から泊まりに来る人を念頭に置いた造りであり、ある程度、僕の持論が確信できた」という。持論とはつまり、硫黄島が今なお〝米国ファースト〟になっている実情を指したのだろう、と僕は受け止めた。

▼核密約は今も生きているのか

核密約の研究者である真崎氏に、僕がずっと聞きたいと思っていたこと。それは、核を巡る日米の交渉結果が半世紀以上経過した今なお生きているのか、ということだ。

真崎氏の回答はこうだった。「今も有効であり、それは今後も続くでしょう」。

その推論の根拠については、こう語った。「米国としては（密約を）取り消す必要はまったくないんです。既得権なので。米国からすると自分の持つ権利をみすみす手放す必要はないので、日本側から（取り消したいと）言ってこない限り、そういうことにはならないと思います。かといって、あの取り決めはなしにしましょうと日本政府が言えるはずがない。それを言ってしまうと、これまで隠してきたことがおおっぴらになってしまいますから。つまり三木（外相）とジョンソン（大使）の間にこういう取り決めがありました、ということを明らかにしなければならないので、これは日本政府としては触れずにおきたい。外務省としてはこちらからイニシアティブを発揮してこの取り決めを再考しましょうということにはおそらくならない。なので今後もこれは続いていくのだろうと思います」。

▼硫黄島には核は持ち込まれない

核を巡る日米交渉の結果は今も生きている。一方で、交渉時と大きく変わったことがある、と真崎氏は指摘した。それは、核戦略上の硫黄島の重要度だ。

「おそらく秘密の核保存場所としての硫黄島の役割というのはほとんど終わっていると思います。ほとんど形式的なものなんだろうと。もはや、いざ戦争になったら原子力潜水艦で戦う時代です。硫黄島に核兵器を置ける場所があるということが分かってしまっている今、秘密の核貯蔵基地としての役割はもはやほとんどないのではないでしょうか」

ここまでの話を聞いて、とても興味深い指摘だと僕は思った。この半世紀で核の戦術は変わり、さらに硫黄島の核貯蔵の歴史も明らかになった現在、核が持ち込まれる可能性は極めて低いと真崎氏は指摘したのだ。つまり、日米交渉の結果はそれぞれの思惑によって現状変更を望まない両国の間で放置され、もはや形骸化してしまっているということだ。

では核戦略の要衝でなくなったのであれば、なぜ民間人の原則上陸禁止が続いているのだろう。真崎氏が「おそらく」と前置きした上で挙げたのは自衛隊の「レーダー」だった。

硫黄島はかねてから、「ロランC」が置かれるなど電波通信の軍事施設の拠点だった。その重要度はソ連崩壊による冷戦終結後も変わらなかった。中国の軍事的行動が太平洋方面で活発化したためだ。硫黄島のレーダーを巡っては近年も、たびたび報道された。2018年4月5日付毎日新聞に掲載された「硫黄島に防空レーダー　防衛省方針　中国空母進出備え」との見出しの記事はその一つだ。記事では〈中国の軍拡のスピードは予想以上に速い。将来的な脅威に備えて、小笠原諸島などでも中国軍の動向を把握できる体制を整備することが重要だ〉との防衛省幹部の談話も報じた。

真崎氏は言う。「レーダー基地という繊細な基地を置くにあたって、人が自由に入れる状態は都合が悪いんだろうと思います。日本人の自由な上陸を許すことは結局、外国人の上陸を許すことになりますから、機密上の理由で許せないのではないかと考えています」。

一方、返還後も米軍が自衛隊と共同使用している滑走路の発掘調査についてはどう考えているのだろうか。遺族の長年の悲願だが、実行される気配は一向にない。

「日本政府が遺骨収集のために滑走路を剝がさせてくださいと言った場合、僕はおそらく米国側は認めると思います。米国では、戦没者に敬意が払われるし、硫黄島戦は敗者も勇敢であったという歴史認識がされているからです。なので、これは偏《ひとえ》に、日本側が忖度というか『触らぬ神にたたりなし』という思いがあるのではないでしょうか」

日本側は米国側に積極的にアプローチしないのはなぜなのだろうか。

「米国にお願いしたら、別のことをお願いされるのではないかとか、日本側が、腰が引けて言えないというのが実際であるような気がします。結局、米国側は滑走路を剝がさせてくれたとしても、必ず代替地はあるのかということを聞いてくるはずです。そうなるとそこを用意するのに、ものすごい労力がかかるでしょう。役人としても、遺骨収集というのは生産的に感じないと思うんですね。さらに、ものすごく仕事が増えるし、そうなると出世の足が引っ張られてしまうかもしれない。つまり（遺骨収集は）時間が解決する問題だと思っている。その時間を待っている状態なんだろうというふうに思います」

真崎氏の指摘通り、国の不作為があるのならば、不作為を改めさせるのは国民の世論だ。しかし、遺骨収集の推進を強く求める声は、遺族と関係者以外からは上がってこない。それは、硫黄島の伝えられ方も影響していると真崎氏が指摘した。

「多くのメディアが硫黄島は地獄のような島だという風に報じてきたがゆえに、誤ったイメージがついてしまった。国はある意味、そのイメージに乗っかって『あそこは地獄のような人の住めない、飲み水もなくて生きていけない島だから、そんなところに島民を帰してもしょうがないじゃないか』という方便を使ってきた。国の方便は、多くの国民のイメージに合致するので、それが理由としてまかり通ってしまった。その結果として、日米の基地化を許してしまった。そして、今も続いているということではないかと僕は思います」

▼世界でも唯一無二の全島疎開が続く島

米軍の核の時代を経て、現在も続く硫黄島の自衛隊支配——。この現状を問題視し、精力的に発信し続ける研究者の一人に、明治学院大学の石原俊教授がいる。小笠原諸島の近現代史研究の第一人者だ。僕の硫黄島取材は、石原氏が著書『硫黄島　国策に翻弄された130年』（中公新書）を出版した2019年以前と以後では大きく変わる。以前は遺骨問題ばかりに向けてきた僕の探究は、同著との出会いによって島民未帰還問題にも広がることになった。

石原氏によると、戦局悪化に伴う国の疎開命令により、本土疎開を強いられた島民1000人超の戦後は、次のような経過を辿った。

小笠原諸島の施政権の返還後、父島と母島の旧島民は帰島を認められた一方で、硫黄島の旧島民は許可されなかった。硫黄島の旧島民たちは1969年、硫黄島帰島促進協議会を結成し、国に再居住を求める運動を本格化した。しかし、国は翌1970年、その要求を無視して、硫黄島の復興の実施を除外した小笠原諸島復興計画（後に振興計画に名称変更）を決定した。帰島運動は一世の高齢化に伴い、次第に下火になっていった。そんな中で迎えた1984年、国土庁の審議会は火山活動などを理由に「硫黄島での一般住民の居住は困難である」との答申を出した。これにより国は同計画の延長を決定。先の大戦での全島疎開が解除されない、世界でも無二とされる異常な状態は、現在もなお続いている。

▼旧防衛庁のジレンマ

火山危険説は、国側が従前から繰り返してきた論理だ。1979年11月15日の朝日新聞の記事「『戦後』を凍結した硫黄島」にはこんな一文がある。〈旧島民の復帰は（中略）行政上認められていない。東京都（中略）および国土庁によると「一年間に土地が三十センチも異常隆起し、土を掘ればお湯が出るくらい火山活動も活発なので、安全上問題がある」というのがその理由である〉。

しかし、こうした論理は帰島を求める旧島民には通じなかった。この記事は、硫黄島帰島促進協議会の幹部の反論も伝えている。〈「異常隆起はむかしからのことで、明治二十二年に入植以来、噴火もない。安全を問題にするのなら、自衛隊や米軍はなぜ、引き揚げないのか」〉。

国側の説明は、建前に過ぎない。現在も、そう受け止める旧島民や子孫は多い。では、旧島民の帰還が認められない本当の理由は何なのだろうか。

石原氏は僕のインタビューで、こう話した。「自衛隊が訓練基地として既得権化した。だから（島民は）帰れないということです。港の管理権から何まですべてのインフラを自衛隊が握ってしまっているので、防衛省が嫌だと言えば、いくらでも通ってしまうのです」。

　つまり、現在に至るまで着々と進められてきた基地化こそが真の理由だ、ということだ。

　僕は基地化の経過を一次資料や新聞記事で辿ってみることにした。

　公文書を調べてみると、旧防衛庁が返還前から、硫黄島を訓練地として活用したいと望んでいたのは明らかだった。外務省外交史料館所蔵の簿冊『小笠原諸島帰属問題　復帰に伴う国内措置』に収められた「小笠原諸島の復帰に伴う自衛隊の措置について」には〈小笠原諸島の復帰とともに（硫黄島など）それぞれに海上自衛隊の基地部隊を配置〉して〈逐次この方面において艦艇、航空機の訓練を実施する〉とある。「取扱注意」の印が押されたこの公文書の日付は1968年5月24日。6月26日の小笠原諸島返還の約1ヵ月前に、旧防衛庁はそのような方針を固めていたのだ。

　しかし、その方針を即座には実行に移さなかった。旧島民や遺族らの反発を懸念したからだろう。それを物語る記事が1976年6月12日付読売新聞に掲載されていた。見出しは「硝煙再び？　あの硫黄島　演習場に」。旧防衛庁が硫黄島を〈自衛隊の総合演習用候補地〉とすべく水面下で構想していると伝える記事に、和智恒蔵氏が登場していた。戦後初の硫黄島遺骨調査団員として1952年に渡島して以来、遺骨収集に取り組んできた元硫黄島海軍司令だ。

和智氏のコメントはこうだ。〈私は演習場に反対はしない。だがそのまえにやることがあるはずだ。島内の至るところに眠っている英霊をそのままにしておいては相すまんじゃないか。遺骨収集をきちんとすませてからの話だ〉。怒声が伝わってくるようなコメントだ。東京都の島嶼部担当者の反発の声も伝えた。〈旧島民の帰島問題がある。戦時中強制疎開させられた人々です。もし帰島できないのなら生活補償してあげるのが国の責任だと思う〉。

そして、記事はこう結ばれていた。〈防衛庁もこうした事情を知らないわけではない。知っているからこそ演習場計画を正式には表明できないジレンマがあるようだ〉。

▼訓練基地と前進基地、そして作戦基地へ

そんなジレンマの中で硫黄島の訓練基地化を構想してきた旧防衛庁。1979年11月28日付の毎日新聞は、構想の実現に向けて動き出したと報じた。記事の見出しは「生まれ変わる〝玉砕の島〟　硫黄島ルポ　本格訓練基地に」。内容は次の通りだ。

返還後に硫黄島に置かれた海上自衛隊の部隊は〈飛行場（中略）の維持管理〉などを主な任務としてきたため〈基地というのに武器が一切ない。ピストル一丁（中略）なく、信号弾発射用けん銃がひとつあるだけ〉だった。そんな島を〈防衛庁は（中略）本格的な訓練基地にする〉ために〈来年から調査を開始する〉。

こうした動きが表面化した背景には、旧島民一世の高齢化に伴って帰島希望の声が少なくなっていた実情もあっただろう。それでも一部の高齢の一世は諦めなかった。〈八十、九十代のお年寄りたちは「死ぬ前に島へ帰りたい」と訴え〉た。そう報じたのは1983年3月18日付毎日新聞の記事「硫黄島へ帰せとデモ　旧島民、国会には陳情書」だ。記事では、帰島を訴える旧島民らによるデモ行進を偶然見た通行人の言葉も伝えている。〈「へえー、硫黄島にはかつて人が住んでいたんですか。知らなかったな」〉。終戦38年の時点で既に、旧島民が忘れられた難民となっていたことがよく伝わる記事だ。

そんな社会的記憶の風化を待っていたかのようなタイミングで、旧島民の帰還を認めない審議会の答申が示されたのだ。この答申を伝えた毎日新聞の記事（1984年6月1日付）には予言的とも言える一文が添えられていた。〈旧島民の永年にわたる帰島の願いは閉ざされた。同島は今後、わが国のシーレーン（海上交通）防衛の要衝として軍事的機能を一層強めそうだ〉。

予言的記述は的中した。答申の報道から1週間後の6月8日付毎日新聞に「硫黄島は重要地点　防衛庁長官が基地視察」との記事が載った。記事には、注目される点が3点あった。

1点目はこの年から訓練が本格化したと伝えた点だ。〈今年一月からP2J対潜哨戒機の移動訓練を開始〉したのに加え〈十月からは航空自衛隊がF4戦闘機の訓練を実施する予定〉との記述がある。2点目は、在島隊員の数だ。1979年の報道では海上自衛隊員60人だったのに対し、この記事では〈海上自衛隊百六十人、航空自衛隊百人〉と4倍の人員態勢となっている。当初の主要任務だった滑走路の維持に、訓練が加わったことが一因と推察される。

そして、3点目は「前進基地」という言葉が使われた点だ。それまでの報道では、旧防衛庁が目指すのは「訓練基地」としての整備だった。前進基地は、平時から戦闘に必要な物資を備蓄したり、施設を整備したりし、有事の際に前線への物資供給などを行う基地を指す。この記事では〈〝前進基地〟としての整備が着々と進め〉られている具体例として、これまで〈滑走路の整備、隊舎、対潜哨戒機の格納庫などの建設が行われ、(中略) レーダーサイト、格納庫などの完成も間近に迫っている〉と報じている。

ついには「訓練基地」でも「前進基地」でもない表記が登場する。1984年6月19日付毎日新聞の記事の見出しはこうだ。「〝シーレーン拠点〟硫黄島　着々進む『作戦基地』化」。前進基地は戦闘の間接的拠点であるのに対し、作戦基地は直接的に作戦を展開する基地を指す。滑走路の維持を主目的とする少数の海上自衛隊員が置かれただけに過ぎなかった硫黄島は、旧島民の帰島の願いを絶つ判断を国が示したのを機に、急速に軍事拠点化が進んでいくことになった。

その陰にちらつくのは米国の思惑だ。「着々進む『作戦基地』化」の記事では〈米国は八五会計年度「国防報告」でわが国に対して「一九八〇年代までにシーレーン防衛の達成」を求めたが、シーレーン防衛が最大の焦点である以上、硫黄島の軍事的価値が下がることはない〉とある。

米国の思惑の背景には何があるのだろう。先に記した公電「A－1315」収載の日米合同委員会議事録には、背景をうかがわせる記録がある。

小笠原諸島返還協定の締結日に開かれた合同委で、日米が合意した事項の一つに、次の項目があったのだ。〈米国政府が（硫黄島を含む）これらの島々における追加の施設及び区域の使用を要請した場合、日本政府は迅速かつ好意的な対応を行うものとする〉。

つまり、硫黄島の自衛隊施設イコール米軍施設なのだ。米軍にとって、日本が巨費を投じて硫黄島の基地化を進めることはメリットしかない。米軍占領時代と違い、整備費用を一切負担することなく、自軍が使用できる軍事施設が増えていくことを意味するからだ。

▼島全体を揺るがす爆音

硫黄島の基地化の末にやってきたもの。それは、日本本土では実施困難な米軍の空母艦載機による陸上離着陸訓練（ＦＣＬＰ）だった。

ＦＣＬＰ移転の経過は、石原氏の著書『硫黄島』に詳しく記されている。

ＦＣＬＰは、神奈川県の横須賀基地を母港とする空母ミッドウェーなどの艦載機が、地上の滑走路を使って、空母上の離着陸を擬似的に行う訓練だ。猛烈な騒音を伴うため、1973年に神奈川県の厚木飛行場で始まると、地元住民の抗議行動が起きた。ＦＣＬＰのうち、夜間に行う訓練はＮＬＰと呼ばれる。ＮＬＰが1982年に厚木で開始すると住民の睡眠障害が問題化し、さらに抗議の声が強まっていった。この事態を受けて日本政府は、訓練移転を企図した。しかし、三宅島など候補地が明るみに出るたびに、各地で反対運動が起き、頓挫が続いた。結果、浮上したのが硫黄島だった。住民がいない硫黄島では、反対運動が起きようもなかった。

硫黄島でのＦＣＬＰは1991年に開始。以後もＦＣＬＰの一部は青森県の三沢基地や、山口県の岩国基地などで継続して行われたが、各自治体はすべてのＦＣＬＰを硫黄島に移転するよう国側に働きかけ続けた。結果、2001年末までに三沢、岩国などのＦＣＬＰは休止された。

以後、硫黄島でのＦＣＬＰは四半世紀以上にわたり、続けられている。この訓練がもたらす騒音の凄まじさは、現地取材した神奈川新聞の記者が報じている。1991年8月6日付の記事「硫黄島で初のＮＬＰ」の記述はこうだ。〈赤、グリーンの誘導灯めがけて突っ込み、急上昇する艦載機のすさまじい爆音は、島全体を揺るがすほどだ〉。

硫黄島への移転はいつごろから検討されていたのか。国立国会図書館外交防衛課の鈴木滋氏は論文「在日米軍の夜間離着陸訓練（NLP）と基地移設問題」で〈硫黄島については、昭和58年（1983年）の時点で「政府の一部には候補に挙げる声もある」といった報道もされており、比較的早い段階から候補地として検討されていた可能性がある〉と指摘した。

1983年といえば、国側が旧島民の再居住を不許可とする判断を下す1年前だ。この指摘が事実であれば、再居住不可の判断の背景には、本土の基地負担を硫黄島に押し込もうとする国側の思惑が作用したのではないかと疑わざるを得ない。

防衛省は現在、FCLPを鹿児島県の馬毛島《まげしま》に移転する計画を進めている。この計画通り、FCLPが硫黄島で実施されなくなれば、民間人の上陸制限は解除されるのだろうか。

石原氏は僕のインタビューで「ノー」の見解を示した。「現状変更はないと思います。施政権返還後の半世紀にわたって、国内有数の自衛隊の訓練基地として整備され、使用され続けてきたため、防衛省・自衛隊が硫黄島の全島管理権を手放すとは考えにくい」。

▼遺骨収集を妨げる側に立っていたのは……

戦没者2万人のうち1万人の遺骨が見つからないミステリー。その答えを求め続けた僕は、次のような結論に至った。戦後の冷戦下で、硫黄島は米軍が核兵器を隠す秘密基地と化していった。核の機密を保持するため、島民帰還を不許可にした。同じ理由で遺骨収集も制限された。核兵器は返還前に硫黄島から撤去されたが、日米両政府は返還時に、「有事核貯蔵」について日本側が黙認したと解釈できる曖昧な機密文書を残した。旧島民の帰還不可方針は返還後も継続することになった。日米合意の中には自衛隊施設の米軍使用を認める項目もあり、1980年ごろから米軍側の要求を背景に基地の拡充が進んだ。さらに1990年代に入ると、本土の基地負担を軽減するため、基地周辺地域に深刻な騒音問題をもたらすFCLPが本土から移転。島民の帰還不許可方針を継続する理由が増えることになった。

一方、遺骨収集団も、年数回しか上陸できないという状況が固定化していった。収集団が365日、島内で作業することは、旧島民の再居住は可能だという証左につながるからだ。収集作業が緩慢に進められた結果、多くの遺骨が土に還ってしまった。

このような現状に至った背景には、メディアの遮断もあった。報道関係者も例に洩れず、上陸の禁止対象だった。結果、硫黄島に関する国民の知識は更新されず、戦争で荒廃しきった、飲み水すらない地獄のような島というイメージが一般化した。そうした中で、旧島民が帰れない現状を問題視する国民の声は、消失していった。

遺骨収集団員として硫黄島に渡った僕は知っている。硫黄島は、地獄ではない。戦前は1

000人以上の島民が豊かに暮らす農業の島だった。今も大勢の自衛官や作業員が生活している。雨水を飲料水にする浄水施設や発電施設があり、本土同様の生活をしている。衛星放送を見ることができるし、携帯電話も通じる。しかし、メディアが盛んに報じるのは、飲み水がない中で死よりも苦しい生を生きた兵士たちの苦闘や、現在も僅かに残る戦車や大砲の残骸ばかり。しかし、実際の硫黄島は地獄の無人島ではなく、大勢の隊員らが本土並みの日常生活を過ごし、しかも風光明媚な美しい景観が広がる楽園のような島なのだ。

そうした報道をしてこなかった一人が、僕だ。むしろ、硫黄島は激戦当時のまま時が止まっているという印象ばかりを社会に与えてこなかったか。

硫黄島戦没者1万人が見つからない原因を作った側に、僕はいたのだ。

第6章

戦没者遺児との別れ、そして再上陸へ

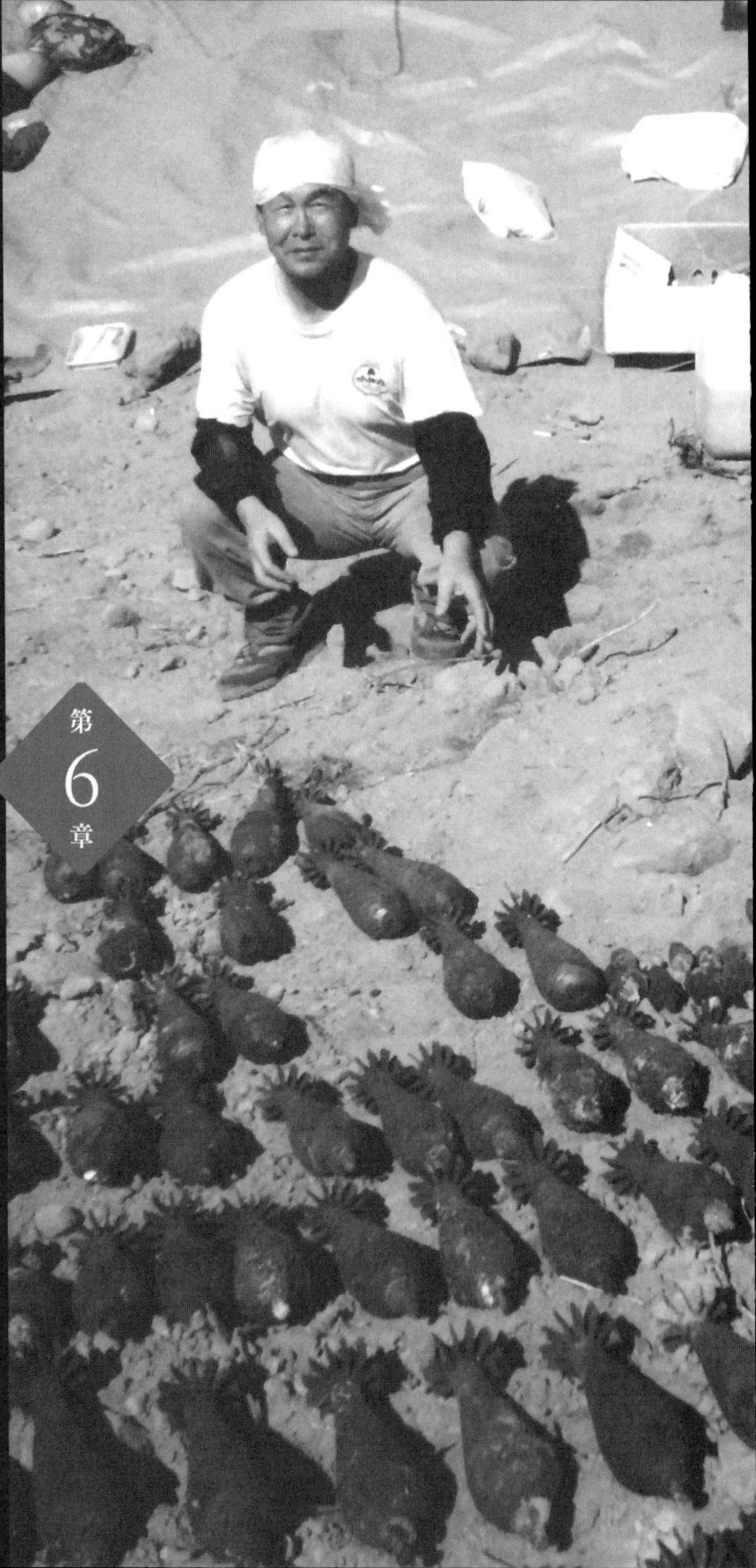

▼コロナ禍と遺児三浦さんと、僕のツイッター

天国にいる硫黄島の兵隊さんたちが、三浦さんを守ってくれた。

そのとき、僕はそう思った。

新型コロナウイルスの流行が始まった2020年2月のことだった。当時、多くの人が感染防止のためマスクを買い求め、ドラッグストアなどの店頭からマスクが消えた。僕が心配に思ったのは、政府の遺骨収集団に長年参加し、硫黄島報道を支えてくれている北海道恵庭市の三浦孝治さんのことだった。三浦さんは一人暮らしだった。マスクが買えなくて困っているのではないか。東京から電話をかけると、いつもの明るい声が返ってきた。

「酒井さん、大丈夫ですよ。家で探したら、遺骨収集団で使うために買っておいた防塵用のマスクがたくさん出てきたんです。だから当分、マスクには困りません」

2006年に出会った際、74歳だった三浦さんは87歳になっていた。耳が少し遠くなった以外はすこぶる元気だった。現役収集団員としては最高齢となりながらも毎年、硫黄島に渡っていた。100歳を超えても元気だろうな、と僕は思った。ご加護がある人だと思っていた。

その年の秋。北海道は札幌を中心に新型コロナの流行が深刻化し、東京支社の記者が交代

で応援に入ることになった。僕はその一人となり、11月末から約2週間、札幌で過ごすことになった。東京に帰る最終日に、三浦さん宅に立ち寄った。硫黄島の話を聞くため、数え切れないほど通った三浦さん宅。まるで実家に帰る感覚だ。仏間に飾られたモノクロの兵士の写真が、居間から見える。硫黄島で、38歳で戦死した三浦さんの父・末治さんだ。僕は遺影を見つめた。そして、おじゃまします、と挨拶した。ここまではいつもと同じだった。

この後、僕は大きな後悔を残すことになる。

最後に三浦さん宅を訪問した際に撮影。三浦さんは硫黄島の父から送られた写真を生涯大切にしていた（2020年12月）

僕は2020年8月から、ツイッターで実名のアカウントを開設し、硫黄島に関する発信を続けていた。硫黄島の歴史の風化に抗うため、何でも良いから毎日、硫黄島に関することをする。僕はそれを一日一善ならぬ「一日一硫黄島」と呼んでいた。ツイッターは、その一環で始めた。11月12日には、例の「三浦さんとマスク」にまつわる短文をツイートしていた。そのことを三浦さんに話すと、三浦さんは「ぜひ私も読みたいです。どうやったら、それを読めるようになりますか」と声を弾ませた。そして、書斎にあった旧型のノートパソコンを僕の前に持ってきた。僕はツイッターの登録を代行しようと思い、電源を押したが、パソコンの処理速度は随分と遅かった。これは時間がかかるな、と思い「三浦さん、このパソコンでは無理かもしれないです」と話した。三浦さんは残念そうだった。悪いことをしたな、と思った。その後、しばらく会話を交わして、三浦さん宅を出た。三浦さんはいつものようにマイカーで最寄りのJR恵庭駅まで送ってくれた。そして、僕は師走の東京に戻った。新千歳空港行きの快速列車も、羽田行きの旅客機も、乗客席はがらがらだった。

その3ヵ月後、三浦さんとの永遠の別れの日が来るとは、僕は夢にも思っていなかった。

▼三浦さんの物語を記すときが来た

2023年時点で17年間に及ぶ硫黄島の取材。その最初の一人が三浦さんだった。2006年に三浦さんの遺骨収集体験記を連載して以来、取材は短いものも含めれば数十回に及んだと思う。三浦さんは戦争遺児で、僕も10歳で父を失った遺児。少年時代に父を失った悲しみを抱いて生きた者同士の、年の差を超えた絆のような縁を、僕は感じていた。

チェーホフ、暗号「ウ27ウ451」、日本最後の空襲、共産主義国家での暮らし……。

戦争に翻弄された三浦さんのライフ・ヒストリーは、ノートを読み返さなくても、はっきりと思い出すことができる。長年、硫黄島報道を応援してくれた三浦さんへのせめてもの恩返しとして、いつか三浦さんの半生記を製本して本人に贈り、驚かせようと僕は考えていた。しかし、怠惰な僕が手をつけないうちに、三浦さんは天国に旅立ってしまった。

戦争で父だけでなく故郷も奪われ、父の慰霊も里帰りも自由にできなかった三浦さんの生涯は「戦争は終わっても、戦禍は終わらない」という真実を伝える物語だ。本人に読んでもらう夢はもう永遠に叶わなくなってしまったが、社会の人々に伝える意義はあるのではないか。控えめな人柄で目立つことを避けがちだった三浦さんも、天国で同じように考えてくれているのではないか。そう信じて今こそ、記そう。三浦さんの物語を。

▼「ゲーペーウーにチョロマンされる」

三浦さんは1932年、北海道北端の稚内市で生まれた。陸海軍の青年将校たちの反乱事件「五・一五事件」が起きた年だ。稚内の対岸の樺太（現サハリン）は当時、製紙業、水産業、炭鉱業などが活況を迎え「宝の島」と呼ばれていた。海軍の通信所に勤めていた父・末治さんは、樺太庁の中央試験場に転職した。これに伴い4歳の三浦さんは樺太の豊原市（現ユジノサハリンスク）の北の小沼（現ノボアレクサンドロスカ）に移住した。かつて小説家チェー

樺太からの引き揚げ時に隠して持ち帰ったという家族全員が揃った唯一の写真。右端が三浦さん

ホフも訪ねたという地域だ。そこにはサハリンがロシア帝国の流刑地だった時代に流された政治犯のポーランド人たちもいた。「大変、教養のある人たちだった」（三浦さん）という。三浦さんは小沼で少年時代を過ごした。父は1943年に召集令状を受けて出征した。父がいない暮らしが始まった。

三浦少年は1945年春、中学校の入学試験に合格した。父に褒めてもらおうと、合格を伝える手紙を書いた。以前、戦地から届いた葉書の差出人欄にあった略号を宛て先欄に書いた。

「ウ27ウ451」

当時は、誰がどこの戦地にいるのかは機密対象だった。そのため、軍事郵便にはこのような略号が使われた。当然、この「ウ27ウ451」がどこなのか三浦少年は分からなかった。何度も手紙を書いた。だから、この略号を生涯、忘れなかった。待てども、待てども、父から合格を褒めてくれる手紙は届かなかった。

1945年4月。中学校に入学後、授業が行われたのは最初の数日だけだった。以後は工場や農作業など勤労奉仕の日々だった。そして8月、ソ連軍が樺太への侵攻を開始した。日本がポツダム宣言を受諾し、国民に降伏を発表したのは8月15日。三浦少年はその1週間後の22日、「悪夢のような光景」を見た。その日、三浦少年の頭上をソ連機が通過していった。戦時中は空襲警報が鳴ったが、この時は鳴らなかった。すでに「戦後」だったからだ。ソ連機は、数キロ先の豊原市上空まで行くと、ぱらぱらと「ゴミのようなもの」を落とした。そして煙がもうもうと上がり始めた。いわゆる「豊原空襲」だ。日本が先の大戦で受けた最後の空襲の悲劇といわれる。どれほどの人が命を奪われたのか。犠牲者数の全容は未だに分かっていない。「なぜあちこちで大きな白旗を掲げている無抵抗な街に爆弾を落とすのか」。三浦少年は憤った。

ソ連軍の兵士が進駐してきたのは、その2日後だった。体が大きく、日焼けした兵士の顔には殺気が残り、三浦少年の目には「赤鬼」に見えた。以後、赤鬼による略奪などの被害が相次いだ。三浦少年と母、兄弟が身を寄せた知人宅にも鬼は襲いかかった。室内を荒々しく物色したが、10分ほどで姿を消した。あっさりと引き揚げたのは、子供がたくさんいたからだと三浦少年は思った。

証言を元に描いた地元イラストレーター樫原恵一氏から三浦さんに贈られたイラスト

「旧ソ連の占領下の暮らしは暗かった」。共産主義がうたうのは「平等」だ。平等なはずなのに、軍隊の将校は上質の白パン、一般の兵士は黒パンと、配給されるものが違った。「何かを批判するとゲーペーウーにチョロマンされる」。何度も大人に注意された。「ゲーペーウー」は秘密警察、「チョロマン」は牢屋、という意味だと教わった。「生産性もなにもない。こういう世界は嫌だ」と心底、思った。一方で、「ソビエトという国は嫌いだが、渡ってきた人々はおおらかでつきあいやすく、打ち解けた」。国家と人々は違う。三浦少年は共産国での2年間で、そんなことを学んだ。

1947年7月にようやく函館港に引き揚げた。そこで帰国の手続きをした際に、父が硫黄島で戦死していたことを初めて知らされた。三浦少年は生きていると思っていた。父は樺太の草野球チームで捕手を務め、華麗にボールをさばき、マラソン大会ではトップでゴールに帰ってきた。運動神経が抜群だった。だから、生き抜いている。三浦少年はそう信じていた。

しかし、現実は違った。大黒柱を失った一家は、親族のいる札幌近郊の恵庭に移った。このとき三浦少年は14歳だった。中学校には復学しなかった。貧困から母と兄弟を守るためだった。丸太小屋で木材を運ぶ仕事を始めた。その後、国鉄の教習所で教官のお茶くみや清掃などをする仕事を得た。そこで教官から休憩時間にそろばんを教わった。三浦さんが受けた学校教育は事実上、小学校までだった。勉強ができる喜びは大きかった。しかし喜びの日々は続かなかった。国鉄の人員削減のあおりで、閉所されたからだ。がっくりと落胆した。

なんとか収入を得るため、海上自衛隊の前身の海上警備隊に入ろうとした。母に「父に続いてお前まで戦争に取られたくない」と猛反対されて、断念した。明るく希望に満ちた映画「青い山脈」が流行したのはこの頃だ。挫折に次ぐ挫折。「近所の映画館で公開されたが、とても観に行く気分にはなれなかった」。

配給所で米を運ぶ仕事を得た。60キロに満たない体で80キロの米俵を運ぶのはつらかった。やがてその勤勉な働きと、抜群のそろばんの才覚が認められ、信用金庫の地元支店の事務員として採用された。定年の60歳まで働いた。勤務中、独学の努力を重ね、行政書士、社

三浦さんが遺骨収集団に参加し始めたころの写真（家族提供）

会保険労務士の資格を取った。定年後に事務所を開設した。そして生涯、現役で働き続けた。

第二の人生、遺骨収集に執念

三浦さんは定年まで「静的」なサラリーマン人生だったのに対し、自由な時間を手に入れた第二の人生はとことん「動的」だった。

定年後にのんびりと人生を過ごす人が多い中、三浦さんは一つのことに執念を燃やした。それが硫黄島の遺骨収集事業への参加だった。１９９５年、63歳で初参加して以来、ほぼ毎年、硫黄島に渡った。三浦さんは、ほかの団員の目には「執念の人」として映った。

現地で作業を共にした戦没者遺児の桑原茂樹さんは、こんな姿を目にした。

「地下壕内の作業は１番前がスコップを振るう役目

で、2番目以降はバケツリレーです。だから1番前の人の労力が突出して大きい。1番前の人は5分、10分で交代して、バケツリレーの最後尾に加わり、今度は2番目が1番目に繰り上がってスコップ作業を行う。その繰り返し。バケツリレー作業が休憩に入り、再び始める際は、先頭の人は最後尾に行くはず。なのに三浦さんはまたスコップを持って1番目に行くんです。最高齢なのに、ですよ」

現地での執念ぶりが伝わる話を、僕はほかにも知っている。その一つは「碑」にまつわるエピソードだ。三浦さんは２００２年、父がいたと思われる航空隊の地下壕の入り口に鎮魂の石碑を建てた。石には「防人之碑」と刻んだ。高さは１メートルに満たない。それでも70歳を超えた体で運んだのは、執念の一言と言えるだろう。三浦さんは数年前、別の場所に碑を移設した。壕付近はすぐに雑草に覆われてしまう場所だったためだ。新たに設置したのは、地熱の影響で草木が生えにくい天山慰霊碑の近くの場所だった。天山慰霊碑は、収集

三浦さんが硫黄島に建立した「防人之碑」（2023年2月）

団が来島時と離島時に訪れる場所なので、その際に参拝できる利点もあった。

「執念の人」だった三浦さんは、こちらから質問しない限り、自分の胸の内を積極的に話す人ではなかった。書斎には、詩人で書家の相田みつをさんの詩が飾られていた。僕が訪問した際にいつも目にしたその詩は、三浦さんの心を表していたのではないかと、今になって思う。

「ひとつの事でも」という詩だった。

ひとつの事
でもなかなか
思うようには
ならぬもの
ですだから
わたしはひとつ
の事を一生
けんめいやって
いるのです

▼三浦さんがパソコン教室に通ったわけ

三浦さんの急逝は2021年3月。近所に住む旧知の人が電話で僕に教えてくれた。カーテンが閉じられたままで、明かりもつかない日が続いたため、異変に気付いたという。三浦さんは100歳を超えても元気いっぱいだろう、と思っていた僕は、このタイミングで二度と会えなくなるとはまったく予期していなかった。東京勤務を終えて北海道に帰れば「三浦孝治伝」を記すために再び、三浦さん宅に通おうと考えていた。とことん悲しみに暮れた。

葬儀日程を教えてもらい、日帰りで恵庭に向かった。

葬儀会場に行く前、僕に訃報を伝えてくれた近所の男性宅にお礼に行った。その際、男性からこんな話を聞いた。「ずっと元気そうだったんですよ。最近は、パソコン教室にも通い始めたりして」。

「ああ」と僕は声を上げ、そして目に涙がにじんだ。

88歳の三浦さんが、パソコンを学ぼうとした理由は分からない。思い出したのは、最後に会った3ヵ月前の、三浦さんの残念そうな表情だ。三浦さんは、僕がツイッターで発信し続けている硫黄島に関する短文を読みたいと望み、僕は三浦さんの古いパソコンでは無理だと突き放してしまった。それでも読みたいと思ったことが、もしかしたらパソコン教室に通い始めた理由の一つかもしれない。男性宅を出て、隣接する三浦さん宅の玄関先に立った。15年間、硫黄島の取材で数え切れないほど三浦さんと向き合った居間は、カーテンが閉じられたままだった。そして、そこで初めて涙がこぼれた。

▼遺族にお願いしたこと

葬儀の4日後、僕は三浦さんの遺族にメールを送った。メールアドレスなどの連絡先は、葬儀会場で名刺交換をした際に教えてもらっていた。

〈孝治様には何一つ恩返しができませんでした。せめてもの思いとして、戦争の惨禍と平和の尊さの教訓に満ちた硫黄島の探究と発信を今後もライフワークとして続ける決意です〉。メールではそうつづった上で、お願い事を記した。三浦さんは自宅で、1995年から四半世紀にわたって参加してきた遺骨収集に関する書類を保管していた。三浦さんは生前、取材に行くたびに、その膨大な書類の中から必要な書類を即座に見せてくれた。その整理整頓ぶりに、いつも僕は驚かされていた。〈それらの資料を何かの機会に読ませて頂くことは可能でしょうか。今後の硫黄島関連の探究に活かさせて頂きたいというのが、率直な理由です〉と記した。

遺族は僕のお願いを快く受け入れてくれた。1週間後、大型サイズの段ボール箱二つ分の

かつて収容遺骨は現地で焼かれていた。その時代を伝える貴重な１枚だ。現在はDNA鑑定のため実施していない（三浦さんの家族提供）

資料が届けられた。僕は６畳の自室に運び込んだ。押し入れに入れず、常に見えるようにした。三浦さんのことを忘れないようにしようと思った。

資料の中には、三浦さんが硫黄島で撮影した写真も多数あった。これは極めて貴重な資料と言えた。厚生労働省に開示請求し、公開された各年度の遺骨収集報告書には現地で撮影された写真がほとんど含まれていなかった。近年の遺骨収集は、現場活動中のカメラの所持は禁止されていた。それは防衛上の理由と、遺族感情への配慮のためだと厚労省側からは説明された。こうした撮影禁止規則ができる前に撮影された「三浦写真」は、僕にとって１９９０年代の遺骨収集がどのように行われていたかを知る「一級の資料」と言えた。

段ボールの中からは、新聞のスクラップ帳が出てきた。僕は何冊もある写真アルバムに夢中になり、スクラップ帳を開くのを後回しにしていた。ほぼ総ての資料に目を通し終えた僕は、スクラップ帳があったことを思いだし、表紙を開いた。「硫黄島滑走路下　初の遺骨　2柱発見　道内遺族　進展に期待」「身元不明の戦没者納骨　道内遺族も参列　千鳥ヶ淵で拝礼式」「硫黄島滑走路下　新たな遺骨　2柱　道内遺族『朗報だ』」……。貼られていたのは、僕が北海道を離れ、東京支社報道センターに配属されてから発信した記事だった。どれもこれもどの記事も、大切に扱うように、垂直にまっすぐに切り抜かれていた。

「さかいさーん、上京した後もずっと応援していましたよ。これからもずっと応援していますよ」

スクラップ帳から、三浦さんのそんな声が聞こえた気がした。

僕はしばらくスクラップ帳を閉じられなかった。

そして、僕は決意したのだ。

三浦さんが心に刻んだ父の「アトハタノム」の手旗信号を、次は僕が引き継ぐのだと。

硫黄島の土を掘る僕の理由は、また一つ増えたのだった。

▼２０２１年11月、僕は硫黄島に再上陸した

ゴーゴー、ボーボーと強風の音が、遺骨収集現場に響き渡っていた。

「耳の中までじゃりじゃりする。もう嫌だ！」

自暴自棄になる寸前の、誰かの叫び声が聞こえた。大型の台風21号の接近に伴う強風を浴び続け、団員たちは皆、頭から足のつま先、そして耳の中まで砂ぼこりまみれになっていた。まるで砂漠を彷徨する難民になったような気分だ。

その中に僕がいた。三浦さんの死去から9ヵ月後の2021年12月4日。政府派遣の遺骨収集団に再び加わった僕は、ほかの団員28人と共に、上陸11日目の朝を迎えていた。そして強風の中、島南部で遺骨を発掘すべく、スコップを振るい続けていた。がむしゃらに。三浦さんの分まで力を尽くそう。そんな思いが、僕にはあった。

現役記者が2週間、持ち場を離れ、収集団に参加するハードルの高さと多さはすでに書いた。だから、上陸に至るまでの経過は、ここでは省略する。最大の課題である「関係団体による推薦」をどう得たか、についてだけ書く。今回、推薦してくれたのは、「小笠原村在住硫黄島旧島民の会」だった。事務局長の楠明博さんとは、2年前の収集団で出会って以降も交流が続いていた。僕の祖父が戦時中、父島や母島にいたことから、僕を島民に準ずる者として認めてくれたのだ。その推薦に基づき、僕は収集団の一員となり、二度目の上陸を果たせたのだ。

そこで人生で始めて「12月の台風」を経験することになったのだ。午前中の作業を終え、宿舎に戻った。スマホで台風の情報を調べた。マリアナ諸島付近で発生した大型で非常に強い台風21号は北上を続け、この日の未明、硫黄島を襲った。就寝中、雨が激しく窓を叩く音で何度も目が覚めた。朝の段階で雨が収まったのは通過したためだ。ただ、強風は続いたものの、危険度は低いという判断から、収集作業は予定通り行われることになったのだ。

マリアナから硫黄島を通過して本土方面へ。まるで太平洋戦争のB29の進路と同じではないかと思った。どうか本土が無事でありますように、と僕は願った。本土に向かって北上するB29の編隊を見た当時の硫黄島の兵士たちも、同様に願っていたことだろう。

▼その兵士は立ったまま迎えを待っていた

今回の収容現場は、「南部落」と呼ばれた地域だった。南側海岸に面したエリア。1944年の強制疎開まで島民が暮らした地域の一つだった。疎開後は守備隊によって要塞化された。海岸付近には「南砲台」のコンクリート製のトーチカが3ヵ所残っていた。摺鉢山方面の海岸から上陸すると予測されていた米軍守備隊を側面射撃する位置にあった。その予測通り、米海兵隊は上陸した。トーチカの中には「水際撃滅」「冷静沈着」「初弾必中」などの文字が記されていた。砲火が吹いたエリアだから当然、徹底的に米軍の砲爆撃を受けた。だからなのか、土を掘って見つかる遺骨は、骨片が多かった。

「冷静沈着」などの文字が記されたトーチカの内部（2021年12月撮影）

「硫黄島はやってみないと分からないことだらけ。それぐらい予想外のことが多い島なんです」。ベテラン収集団員から以前、聞いた言葉だった。その通りのことが起きたのは、作業3日目のことだった。

僕を含む団員数人がスコップで土を掘っていると、頭蓋骨が出てきた。僕たちは、この深さの地層が当時の地表だと判断した。それ以上深く掘り下げることを止めた。同じ地層の中に、首から下の骨があるはずだ。そう考えて頭蓋骨を中心に周囲の土を除去していったが、一向に骨は出てこない。きっと直撃弾を受けて、首から下の肢体は粉々になって吹き飛んだのではないか。僕はそう考えた。しかし、諦め切れない団員一人は手を休めなかった。そして、遂に肩甲骨、頸骨、肋骨、上腕骨などが続々と出てきたのだ。ただし、それらは頭蓋骨と同じ地層ではなく、頭蓋骨の下から出てきた。つまり、この

「立ったままの兵士」が見つかった現場付近でバケツリレーに加わる僕
（2021年11月。日本戦没者遺骨収集推進協会提供）

兵士は戦後76年間、立った姿勢のままだったのだ。遺体の亡骸は横たわっているとは限らないのだ。どうしてこのような姿勢のまま土に埋もれたのかは分からない。もしかしたら、米軍が戦後、基地化する際の重機の振動などによって土中の遺骨が横ではなく縦にずれこんだのかもしれない。収集団に随行する鑑定人が背骨の一つを観察して、この兵士は20歳前後だと推定した。どうして分かるのですか、と尋ねると「頸椎のしわは、年齢とともに減っていくんです。その減り具合から年齢が推測できるんです」と教えてくれた。戦後、立った姿勢のまま、同胞が迎えに来る日を待ち続けていた若き兵士。「お疲れ様でした」を遥かに超える慰労の言葉をかけたかったが、僕の頭の中の国語辞典では、その言葉は思いつかなかった。ただただ、僕は絶句したのだった。

▼朝鮮人軍属たちを忘れてはいけない

硫黄島の戦いを主題にした書籍は概ね読んだ、という自負が僕にはある。

その中で朝鮮半島出身の民間人たち、いわゆる「朝鮮人軍属」が、硫黄島守備隊の兵士たちとともに戦ったことを伝えた本はどれだけあっただろう。知られざる歴史と言って良いと思う。硫黄島戦を讃美し、朝鮮人を好まない人たちにとっては「不都合な真実」なのかもしれない。「朝鮮人の軍属たちが真っ先に投降して守備隊の地下壕の位置を米軍側に伝え、そのことによって大勢の守備隊兵士が犠牲になった、だから朝鮮人は怪《け》しからん」といった情報をネットなどで目にする。その根拠となる一次資料を僕はいまだに見たことがない。

一方で、朝鮮人軍属たちの奮闘を伝える一次資料なら読んだことがある。

地上戦開始から12日後である1945年3月2日の硫黄島発の電報だ。この電報は、朝鮮人を含む「工員」が硫黄島には〈約一六〇〇名〉いて、〈続々ト切込ミ肉攻ニ参加〉していると報告。中でも、〈大多数半島人ヲ以テ編制シ〉た部隊は〈最モ勇敢〉だったという。〈半島人〉は、滑走路整備などの作業員として硫黄島に渡った朝鮮半島出身者たちのことだろう。

これほど硫黄島に関心のある僕もこれまで記事などで、硫黄島の朝鮮人について発信したことがない。僕も、批判されるべき側の一人なのだ。

上陸6日目のことだ。「あ！　これはハングルじゃないですか」と声を上げたのは僕だった。ほぼ全身の遺骨が見つかった現場から、ヘルメットや薬の小瓶、ベルトのバックル、陶器の湯飲みが出てきた。僕が注目したのは湯飲みだった。その湯飲みを僕が持って、何人かで見ていると、裏側に2文字が刻まれているのに気付いた。僕の目には、日本の文字に見えなかった。これがハングルだとしたら、近くで眠っていた遺骨は朝鮮人軍属の可能性があるのではないか。僕はそのうちの1文字が、数字の「10」か、ハングルの「오」に見えたのだ。

僕は2文字を記録して、その夜、韓国語を話せる友人にスマホで送って見てもらった。友人によると、もう1文字の方はハングルにしては画数が多いため、ハングルの可能性が低いということだった。僕は落胆した。しかし、僕は前を向いた。今なお異郷に残された朝鮮人がいる事実を忘れるな、というメッセージをこの湯飲みは発してくれたのだ。硫黄島の朝鮮人軍属の歴史を伝える発信も重ねていこう。そんな決心を、僕は深めたのだった。

▼そして一家5人は離散した

湯飲みが出土した同じ日。午後の作業ではいくら掘っても遺骨が出てこない時間が続いた。僕の近くでスコップを振るっていた楠さんが、小さな声でつぶやいた。

「じいちゃん、どこにいるんだよ……」

僕は思わず手を止めて楠さんの方を見た。楠さんは独り言を聞かれてしまったことを気付いていない様子で、作業を続けていた。

陽気な楠さんは作業中も、あえて陽気に振る舞っている。その理由はすでに書いた。明るい未来に生きる子孫の姿を見せて迎えることが、慰霊になると考えているからだ。

僕と楠さんから離れた場所にいた団員から「出ましたー」の声が発せられたのは、その5分後のことだ。この日の作業終了まで10分を切っていた。楠さんの思いが届いたのだろうか。

楠さんの祖父、高橋廣さんは硫黄島民だった。東京都は米軍上陸の8ヵ月前の1944年6月、島民約1100人に対し本土への疎開命令を下した。ただし、16歳以上の少年を含む男性約100人に対しては、残留して軍を支援する「軍属」になることを強いた。このうち生還したのは約10人とされる。硫黄島の戦死の悲劇は兵士ばかりが伝えられるが、島民の犠牲者もいた。楠さんの祖父はその一人だった。兵士であれば、所属部隊の配置先の記録が残っているため、戦死した時期や場所は推定できる。しかし、軍属の場合、いつ、どこで死亡したのか、まったく分からない。犠牲になった旧島民の遺族たちは、そんな悲しみも抱えている。

戦死した高橋廣さんには3人の子供がいた。楠さんの母は2番目の子供で、疎開時4歳だった。今も残る硫黄島に関する記憶は、まさに疎開の日のことだ。島の海岸から母やきょうだいらと共に小舟に乗り、沖に停泊する疎開船に向かった。お気に入りだったアルミコップを手に持っていたが、小舟に乗っている間、波に浸して遊んでいるうちに、手を滑らせて海の中に落としてしまった。手を伸ばしたが、すぐに見えなくなった。疎開時に持ち物は最小限に留めるよう、島民たちは求められていた。そんな中で持ち出したものだったのだから相当、気に入っていたのだろう。コップを失ったことがとにかく悲しかった。その話を楠さんは、幾度も聞いたという。

きょうだい3人は本土疎開後、別々の家に養子としてもらわれていった。楠さんの母は山梨、姉は福島、弟は北海道に渡ることになった。

こうして一家は、離散した。

▼「死ぬときはお父さんの近くで」

楠さんにとっての転機は2009年。50歳のときだ。「死ぬときは、お父さんの近くで死にたい」と、同居する母から伝えられた。楠さんは当時、埼玉県在住の会社員だったが、転身を考えている時期でもあった。硫黄島に近い父島の求人を調べると、転職できそうな仕事があることが分かった。そして二人で父島に移住した。2年後に妹の京子さんも父島に渡った。

移住から間もなくして、父島に拠点を置く「小笠原村在住硫黄島旧島民の会」が長年、政府の遺骨収集事業に協力していることを知った。会の幹部から声をかけられたことをきっかけに参加を始めた。それが２０１６年。以来、参加回数は約30回を数える。後に京子さんも加わるようになった。

旧島民の子孫であっても、硫黄島への渡島は制限されている。自由な墓参は許されていない。遺骨収集期間中は３日前後の休息日があった。休息日に、団員たちは宿舎で休んだり、書きためた日記を整理したり、洗濯したりするなど思い思いの１日を過ごす。二人以上の団体行動であれば、外出も許された。楠きょうだいの場合、休息日のうちの１日を利用して墓参りをする。それが恒例だった。

▼旧島民の墓参に同行

上陸５日目。休息日の朝。楠きょうだいが宿舎の玄関で出かける準備していた。行き先を尋ねると、墓参に行くとのことだった。同行したいと伝えると、快く受け入れてくれた。

向かった先は、ジャングルだった。

かつて「東部落」と呼ばれた地域だ。林道のような未舗装の道路から20メートルほど入った所。そこに「高橋家」の５人が暮らしていたのだ。５人とはつまり、楠きょうだいの祖父母と、幼かった母、伯母、叔父だ。

高橋邸の跡地が見つかったのは2014年。明博さんが小笠原村主催の墓参事業で硫黄島に渡った時に発見した。決め手となったのは近所に住んでいた旧島民の女性の証言だった。女性の子孫が同じ墓参に参加し、一緒に「東部落」を探索した際に、証言通り、高橋邸の水槽が見つかったという。その後、住宅部分の基礎や、別棟にあった風呂、トイレも見つかった。辺り一帯から、薬品の小瓶も大量に落ちていたことから、高橋邸は野戦病院として使用されたと推察された。

▼「死なないと、帰れない島」

楠きょうだいは黙々と草刈りを始めた。住宅の基礎も水槽も何もかもうっそうと茂る草木に覆われていた。「帰れない家の草を刈る。世界中でも私たちぐらいでしょう」と明博さんはこぼした。

僕の目には、どこからどこまでが高橋邸だったのか全く見当がつかなかった。京子さんが教えてくれた。「ガジュマルの木があるでしょ。あれが隣家との境界だったらしいの」。

そういえば、ガジュマルの多くは旧島民が、住宅の目印として植えたものらしいと聞いたことがあった。だから遺骨収集で重機を用いて密林を切り拓く際も、ガジュマルの木は倒さない。島民の歴史を伝える数少ない痕跡だからと、かつてベテラン団員が教えてくれた。

目をこらして辺り一帯を見てみると、割れた食器も散らばっていた。筆書きの模様がなんとなく可愛らしく見えた。高橋家の子供たちが使ったものだろうか。鉄の鍋がごろんと転がっていた。バナナやパパイヤの木もあった。高橋家の畑だったのかもしれない。草刈りは2時間かけて行われた。2時間前にジャングルにしか見えなかった一帯は、人の営みがあったとかろうじて感じられる光景に変わった。一家団欒の朝食や夕食を作ったであろう鉄鍋の近くに、二人は持参した線香を供えた。そして合掌した。心の中で何を伝えたのですか、と僕は明博さんに尋ねた。明博さんは言った。「今回は、隣の南部落のあたりで遺骨収集を行っています。どうか団員全員の安全を見守ってください。そうお願いしました。そして、また来ますと」。

線香を供えた場所には、鉄の鍋のほかに、気になるものがあった。まるでストーンサークルのように、直径50センチほどの円状に小石が並べられていたのだ。何だろうとそれを見つめていると、京子さんが教えてくれた。「そこに散骨したんです。その目印として石を並べたんです」。

聞くと、散骨したのは、1年前に80歳で他界した母の姉の骨だったという。つまり楠きょうだいの伯母だ。伯母は生前「自分が死んだら、硫黄島に散骨してほしい」と望んでいたと

楠きょうだいの母や祖父母らが暮らした「高橋邸」跡。伯母の遺骨を散骨した場所（右手前の岩付近）に線香が立てられた。左奥には、高橋家のものとみられる鉄鍋

いう。それで京子さんが1年前に遺骨収集団に参加した際に、遺骨を入れた小瓶を島に持ち込み、ここに撒いたのだ。

明博さんが続けて言った。

「死なないと、帰れない島なんですよ」

硫黄島から本土に帰る遺骨があることは知られている。でも、本土から硫黄島に戻っていく遺骨があることは誰も知らないだろう。僕は「高橋邸」跡に、しばし立ち尽くした。気がつくと、すでに踵を返して宿舎に向けて歩き始めていた楠きょうだいの背中を、僕は慌てて追いかけたのだった。

▼本土まで遺骨を運ぶ役割を負った僕

僕にとって人生二度目の遺骨収集団。今回は、初の役目を担うことになった。収容した遺骨を本土に帰す「捧持」という役だった。

2週間の捜索活動で発見された遺骨は、同行した専門員の鑑定で14体と判定された。遺骨は個体別に白い袋に納められ、宿舎の安置室に運ばれた。本土への帰還日が近づくと、遺骨は箱に納められ、骨箱を本土まで抱きかかえて運ぶ団員14人が選抜された。僕はその一人となった。

託された骨箱は遺骨の重さを含めても1キログラムほど。近年、硫黄島で見つかる遺骨は小さな「骨片」が大半だ。風化の進行が捜索の壁になっている。実際に骨箱を持って感じたのは物理的な軽さではなく、戦後76年の歳月が意味する重さだった。

島は現在、全域が自衛隊の管理下にある。収集団帰還日。輸送機が待機する滑走路付近には、制服姿の在島隊員が約200メートルにわたり整列した。団員によって輸送機に運ばれる戦没者遺骨に「ご苦労様でした」と言うように一斉に敬礼した。

帰路の輸送機には団員だけでなく、骨箱の数だけ座席が用意された。戦没者にとっては七十数年ぶりの帰還だ。やがて迎えた離陸の時。安らかに帰れるようにと、団員たちは隣の席

戦没者の骨箱が濡れないよう入間基地の自衛隊員たちが傘を差した（2021年12月）

入間基地では雨の中、儀仗隊が整列して戦没者を迎えた（2021年12月）

入間基地に到着し、一時安置された戦没者遺骨。その後、収集団員に再び抱えられ、バスで都内に向かった

の骨箱に、優しい手つきでシートベルトを着け始めた。

「ゴゴゴゴゴ」。収集団員29人と遺骨14体を乗せ、自衛隊輸送機は滑走路を走りだした。旅客機のような防音設備がないため、機内はもの凄い音だ。座席は地下鉄のように窓を背にした配置。離陸直前、高齢の遺児が窓を振り返り、手を振った。窓の向こうには誰の姿もない。本土ならば異常に見える行動も、この島では異常には見えない。今も幽明の境がない島なのだ。

目的地である航空自衛隊入間基地（埼玉）まで約2時間40分。葬儀と同様に黒い背広姿の収集団一行は誰も会話しなかった。発掘現場から遺骨と一緒にバスで宿舎に戻る際もそうだった。捧持中は私語を禁じられているためだ。戦没者の尊厳を損なわないための配慮だった。

そうした対応は、遺骨帰還に協力する自衛隊も同じだった。雨天下で入間基地の滑走路に降り立った際、出迎えたのは「帰還兵」が雨で濡れないように傘を手に待機していた隊員たちだった。儀杖隊《ぎじょうたい》がラッパで「悲しみの譜」を演奏し、敬意を表した。

日が暮れる中、一行は厚労省が用意したバスに乗り、都内のホテルに向かった。前日まで過ごした島の夜は漆黒と呼べるほどの暗さだった。高層ビルが立ち並ぶ本土の夜景はまぶしかった。ある団員は、そんな景色を見せたいと膝の上の骨箱を車窓の高さまで抱え上げていた。僕もそれに倣った。日本の発展ぶりを見て帰還兵たちはきっと驚いたに違いないと、僕は思った。

▼ジョンの「想像」

翌朝、厚労省への遺骨引渡式が東京・千鳥ヶ淵戦没者墓苑で行われた。骨箱を受け取った職員が向かった先は厚労省内の「霊安室」だった。関係者によると、遺骨は正月の花が飾られたこの部屋で戦後初の本土での年末年始を過ごしたという。

遺骨をすぐに墓苑に納骨しないのはＤＮＡ鑑定のためだ。厚労省は近年、遺骨帰還を望む遺族の声に応じる形で、身元の特定に力を入れている。霊安室に安置された遺骨は鑑定用検体を採取され、申請者の中にＤＮＡ型が一致する遺族がいれば返還されることになる。

戦没者遺児は、終戦の年に生まれた人でも今や80歳手前だ。三浦さんは88歳で天国に旅立ってしまった。やがて訪れる遺児なき時代の遺骨収集事業をどうするのか。戦没者遺骨収集推進法では、遺骨の帰還は「国の責務」だと明記された。終戦80年を迎える2024年度までを遺骨収集の「集中実施期間」と位置づけるが、その後については不透明だ。

硫黄島から捧持した遺骨を厚生労働省職員に引き渡す僕（手前）。これで2日間にわたった捧持の役目は終わった

僕たちが離島する前日の12月7日に行われた現地追悼式。遺骨捜索に約30年間取り組んできた戦没者遺児の金井佳治さん（広島県）は、遺族を代表して切々とこう述べた。「収容できなかったご遺骨に対して、申し訳ない思いです。必ずやお迎えに来ることをお約束します」。

僕らが本土に帰った翌8日は、奇しくも太平洋戦争の「開戦の日」だった。ジョン・レノンの命日でもある。僕は硫黄島から本土まで１２００キロ、遺骨を抱えて運ぶ役目を負いながら、ジョンが歌った「Happy Xmas（War Is Over）」の一節を時折、思い出した。

「戦争は終わるよ、そう望めばね――」

しかし、硫黄島の歴史は伝えている。
終戦とは戦闘行為の終結に過ぎず、戦禍は終わらないのだと。
ジョンは、そのことを、「想像」できていただろうか。

第7章

硫黄島の元陸軍伍長「令和の証言」

▼「祖父は今も鹿児島にいます」

硫黄島戦の致死率は95％だった。

守備隊2万3000人のうち、生還者はわずか約1000人だけだった。

「だから、硫黄島の戦いは分からないことだらけですよ」

長年、硫黄島戦を研究している戦史研究家は僕の取材に対し、そんな話をした。かの島の戦闘に関する僕の知識はすべて活字や写真、映像から得た情報だ。

生還者本人の取材を試みたことはあった。防衛省防衛研究所の史料や過去の新聞に掲載された生還者を名簿化し、記載された年齢から現在も存命していると思われる人を絞り込み、電話番号を探ったりしたが、いずれも不調に終わった。生還者が設立した団体「硫黄島協会」に問い合わせたこともあった。「現在、協会で把握している限り、ご存命の人はいません」。そんな回答が返ってきた。

硫黄島守備隊の兵士は、当時としては「老兵」と呼ばれる30代や40代の兵士が多かった。彼らは戦後70年以上が経過した今、100歳をゆうに超えていることになる。そのことを考えると健在の人はもういないのだろう。自分自身にそう言い聞かせることで、生還者を探すことを諦めようとした。実際、近年の報道を見渡しても、生還者が取材に応じたという報道はなかった。

ちょうど、そのころのことだ。懇意にしている戦没者遺族から、過去に放送された硫黄島関連のテレビ番組をまとめたＤＶＤを譲り受けた。その中にドキュメンタリー番組「兵士になれなかった男　～祖父は硫黄島の学徒兵～」が入っていた。学徒兵だった西進次郎元陸軍伍長の足跡と現在の姿を追った内容だった。製作したディレクターの小川真利枝さんは、西さんの孫と紹介されていた。

西さんは１９４４年11月に硫黄島に配属。米軍上陸の約１ヵ月前の翌１９４５年１月８日に本土に帰還した。だから地上戦は経験していない。番組では「激戦前夜」の島内の状況や兵士の思いを克明に証言していた。放送日を確認すると、２０１５年11月30日だった。僕が視聴したのは２０２１年末のことだ。放送から６年が経過していた。

どうか６年たった今も、ご健在でありますように。僕はそう願いつつ、動いた。インターネットで小川さんの当時の所属会社を調べるなどした結果、連絡先を知ることができた。早速、小川さんに取材の可否を打診したところ、すぐに返事が返ってきた。

「祖父の西は今も鹿児島にいます」

望外の喜びとはまさにこのことだと思った。

戦時中の硫黄島を知る元兵士のインタビューを一度諦めかけた僕にとって、言葉に表すことができないほど大きな喜びだった。

小川さんによると、西さんは99歳で、鹿児島県内の高齢者施設で暮らしていた。西さんの電話番号を教えてもらった。初めて電話したのは2022年1月23日だった。

僕は硫黄島関連の取材をする際、いつもそうしているように、まず西さんに祖父のことを話した。北海道のローカル紙の記者がなぜ、2000キロ南方の硫黄島の取材をしているのか、不思議に思う人が多いからだ。当然のことだと思う。西さんが硫黄島にいたころ、祖父は同じ小笠原諸島にいたこと、硫黄島の歴史の風化に抗う取材を続けることを天国の祖父や父は喜んでくれるだろうと僕が考えていること、などを伝えた。西さんは僕の思いを受け止めてくれた。

その上で、早速、取材の日時、場所についての相談に入った。前月のクリスマスのとき、僕は例年と違って自分自身へのプレゼントを買わなかった。その分、硫黄島の取材のために使いたいと妻に伝えていた。鹿児島への旅費は、妻が想定するプレゼント代よりも格段に大きい金額になるだろうが、妻は認めてくれた。長年、元硫黄島兵士の取材を模索しながらも実現できず、残念がっていたことを知っているからだと思った。

西さんは、父島の元兵士の孫である新聞記者と直接話をしたい、と望んでくれたが、実現は難しいようだった。この時期は新型コロナウイルスの流行が深刻化していた。西さんが入

西進次郎さん関連の年表

1923年	1月	鹿児島県で生まれる
43年	12月	中央大学在学中に学徒出陣で応召。千葉県内の陸軍飛行第二十三戦隊に整備員として配属される
44年	7月	絶対国防圏のサイパン陥落。硫黄島は最前線となり、米軍による空襲が激化
	11月	硫黄島への出動命令を受け、同島に空路で渡る
	12月	戦友の蜂谷博史さんが機銃掃射を受けて死亡
45年	1月	戦闘機が壊滅し、硫黄島から千葉県の原隊に戻る
	2月	硫黄島に米軍が上陸し、地上戦開始
	3月	硫黄島守備隊が最後の総攻撃を行い、玉砕

居する高齢者施設は、来訪者とガラス越しにしか面談できないルールになっていた。西さんは以前、親族とガラス越しに会った際、親族の声を聞き取れず、ほとんど会話できなかったとのことだった。

では、コロナ禍が収束して「窓越しルール」が撤廃されるまで、電話でお話しできますか、と僕は提案した。西さ

計９回のインタビューに応じた元学徒兵の西進次郎さん

んは応じてくれた。

西さんは、僕の話にあいづちを打つとき「はい」ではなく「はっ」と歯切れの良い声を発することが多かった。それが癖なのかどうかは分からなかった。声の主は間違いなく高齢者だが、「はっ」という返事はまるで現役の兵士のように思えた。そう思ってから、僕は硫黄島の学徒兵と時空を超えて電話で会話しているような感覚になった。電話の向こうにいるのは、鹿児島県在住の西進次郎さんではなく、硫黄島の西進次郎陸軍伍長だった。

こうして電話取材が始まったのだ。インタビューは9回、計10時間に及んだ。

▼「喜び勇んだ」出動命令

西さんは鹿児島県出身。1943年12月、中央大学に在学中で20歳だった時、学徒出陣で応召した。帝都の防空任務を帯びた戦闘機部隊「陸軍飛行第二十三戦隊」(本拠地・千葉県)で戦闘機の武装や整備を担当する整備員となった。翌1944年11月、西さんを含む第二十三戦隊は硫黄島に進出することになった。その4ヵ月前の同年7月、絶対に死守すべき防衛ライン「絶対国防圏」のサイパンが陥落した。サイパンと本土の中間に位置する硫黄島は、この陥落によって、本土防衛の最前線となり、連日、米軍機による激しい空襲にさらされるようになった。第二十三戦隊の進出は、陸海軍合わせて約2万人いる硫黄島守備隊を支援することが目的だった。

「出動命令が出たのが11月27日でした。それから準備して千葉から立川に移動した。旅館で1泊して（翌日に硫黄島に）行くつもりだったが、天候が悪くて（延期になった）。その日、点呼のときに、上官が『どうせおまえたちは死ぬんだから今日は遊んでこい』と。それで私は東中野の姉の家に行きましてね。玄関で『俺、硫黄島に行くのが決まった』って言ったんですよ。そしたら姉は、泣きわめいたんですよ。そのころはですね、新聞でね、毎日のように記事が出ていました。硫黄島の爆撃のことが。だからもう国民もだいたいサイパンの次は硫黄島だなってことは分かっていました。同じ町内会の人たちは（バンザイなど）わいわい言うんですよ。悲しまない。ところが、本人の家族は悲しい。そりゃそうですよ」

一方、西さんの思いは違ったようだ。

学徒兵だった西さん（写真中央）の学生時代の写真（家族提供）

「硫黄島進出を命じられても、悲しみは全然なかったですよ。硫黄島ちゅうところは危ない所って分かっているけど、サイパンとか玉砕しているでしょ。玉砕寸前の島がどんな島だろうかという好奇心がありましたよ。だけど恐怖心はなんにもないんですよ。恐怖心はなくて、好奇心ですね。一緒に行った二十三戦隊の約40人のうち、私を含む半数が戦闘機の整備

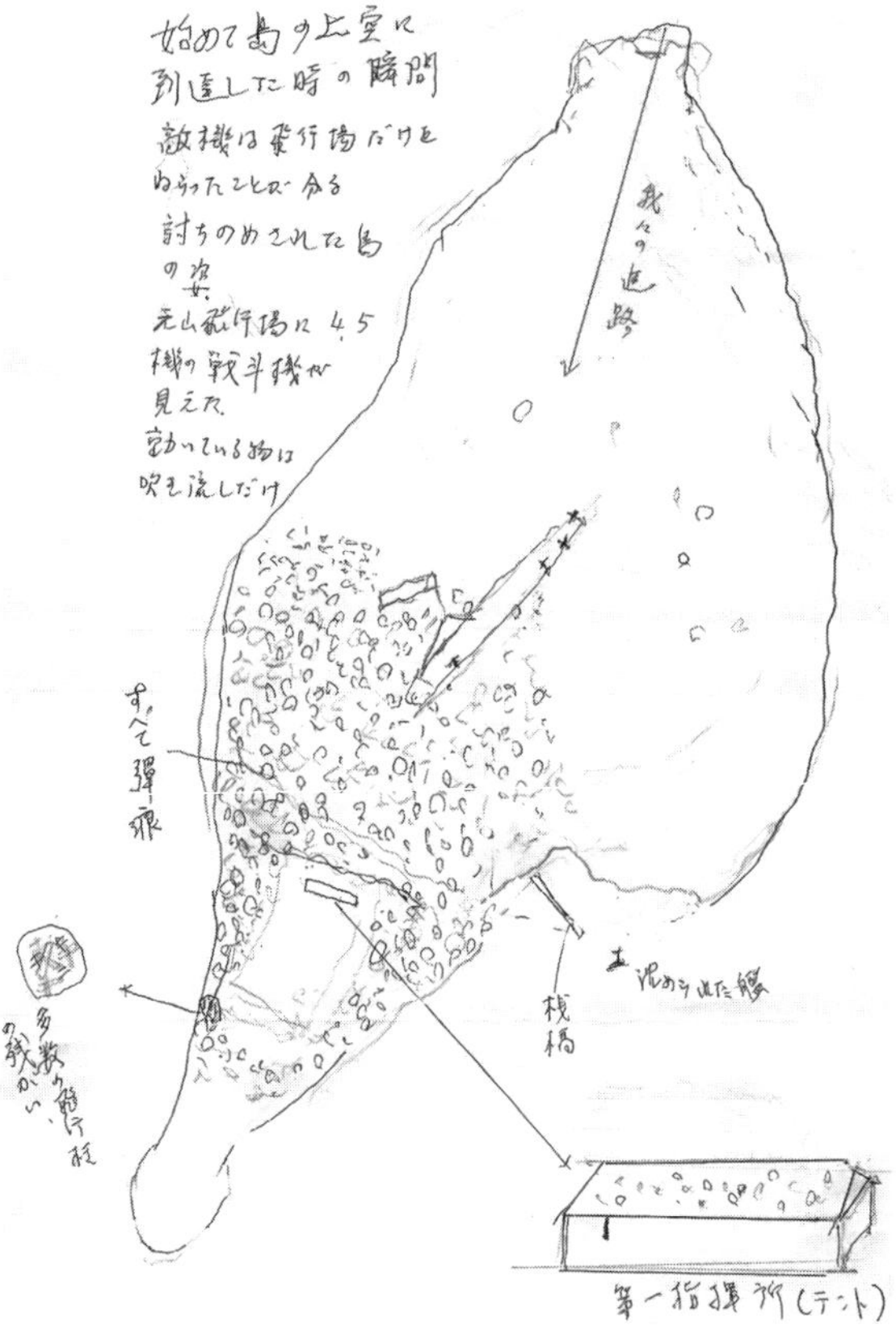

西さんが入院先から僕に送ってくれた絵図。飛行場一帯は爆撃の穴だらけだった

員で、その8割は私と同じ学徒兵でした。二十三戦隊の仲間と共に東京・立川の飛行場で重爆撃機『飛龍』に乗り込み、出発しました」

窓の外に硫黄島が見えてきたのは、出発から4時間後だった。飛龍は着陸するために大きく旋回した。その際に、島の全景がよく見えた。西さんは、新たな赴任地の地理を覚えようと凝視した。日本は必ず勝利する。太平洋戦争開戦以来、ずっと確信してきたが、島内の状況を肉眼で見て、血の気が引いたという。

「もう見た瞬間に日本は負けるなと思いましたね。日本の敗北を直感しましたよ。日本を発つときには喜び勇んで行ったんですよね。その硫黄島の負けている状況を見たときにもう顔面蒼白でしたね。もう出発したときの元気は何にもなくなりましたね。敗北を直感しましたね」

「島の南部には、飛行場を中心に爆撃の穴が隙間なく広がっていました。まるで蜂の巣ですよ。敵は飛行場だけを狙っているということが分かりましたね。一部の穴には、日本側の戦闘機の残骸がほうきではき集められたように投げ捨てられていました。本土から応援に来た戦闘機が次の日に全滅した、と聞きました。その残骸だったのでしょう。吹き流し以外、動くものは何もない。南海岸には日本の軍艦が沈められていました。ああ、もう敗北。歴史上、日本は戦争に負けたことがないのに。あらゆる島の様子がむちゃくちゃ踏みにじられたという感じでした」

▼島で出迎えてくれたのは

しかし、その思いは到着するやいなや一変した。西さんの絶望感とは裏腹に、出迎えてくれた兵士たちは皆、笑顔で、元気いっぱいだったのだ。

「硫黄島は陸軍と海軍が進出していましたが、島南部の千鳥飛行場で出迎えてくれた兵隊たちは皆、はつらつとしていました。上空から島を見た私の（絶望的な）感想と、在島の兵隊たちの態度は全く別でした。敗北感がみじんもないんです。私は彼らと接して、生き返ったような気持ちになりました。陸軍の私たちが拠点としたテントに、在島の海軍航空隊の整備員たちがやってきて、握手をしてね。もうその途端から戦友になりましたよ。非常にもう親しく寄ってきましてね。陸軍航空隊の硫黄島派遣は私たちが初めてでした。われわれ陸軍の航空隊に加勢に来てくれたんです。硫黄島では陸軍と海軍が島の防衛戦術を巡って対立していたと伝えられていますが、それは上層部の話です」

大戦末期の戦場である硫黄島は、当時としては「老兵」と言われる30代や40代の再応召兵が多かった。妻や子供と暮らす普通のお父さんたちが全国から集められたのだ。

「私たち整備員が硫黄島に着いた次の日のことです。操縦士たちが陸軍戦闘機の『隼』を操縦して島に到着し、合流しました。そのとき、在島の兵士たちが隼を見に集まってきました。40、50人いましたね。みんな自分から見たら『おじさん』と呼べる年配の人たちでした。そして喜んでこう言うんです。『あんたたちが来てくれたから、もうこの島は大丈夫だ』って。私はそれを聞いてね、困ったなあと。持っていった隼は年を取ったおんぼろの旧式でしたから。彼らは何にも知らないわけです。彼らのうれしそうな顔を見てね、逆に悲しくなりましたねえ。期待が外れるんかなあって」

そして西さんの不安は的中することになる。

「空襲のたびにね、隼は飛び立っていくんですよ。1機に対して向こうは数機で攻撃してくる。太刀打ちできないですよ。まるでツバメとタカの戦いですよ。私が島にいた間、隼が敵機に被害を与えたのは1回しかなかったですね。敵機のエンジンが火を噴いたという損害だけです。それ以外は何もなかったです。1機も落とせなかったんです」

敵航空部隊に損害を与えられなかったのは西さんの部隊だけではなかった。

「米爆撃機の高度は7000~8000メートルでした。高射砲が撃つところを見ましたが、届いていないようでした。だから全然使っていなかった。ただ、そこに存在しているというだけでしたね。あんな高高度から来る爆撃機の編隊に届くはずがないんですよ。とても貧弱な高射砲で相手にもならなかったし、もう悠々と頭の上を通って行きましたなあ。編隊

島内に現在も残る高射砲（2019年10月）

も崩さないでねえ。もう敵に任せっきり。勇ましい光景はなかったです。そういえば夜中にわれわれの頭の上を通過していったことが一度か二度ありました。あれは今、東京に行くんだなって分かるんですよ。私の姉が東京にいましたから、やられなければいいな、と思いましたねえ」

硫黄島戦の生還者の記録によると、兵士たちは「我らなくして本土なし」「我ら太平洋の防波堤にならん」という思いだったという。西さんも、サイパンよりも格段に本土に近い硫黄島が陥落すれば本土空襲が激化することは「分かりきっていた。百も承知だった」と振り返った。

▼激しい空襲「目が飛び出る」

硫黄島戦は1945年2～3月の地上戦を一般に指すが、必ずしも正確とは言えない。それ以前から地上戦に先だって米軍は連日、空襲や艦砲射撃を日本側守備隊に加えていたからだ。

「私が島に着いたころ、1日4回の空襲がありました。現地の兵士たちは、それを『定期便』と呼んでいました。避難に慣れたもので、動じている様子はなかった。島の北部には電波探信儀（レーダー）があって、爆撃機が100キロ圏内に近づくと、元山飛行場の見張り所に連絡しました。見張り所の兵士は『180度方向！　敵編隊100キロ近づく！』などとメガホンで周知する。その後、80キロ、60キロ、40キロと近づくたびに周知の声が発せられる。20キロになったらサイレンが鳴り、皆、作業を中断してぞろぞろと防空壕に入っていった。さらに差し迫ると『ばくそーひらくー（爆倉開く）！』『ばくだんとーかー（爆弾投下）！』。そして、ピシャーという夕立のような音がする。爆弾が落ちる音ですよ。その音を、避難した壕の中で聞く」

米軍による空襲の頻度は増すばかりだった。

「壕の中では皆、うつぶせになり、両手で両目と両耳を覆う。耳を塞いでいても、鼓膜が破れんばかりの爆発音が轟きました。目を覆わないと、爆弾の衝撃で目が飛び出る、と教えられていました。近くに爆弾が落ちると、入り口からきな臭い爆風が入ってくるんですね。みんな我慢しましたよ。息が苦しくて。爆撃機が爆弾を落とし終えてUターンして帰っていく

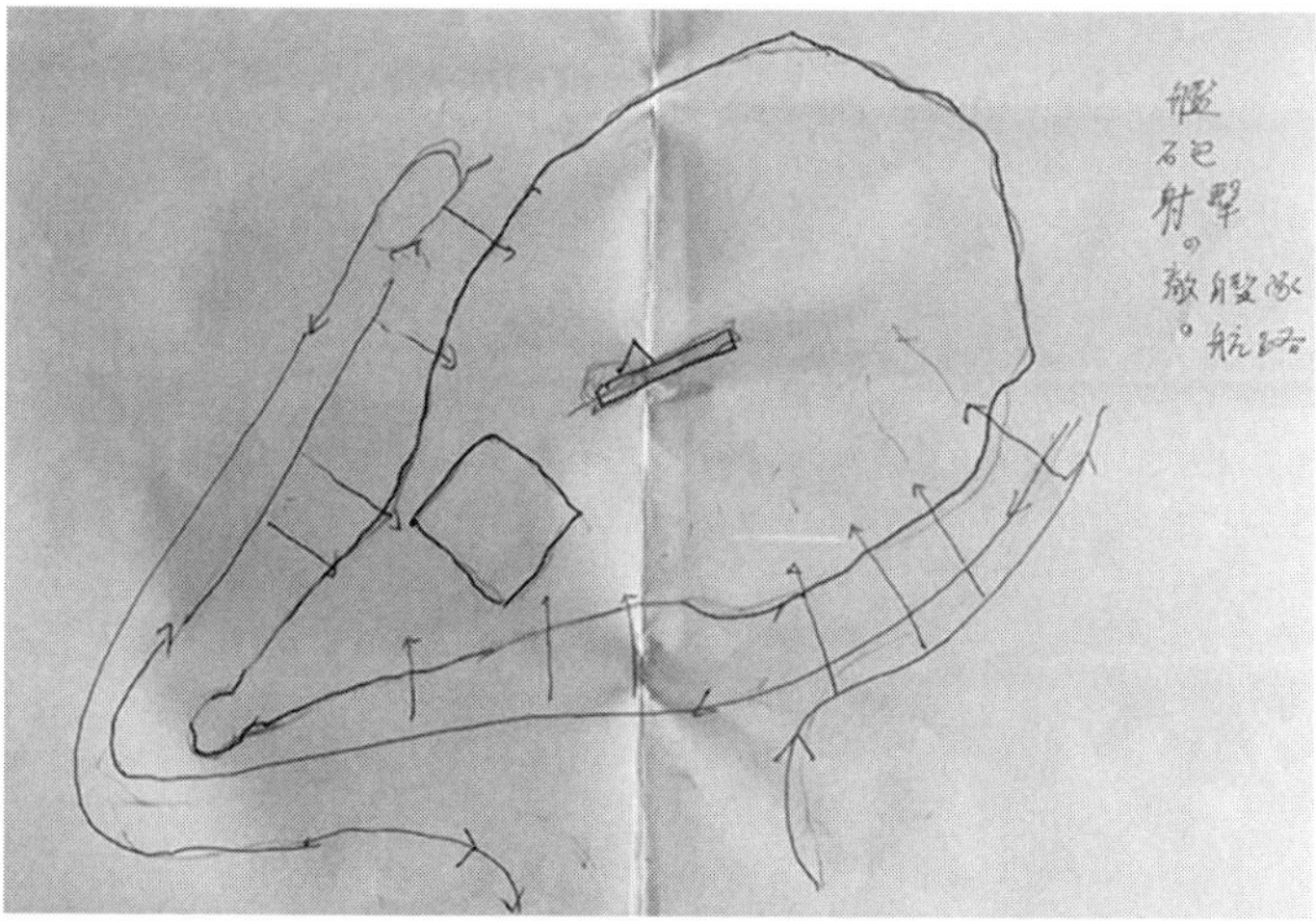

艦砲射撃の状況を伝える西さんの絵図。ルートはいつも同じだったという

と、みんな壕を出て、深呼吸しましたね。12月末ごろになると、空襲は倍増しました。そのころになると爆撃機が消えた途端、また次の爆撃機が来ると知らされました。『情報！　情報！』って」

「艦砲射撃も4回ありました。南の方からやってきて島の５０００メートル手前から攻撃してきた。巡洋艦と駆逐艦。あまり大きくない。艦隊はいつも9艘でした。いつも同じルートでした。守備隊は反撃しなかった。無抵抗ですよ。だから艦隊は悠々と島を回っていましたね。低速で。完全になめきっているんですよ。護衛する戦闘機もなかった。1回の艦砲射撃はだいたい2時間でした。その間、ずっと防空壕に入ったきりでした。壕を掘る兵士たちも壕の中で休憩していましたよ。反撃は一度も見たことがないです。だからどこに砲台があるのかは分からなかったですね。艦隊が近づいても味方戦闘機は迎撃

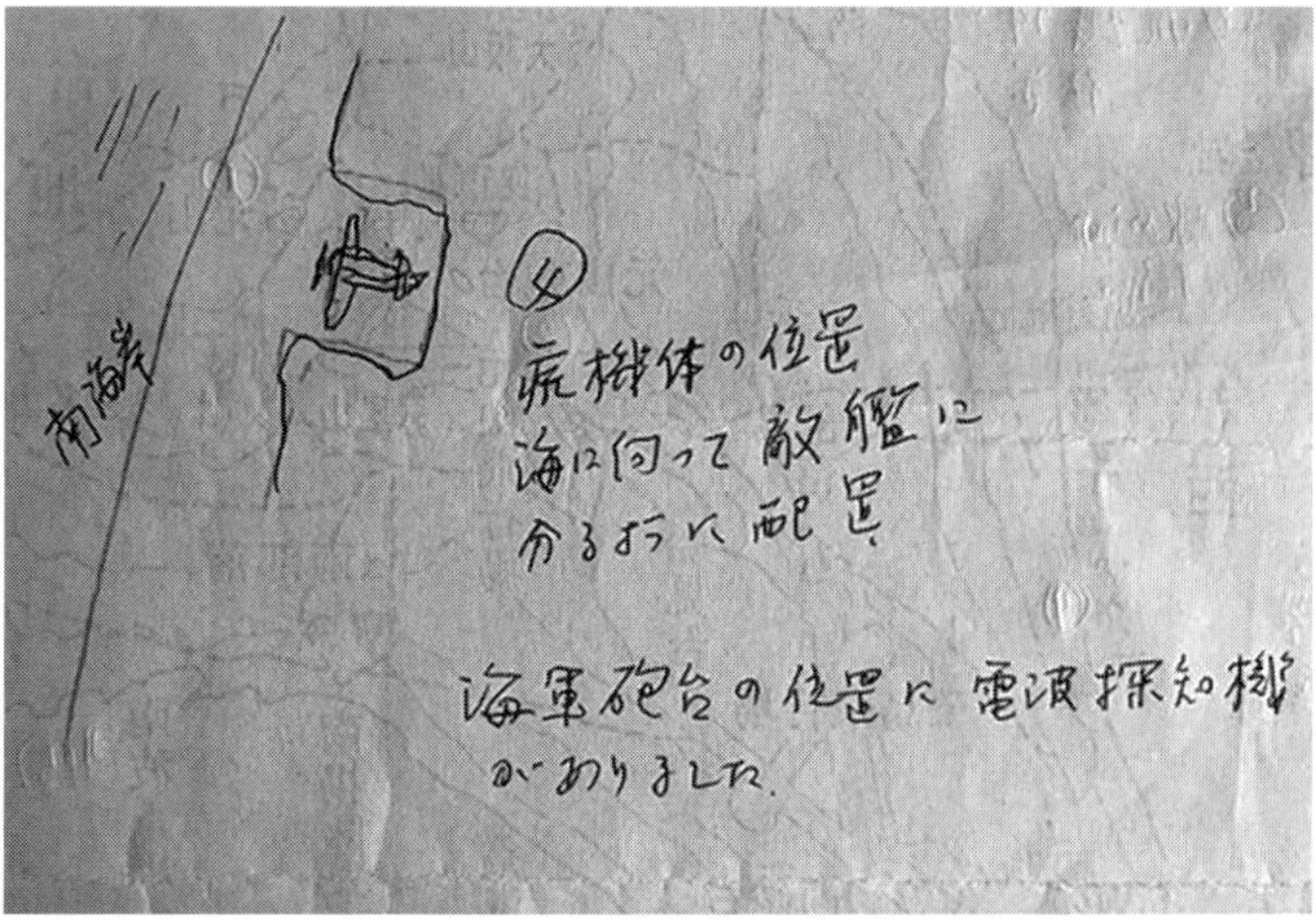

海方向に投棄された機体に関する西さんの絵図

に行かなかった。空中待避です。舞い上がって砲撃中、（上空で）待避するわけです」

なぜか海岸に戦闘機

西さんは「妙な光景」を目撃したこともあった。

「本土から持っていった隼はみんな旧式でした。だから半分ぐらいは十分に使えなかったですね。故障した機体は全部、海岸沿いに廃棄するわけですよ。艦砲射撃でこの飛行機を撃て、というようにね。海に向かって置くわけです。ほかの被害を減らすためにですね。海岸に運ぶのを見ていましたよ。自分でプロペラを回して自走して行っていました。妙な話ですよね。敵に撃たれるのではなくて、故障が多かったですよ。海に並べたのは12月だったと思います。私が見たのは2～3機並べられた光景でした」

▼竹ざおを持った兵士たちも活躍

空襲のターゲットは主に飛行場だった。航空戦力の無力化を図るためだ。しかし守備隊の補修作業は見事だったという。

「空襲を済ませた敵が退散しますとね、もう飛行場に何ヵ所も大きな爆弾の跡があるわけですね。それを工兵隊20人ぐらいがトラック2~3台で乗ってきましてね、そして飛行場でトラックから飛び降りて、みんなでその穴埋めですよ。スコップをみんな持っていましてね、穴埋め。もう慣れたものですよ。そうすっと家の建物の1戸分ぐらいの穴が空いているのがですね、20人で取りかかって穴を埋めました。たちまち元の飛行場になりました。そしてロードローラーで押し固めるわけですね。すると元の飛行場になるわけですよ。ロードローラーは1、2台ありましたね」

工兵隊の中には穴埋め以外の作業を行う者もいた。

「(米軍が落とした中に)時限爆弾があったんですよ。10分とか20分とか。時には10時間ぐらいたってから。我々が晩に寝ているときもですね、あちこちでバーンバーンと破裂するんですね。どこに落ちているか分からないでしょ。いつ爆発するか分からない、危ないでしょ。トラックには、(穴埋め作業の兵隊と)別の兵隊が2、3人乗っていましてね。長さ3メートルぐらいの細い竹を持っていた。竹の先頭に小さな赤旗が付いていて。その竹を持って、時限爆弾が落ちている場所を探るわけですね。兵隊は慣れていて、どこに落ちているか分かるんですね。そいでそこに竹ざおを（目印として）刺すんですよ」

こうした爆弾の雨は連日続き、やがて西さんはこんな思いになったという。

「（滑走路に落としてもすぐに修復されるから）米軍が落とす爆弾はほとんど無駄弾ですよ。しかし、米軍がいくら落としても無限に爆弾を持っているわけですね。いかに物量が豊富か分かるわけですよ。そうした現実を見たときに、敗北を直感しましたね」

▼決死の覚悟

当時の守備隊兵士たちの心境について、西さんはこう振り返った。

「あれだけ空襲してくるのだから、いずれ米軍が上陸するのは明らかでした。でも、島の兵士たちの雰囲気はあまりにも和やかなんですよ。妙な言い方ですけどね。地上戦になったら連合艦隊が救援に来てくれるとか、もうあんな状況では援軍が来そうな雰囲気ではなかったですよ。諦めというんじゃなくて、その時、その目の前の任務に命令通り、精一杯取り組むだけです。悲観的な会話は全然なかった。みんなこの島を守る戦いで骨を埋める覚悟ができていたと思います」

西さんたちは米軍の攻撃以外でも苦しめられた。喉の渇きとも戦い続けたのだ。

「硫黄島には川がありません。だから飲み水には苦労しました。私たちの部隊の補給担当者は毎朝、みんなから水筒を集め、それに給水所で水を入れて、各人に返していました。1日の飲み水はこれがすべてです。水というよりお湯でした。貯めた雨水を煮沸したのでしょうね。雨水頼りの島ですが、私が島にいた約40日の間、土砂降りはたったの一度でした。2万人以上の兵がいた島です。よくそれだけの分を貯められたなあと思います」

飲み水だけでなく、生活用水の確保も容易ではなかった。

「私たちの部隊は壕を掘る作業がありませんでしたが、硫黄島の多くの部隊は、地熱と戦いながら連日連夜、壕を掘り続けていました。水のない中で、本当につらかったと思います。ちなみに硫黄島で風呂に入ったことは一度もありません。トイレは、掘っ立て小屋みたいのがありましたが、どのように衛生を保っていたかはよく覚えていません」

水不足で洗濯もままならない中、空と海からの砲爆撃で毎日、全身砂ぼこりにまみれた兵士たちは、極めて不衛生だった。

「シラミには悩まされました。12月の途中から。なんかむずむずと気持ち悪い。夜になって寝ようとしても、かゆくて眠れないのですよ。私たちの壕には電灯が付いていました。そこでみんなで脱いで、シラミをつぶしました。将校も兵隊も。その体で本土に帰ってきましてね。下着は全部、お湯で煮たんです」

西さんは、水不足の記憶に関連して、こんな話も聞かせてくれた。硫黄島の戦いと言えば、島南部の摺鉢山に米軍兵が星条旗を掲げようとしている、有名な写真を思い浮かべる人もいるだろう。この旗ざおについてこう話した。

「旗は複数回掲げられましたが、最初に星条旗を立てる時に使った旗ざおは、おそらく（水不足に悩む日本軍が）水を貯めるために使っていたパイプだと思います。硫黄島は火山の島なので、地面から水蒸気が吹き出していました。そこに長い金属パイプを突き刺して下に桶を置き、パイプをちょろちょろと伝わる水を貯めていたのです。そんなパイプが島のあちこちにあったのです。それを米軍兵がどこからか拾ってきたのではないかと思います。ちなみに、桶には『絶対飲むな』と書かれてありましたね。私は、どうしても喉が渇いて、夜中に壕を抜け出して一度だけ飲んだことがありました。硫黄臭くて、とても飲めるもんじゃなかった。あの水は飛行機を掃除するときは使ったけど、大部分を何に使ったのか私は見た覚えはないですね」

▼陸軍と海軍の食糧に格差

硫黄島の島民は約1000人だったのに対し、進出した兵士は2万人超。食糧確保は深刻だった。

「島の北の方にサトウキビの畑がありましたね。豊かな島だったと聞いていますよ。それをね、各部隊が分けているんですよ。部隊の所有物みたいにして。自分たちが植えたんじゃないけど、区域をつくってね、これは何中隊、これは何部隊ってね。サトウキビを分けていましてね。それを知らずにうちの兵隊がかじっていたら、どこかの中尉ぐらいの人に叱られていました」

「陸軍はひどかったらしいですよ。12月の中頃だったか、夕方に一人の陸軍軍曹がね、私のところに寄ってきて『海軍の給与はどうですか』と聞いてきました。『もう陸軍はひどくてね』と。それでこれから増配を陳情するって言っていましたね。陸軍の人たちは、みんな空腹をこらえていましたよ」

一方、海軍はまったく違ったという。

「私たちの部隊は、海軍の航空部隊との共同作戦のため島に来たこともあり、食糧は海軍と同じでした。食事は恵まれている方でした。島に来た直後、見張り台の隊長とみられる将校が、原っぱで休憩中の私たちの所にやってきて『食う方と寝る方は心配せんでよろしい』と言いました。まさにその通りで、千葉県にいた時よりも食事は良かったぐらいです。ご飯は真っ白ですよ。みそ汁も出た。本当のみそではなく、粉を溶かしたようなみそでしたが。それに乾燥した野菜とかが入っている。大きな缶詰の牛肉も出た。千葉ではね、牛肉なんてなかったですよ。さすがに（海上輸送を担った）海軍は待遇がいいんですね。あんな島でこんなごちそうがあるとは夢にも思わなかったですよ」

「この島の補給は、陸軍と海軍はまったく別でした。私たちが在島中に、海軍の輸送艦が来たことがありましてね。私たちと同じ飛行場にいる水兵たちは、みんなポケットの中に上等なたばこを三つや四つ入れていましたよ。海軍兵士の間で分散したそうですね。荷揚げしたものが爆撃で吹っ飛ばされないようにすぐ分散する。それでたばこなんかをポケットに入れていましてね」

▼『きけ　わだつみのこえ』の親友も……

激しい空襲や艦砲射撃にさらされ続け、仲間は一人、また一人と散っていった。

「戦闘機で飛び立ったまま未帰還となった操縦士がいました。夕方になっても帰還せず、友軍機が近海を捜索しましたが、見つかりませんでした。その夜は、弾薬250発入る弾薬箱を部隊のテントの中に3つ置いて毛布を掛けて、見せかけの祭壇を作りました。帰らなかった操縦士の軍刀を置いて弔いました。隊長がみんなの前で、懐かしい思い出を語ったりしました」

戦後ベストセラーとなった戦没学生の遺稿集『きけ　わだつみのこえ』に短歌が収載された親友も、命を奪われた。

「部隊の中で親友となった学徒兵に、東大文学部の蜂谷博史がいました。蜂谷は時間があるときは、いつも壕の中で詩や歌をノートに書いたりしていました。その彼も12月に、戦闘機の整備中に背中から機銃掃射を浴び、戦死しました。息を引き取ると、衛生兵が手の指1本を切り落とし、ガーゼに包んでバッグに入れました。随分と手慣れた手つきでした。切った指は、遺骨として遺族の元へ返すため、その後焼いたと思います」

日本戦没学生記念会編『新版　きけ　わだつみのこえ　日本戦没学生の手記』（岩波文庫）には、蜂谷さんの短歌5首が収載されている。最後の1首は、西さんが証言した「未帰還機」のことを歌っていた。

硫黄島雨にけぶりて静かなり昨日の砲爆夢にあるらし

爆音を壕中にして歌つくるあわれ吾が春今つきんとす

南海の淋しさに堪え我は生く人いきれする壕下にありて

親友の蜂谷さんを埋葬した共同墓地。野戦病院の近くにあったという

人いきれいやまし来る壕中に
淋しく生きる人ありあわれ

硫黄島いや深みゆく雲にらみ
帰らん一機待ちて日は暮る

西さんは蜂谷さんを埋葬した時の状況を克明に覚えていた。

「この話はどこの本にも書いていないと思うのですが、『医務班壕』とか『病院』と呼ばれる壕があって、その前に建物がありました。長方形の小屋があって、中に病人が15人ほど入っていましたよ。その先に50平方メートルほどの空き地があって、そこが共同墓地でしたね。深さ1メートルぐらいの長方形の穴を掘り、その中にむしろを1枚敷きました。遺体は毛布でぐるぐる巻きにして、その上から土をかぶせました。こうした共同墓地は島内に複数あったと思います。この墓地にはこの時点で15～16ぐらいの墓石がありました。墓石といっても天然の石を置いただけでしたが」

▼栗林中将の優しさ

思い出に残る出会いもあった。最高指揮官、栗林忠道中将らだ。

硫黄島の最高指揮官だった栗林中将と間近に接したのは、硫黄島にいた約40日間のうち最後の1日だった。栗林中将は将校には厳しく、第一線の兵士には優しかったとも伝えられている。西さんは戦史に残る指揮官に対し、どんな印象を抱いたのか。

「米軍機の攻撃で、1944年末には硫黄島の陸軍戦闘機は壊滅状態となり、私たちの部隊は千葉県の原隊に戻ることになりました。1945年1月8日のことです。この日、司令部壕の近くで飛行場に向かうトラックを待っていると、栗林中将が部下5～6人を連れて通りかかり、ふと足を止められました。私たちの隊長は、前に進み出て本土への帰還を報告しました。栗林中将は、私たちのうちの一人が首から骨箱をぶら下げているのに気づき『この兵はどうして亡くなったのですか』と聞かれました」

そこでの栗林中将の行動は意外だった。

「仲間が、戦死した状況をかしこまって説明すると、栗林中将はまるでわが子をねぎらうように、悲しい表情をして骨箱をしばし抱かれました。偉いなあと思いましたね。厳しい人だったらしいのですが、私たちが会ったときは『おじさん』という感じですね。私たちの部隊は在島中、敵機に対してほとんど打撃を与えられなかったわけです。栗林中将はそのことを知っていながら『ここの兵隊たちは、あなたたち（戦闘機部隊）の努力にみんな感謝しています』とおっしゃった。それから、こうも話してくれました。『今からあなたたちが帰る日本の本土も、これからはここと同じ戦場なんです。だから一緒に頑張りましょう』と。とても優しい話し方でした。印象としては、落

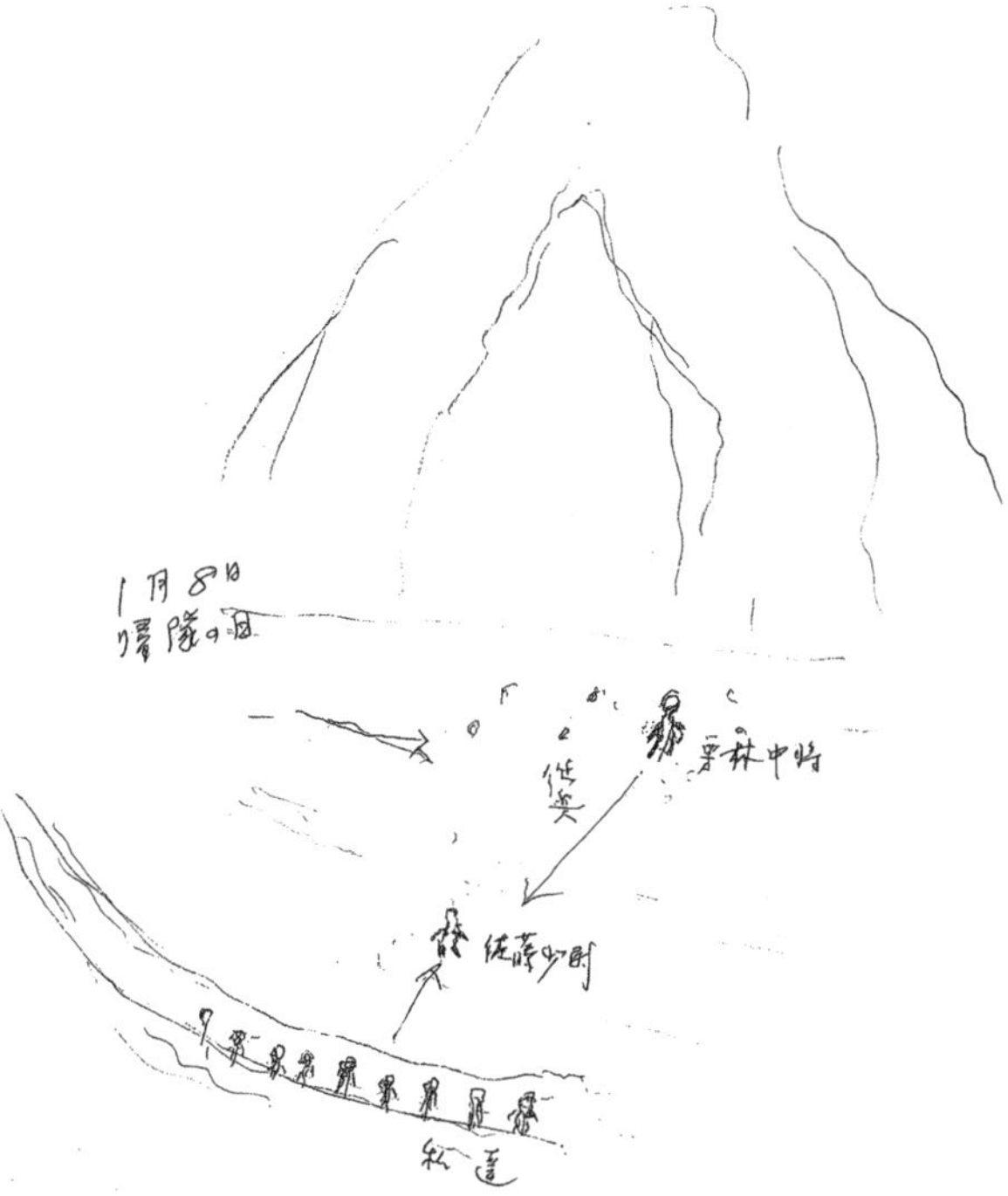

栗林中将が西さんの部隊に歩み寄ってきた際の状況を伝える絵図

ち着いていましたねえ。魅力がありましたなあ。細い杖のようなものを手に島内を視察する写真が残っていますよね。まさにあの通りの姿でした」

▼海軍側トップの市丸少将とも

栗林中将以外にも、硫黄島戦史に登場する将校にまつわる記憶があった。玉砕を前にルーズベルト米大統領宛てに手紙を書き残したことで知られる海軍トップの市丸利之助少将や、1932年ロサンゼルス五輪馬術金メダリストで戦車部隊を率いたバロン西だ。

「市丸少将には一度接したことがあります。12月中旬に訓示を受けました。飛行場に整列して市丸さんを迎えました。市丸さんは箱の上に乗って訓示しましたね。長い剣を持っていました。内容はよく覚えていませんが『戦局はますます重大になってくる。よろしく頼む』というような話でした。私はその話し方が哀願しているように聞こえました。穏やかな感じの人で、勇ましい感じではなかったです」

「西さん（バロン西）については、硫黄島に来た初日に在島の兵士からこう知らされました。『この島には、あのオリンピックの西中尉がいるよ』って。『西大尉』だったかな。私を驚かせようとするような言い方でした。私も同じ西だから『親戚じゃないか』って言われましたね。オリンピックで有名な人だから、当時はみな知っていましたよ」

「私はいるって聞いてね、会いたいと思ったんですよ。狭い島だから。上官の許可をもらって会いにいきたいなあと思いましたね。会いに行く話題があったんですよ。お父さん（西徳二郎男爵、外交官）のことを知っていましたから。私の叔父（西春彦、開戦時の外務次官）はしょっちゅう話していましたよ。あの人（西徳二郎男爵）は鹿児島出身です。地元に顕彰碑を作らないかんということを言っていましたよ。だから、そんなこともあったから、会いたいなあって思いましたね。島にいる間に一度、部隊長の許可を得て行きたいと思いましたが、離れた場所の部隊なのでその思いはかないませんでした」

ちなみに西さんは学徒兵になる前、後に沖縄戦の司令官となる牛島満中将と本土で会ったこともある。

「大学時代、東京で鹿児島県人の会が開かれたときのことでした。外務次官だった叔父（西春彦）の紹介で自宅にも行ったことがあります。栗林中将と牛島中将は似ていましたよ。やっぱり軍人というよりも、おじさんという感じでね。二人とも人間味のあるおじさんでした」

▼紙一重の本土帰還

戦闘機を全機失った西さんらの部隊は、1945年1月8日、本土に戻ることになった。

「帰ることが決まったその日は、帰還のための爆撃機に搭乗するため、司令部壕の前からトラックで千鳥飛行場に向かいました。待機中の機体にトラックが横付けし、荷物を半分ぐらい詰め込んだ時に空襲警報が鳴りました。『早くしろ！　これを逃したらおまえら帰れんぞ』っていう操縦士の怒鳴り声の中で、とにかく急いで機体に乗り込みました」

硫黄島最後となったこの日、西さんは生涯忘れられない「顔」を見た。それは島の兵士たちが別れの際に見せた表情だ。

「本部壕前でトラックに乗り込んだときのことです。トラックの周りに大勢の兵たちが見送りに集まってくれました。みんな島で顔なじみになった人たちです。短い期間ではありましたが、これほど親密になる出会いは、それまで経験したことがありませんでした。別れの言葉を交わしたとき、彼らは皆、笑顔だったんです。彼らの中には『自分も本土に帰りたい』と言う人は誰一人いませんでした。神々しいまでに美しい笑顔でした。そして、私たちが乗るトラックが見えなくなるまで、彼らはずっと手を振り続けていました」

▼本土は別世界

本土に帰った西さんの胸の内は複雑だったという。

「本土に着いたときの思いはなんて言えばいいかなあ。ほっとしたっていうのはないですよ。なんかもうむなしい。ついさっき別れた硫黄島の兵たちの面影がずっと頭に浮かんでいましたね。私たちは硫黄島の空襲で軍服が焼けてしまったから作業着で帰還しました。それで千葉の本隊に戻るために列車に乗ったわけです。おかしな格好だなと乗客から思われたでしょうね。硫黄島をたったのは午前11時で、基地に着いたのは午後7時ごろでした。腹が減っているだろうということで、炊事場からご飯が送られてきましたね。それをむさぼり食べました」

帰還したのは、まだ本土攻撃の切迫感が広がっていない時期だった。

「帰還後、3日間ぐらい休暇をもらいました。それで都内の姉夫婦のところに行ったら、生きて帰ってきたからびっくりしてね。酒を飲ませてくれましたよ。東京は、硫黄島のことを全然分からんで、よくまあのんびりしているなあと思いましたね。今まさに危ない目に遭うということを予想もしていないようなね。もうあまりにも環境が違いました。飛行機でわずか4時間の（距離の）差でね」

帰還の2ヵ月半後の3月下旬、西さんは玉砕の知らせを聞いた。

「硫黄島の米軍上陸と守備隊玉砕は、基地のラジオで知りました。玉砕を知った時、一緒に戦った一人ひとりの顔が浮かびました。普通、私たちが帰還するとき『あんたたち内地に帰れていいなあ』とか『俺も帰りたい』って思うでしょ。でも全然、そういうことを口にする人はいなかったですよ。自分たちは硫黄島に骨を埋めるという覚悟ができていたと思うんですよ。非常に悲しかったですねえ。それと最後に会った時の栗林さんの面影ですね。新聞でも玉砕が報じられましたが、私は漠然と読んだ感じです。悲しい思いでしたから。細かい記事は見なかったです」

そして8月15日、終戦の日を迎えた。

戦後は中央大学に復学した。卒業後、高校の英語教諭の道を歩んだ。

「部隊の仲間とは終戦後、それっきりです。一人だけ同郷の学徒兵とは会って『いつかまた硫黄島に行こう』なんて話していましたが、彼は長く生きられませんでした。硫黄島で爆撃を受けて埋もれ、肺の中に土がたまり、それが病となって終戦の10年後ぐらいに他界しました」

戦後、硫黄島は米軍や自衛隊の拠点となり、一般民間人の自由な渡島は認められない。僅かに年数回、認められている国など主催の慰霊行事でも、参列者は自由な単独行動は許可されない。用意されたバスに分乗し、事前に定められた戦跡を巡るだけだ。戦後、慰霊行事に参加した西さんも、現地で残念な思いをすることになった。

「私が行きたかったのは、友達（蜂谷さん）を埋葬した元山飛行場の先の方でした。そこと栗林壕（兵団司令部壕）と（自分が駐屯した）元山飛行場。その3ヵ所だけは絶対に見たかったんだけど、車の運転手が全然、止まってくれないんですよ。それで私も墓に行けなかったし、栗林壕の前を通りながら、行けなかった。残念無念でした」

▼西さんとの突然の別れ

西さんへのインタビューは毎回、西さんの負担にならないよう、長くても1時間前後にした。西さんは月曜、水曜、金曜に人工透析を受けていたため、電話は主に土曜、日曜にした。7回目のインタビュー(2月8日)は、西さんが入居する高齢者施設の職員の協力を得て、オンライン会議システム「Zoom」を使って行った。パソコン画面で初めて僕の顔を見た西さんは「実際に会いたいねえ」と話した。「コロナが収束したら、すぐにでも行きます」と約束した。僕は初めて電話で西さんと話して以来、テレビのニュース番組で都道府県別の感染状況の図表が表示されると、自分が住む「東京都」よりも先に「鹿児島県」の状況をチェックしていた。一日も早く西さんに会える日が来ますように、と願いながら。

西さんは毎回、取材が終わる時間が近づくと、話し足りなそうな様子だった。

9回目の電話取材が終わった2月下旬のことだ。10回目の取材のため西さんに電話したところ、不通だった。不通だった場合、西さんから折り返し電話してくることが多かったが、それもなかった。心配に思い、孫の小川真利枝さんに連絡すると、西さんは転倒して負傷し、医療機関に入院したとのことだった。携帯電話は高齢者施設に残したままだということだった。

電話取材は途絶えることになったが、西さんは入院先から手紙を頻繁に送ってくれた。手紙には、自身が見た硫黄島の状況などの絵が描かれていた。西さんは入院してもなお、戦争の実相を僕に伝えようとしてくれた。しかし、その手紙もやがて届かなくなった。

西さんが急逝したとの連絡は7月に小川さんから伝えられた。入院先で体調が急変したということだった。「戦争の惨禍を繰り返さないためにも硫黄島の戦いを知ってほしい」。そう望んでいた西さんには次の電話取材で、ウクライナで繰り返されてしまった戦禍をどのように見つめているのかを聞くつもりだった。しかし、そのインタビューはもう永遠に叶わなくなってしまった。僕は悲しみに暮れるとともに、これが戦後77年の重みなのだ、と痛感した。

亡くなられたことで、僕は活字化を見送ろうと考えた。そのことを小川さんに伝えると、「原稿については、最後のインタビューですし、ぜひ掲載していただきたいです。本人も喜ぶと思います」との言葉が返ってきた。

僕はボイスレコーダーに録音した10時間に及ぶ西さんの話をすべて文字に起こした。これだけの長時間の録音を文字起こししたのは、長い記者人生で初めてだった。西さんが生涯の最後に伝えたいメッセージを託したのは、僕だったのだ。そう考えると苦労は苦労でなくなった。

最後となってしまった9回目（2月18日）のインタビュー。僕は初めて、過去ではなく、今後についての質問をした。「戦没者遺骨収集推進法で定められた遺骨収集の『集中実施期間』は2024年度で終わります。あと3年です。その先は不透明です。このことをどう考えますか」。

　西さんは嚙みしめるように話した。

「(遺骨収集は)やめちゃいけない。当然じゃないですか。慰霊祭もいつまでも続けてもらいたい。衛生兵が蜂谷の指を切るときは、しょっちゅうやっているような手慣れたもんでしたね。それぐらい多くの兵士が米軍上陸前の砲爆撃で死んでいた。空襲警報が鳴っている間、兵士たちは壕の中で、自分の国(故郷)の話なんかしていましたね。だからやめちゃだめですね」

「米軍が飛行場を作りましたでしょう。だから、その下に(多くの遺骨が)埋もれているはずですよ。一時、(現在は自衛隊が運用している)飛行場を壊して掘り起こすべきだという意見があったでしょう。確かに埋もれているんじゃないかと思いますね。蜂谷のご遺体を埋めた集団墓地も飛行場の下になっているのではないかと思います。集団墓地はそのほかにも複数あったと思います」

「(壕を掘る兵士たちは)私がおる頃からだいぶ衰えていましたね。かわいそうなぐらいでしたね。(だから、遺骨については)全員帰したいですよね。遺族もかわいそうだ。私の姉も出征するときに、行くなって言ったんですよ。送る者は、悲しんでいた。それが常でした」

西さんの訃報を受けて悲しみに暮れる中、僕は思った。

戦争で父や夫、友人を失った人が誰一人いなくなる時代はもう目前に迫っている。かけがえのない人の遺骨の帰りを生涯、願い続けた人たちにとって、叶わぬまま世を去る悲しみは計りしれない。従来のペースで延々と続けていくのか、従来以上にボランティアを募ってペースを上げるのか、それとも、遺骨収集の予算を縮小して慰霊行事の予算を拡充するのか。戦争当事者世代なき時代の戦没者遺骨への対応は、せめて戦争当事者世代が望む形であってほしいと僕は思う。そのためには、遺族らがまだ健在のうちに政府は議論を始めなくてはならないのではないか。

最後の最後にそんな重要な教訓まで教えてくれた西進次郎元陸軍伍長。

僕は心の中で最敬礼しながら、この章を記すパソコンの手を、止めようと思う。

第8章

硫黄島ノ皆サン　サヨウナラ

▼宮内庁記者室から硫黄島の地下壕へ

北海道新聞東京支社に配属されれば硫黄島上陸への道が開ける。そう一念発起して道新に入社したのが2007年のことだった。それからあしかけ17年目となる2023年の正月を迎えた僕は、三が日を宮内庁2階の記者室で過ごした。遺骨収集事業を所管する厚労省から始まった僕の東京支社での担当は、東京五輪、国土交通省、農林水産省を経て、2022年3月から皇室報道となっていた。元旦から連日出勤したのは、天皇皇后両陛下が国民から年頭のお祝いを受ける「新年一般参賀」など新春行事の取材やその準備のためだった。

「皇室記者の年末年始休暇は2月に入ってからですよ」。他社の記者からはそう教わっていた。

歳末期は、秋篠宮さま、愛子さま、皇后さま、上皇さま、佳子さまの誕生日が続き、年が明けると、元日の新年祝賀の儀を皮切りに、新年一般参賀、講書始の儀、歌会始の儀など皇室の新春行事が続く。ようやく落ち着けるのが2月初旬だ。中旬には、天皇陛下が記者の質問に直接応える、極めて重要な「誕生日会見」がある。従って、遅くともその前日までの約2週間が、息を抜ける期間になる。

僕にとって、この2週間と奇蹟的に重なったものがあった。令和四年度第四回硫黄島戦没者遺骨収集団の派遣期間だ。期間は（2023年）2月1日から15日までだった。僕は「この日程ならば、硫黄島の土を掘れる」と判断し、半年以上前から、社内外の関係先に3回目の遺骨収集に行けないかと相談をしていた。最大の課題である、関係団体からの「推薦」を得るべく、お願いに回った。最終的に、2021年の前回と同様、小笠原村在住硫黄島旧島民の会が推薦してくれることになった。

その出発を間近に控えた1月20日。宮内庁の記者室にいた僕は、上司から支社に来るように電話で指示され、虎ノ門の支社に向かった。上司から告げられたのは人事異動についてだった。異動先は北海道後志《しりべし》管内の岩内支局だった。東日本大震災以来、停止が続く北海道電力泊原発の再稼働問題を抱える泊村や、使用済み核燃料から出る高レベル放射性廃棄物（核のごみ）の最終処分場選定に向けた調査が進む寿都《すっつ》町、神恵内《かもえない》村の両自治体など7町村の報道を担当する支局だった。電気料金の高騰を背景にエネルギー問題への社会的関心は高まりをみせていた。そうした中、北海道のエネルギー基地と言われる地域の報道を担当できるのは記者冥利に尽き、ありがたいことだと思った。

ただ、残念に思ったのは、東京での残された時間の少なさだ。硫黄島への出発まで10日余りしかなかった。そして硫黄島での遺骨収集を終え、東京に戻ってから岩内支局に引っ越すまでも2週間ほどしかなかった。

▼硫黄島報道を続ける意味

「父島ノ皆サン　サヨウナラ」

父島の通信隊が受信した硫黄島発の最後の通信は、そんな電報だったと伝えられている。

僕の祖父は戦時中、父島、母島にいた。つまり、電報を受け止める側にいた。祖父が当時、この電報を知っていたかどうかは分からない。ただ、僕は父島兵士の孫として、硫黄島の歴史の風化に抗わなくてはならないと考えてきた。そして今、毎朝4時に起きて、この十数年間、多くの方から託してもらった情報を社会の皆さんと共有すべく、この本を書いている。そのために20年以上毎日飲み続けた酒を止めた。妻や子供たちとの時間を減らした。どうしてそこまで「硫黄島」を続けるのか。記者人生で最も多く受けた質問だ。そんな問いかけに対して、僕はうまく整理して答えを返すことができなかった。

新聞記者が硫黄島を報じ続ける意味は何か。極めてシンプルな「最適解」を発したのは、毎日新聞の栗原俊雄専門記者だ。硫黄島の遺骨収集現場の現状を報じるため現役記者として初めて遺骨収集団に加わった、戦争報道のスペシャリストだ。栗原さんと僕は２０２２年11月、新聞業界としては異例の所属会社を超えた越境トークイベント「それでも僕らは戦争報道を続ける」を行った。

なぜ硫黄島を報じるのか。そのイベントで栗原さんはこう話した。

「最大の戦後未処理問題は遺骨収容問題だ。遺骨収容問題の象徴は硫黄島だ」

これこそがすべてだ。この言葉を聞いたとき「Q.E.D.（証明終わり）」の文字が頭に浮かんだ。

未だに1万人が行方不明の硫黄島の現状を報じることは、戦争が終わっていない実情を伝えることとなのだ。先の大戦の海外戦没者は約２４０万人。そのうち未だに現地に残されたままの戦没者は約１１３万人に上る。約52万人が戦死したフィリピンでは、約37万人が未収容だ。硫黄島とは桁違いの状況となっている。だが硫黄島は、フィリピンを含む激戦地と違い、日本の領土だ。ましてや首都東京の一部なのだ。硫黄島での進展なしに、海外各地での進展はないだろう。

僕は、なんでもござれのスーパー記者ではない。「全道大会で優勝」「全国コンクールで入賞」。そんな話題の取材をするとき、いつも我が身を振り返って「僕は何も成し遂げたことがない」と情けなく思う。ザ・ビートルズは「life is very short（人生はとても短い）」と歌った。僕が限られた記者人生の中で最も伝えたいのは、突き詰めると「戦争の悲惨さ、平和の尊さ」だ。硫黄島の歴史にはその教訓が刻み込まれている。硫黄島を集中的に報じることは、伝えたい教訓を伝えることにつながる。そう考えて、僕は、新聞記者の業務時間外の時間を使って、硫黄島の取材、発信を続けている。

▼もう一つの最後の電報

硫黄島発の最後の通信を巡っては、別の電報もある。

川波静香『父島「僕の軍隊時代」ある兵士の手記をもとに』（文芸社）に収載された父島の陸軍通信隊の元将校、吉岡健児氏の手記が伝えている。

手記によると、父島の通信隊は、硫黄島と大本営の通信を中継する役割を担っていた。硫黄島発の電報を受信して、それを大本営に発信する。それが主任務だった。通信と通信の合間には、両島の隊員間の私信のような通信を交わした。それを「ムシ」と呼んでいた。父島の通信隊から硫黄島の通信隊に配置転換になった通信兵は多かった。そのため両島の通信兵士の多くは元同僚の間柄だった。

米軍上陸から約1ヵ月がたった1945年3月15日、父島通信隊は「S伍長戦死……敵兵ガ見エテキタ」など、絶望的状況を伝えるムシを受信した。同17日には、暗号文ではなく生の電報が届いた。内容は「アンゴウショ　ヤイタ」だった。間もなく玉砕すると悟った吉岡氏は返電した。「ココロオキナクタタカワレヨ　チチジマイチドウ　ゲンキニテキヲマツヨシオカ」。

そして、日付が18日に変わるころ「サヨナラ　サヨナラ　オセワニナリマシタ　◯◯ニヨロシク　△△にヨロシク」と硫黄島側の通信兵は人名や住所を次々と伝えてきたという。中には女性の名前もあった。妻なのか、母なのか、それとも娘なのか。いずれにしても最も別れを知らせたい大切な人たちだったのだろう。やがて「サヨナラ　サヨナラ　ジカンガナイ　ジカンガナイ」というムシと共に、ぷつんと通信は途切れた。

3日後の21日、大本営は硫黄島守備隊が全滅したと発表した。まさにその日のことだ。全滅したはずの硫黄島から再びムシが届き始めた。そのほとんどが、奮闘した硫黄島守備隊の将兵の殊勲上申だった。敵戦車の装備や、装甲の厚さなど、今後の本土防衛戦などで活かすべき「戦訓」を報告する電報もあった。とにかく伝えようと必死だったのだろう。父島側の通信兵が返電しようとすると「マテ　マテ」と遮り、一方的に送信を続けた。送信は2日後に途切れた。

吉岡氏の手記によると、硫黄島の通信隊は大本営が「硫黄島玉砕」を発表した後も、任務を続けていたのだ。硫黄島で起きたことを、残された祖国の人々に伝えるために。

▼遺骨収集「幕引き」発言の真意

僕も東京にいられる最後の最後まで、社会に発信すべき情報を取材しようと心に決めた。

在京中最後の取材対象者は3人に絞った。いずれも、遺骨収集の今後を考える上で要人中の要人と言える人物だ。ただし、一人は「事前アポイント絶対不可」の立場の人物だった。残る二人は取材依頼のメールを送ったところ、事務所サイドから快諾の返事が返ってきた。

そのうちの一人は参議院議長の尾辻秀久氏だった。

硫黄島を含め、膨大な戦没者遺骨が未収容となっているが、今後の遺骨収集事業はどうすべきなのか。最後の1体の収容が終わるまで、収集は続けるべきだ。与野党問わず、歴代の政治家の答弁は、概ねそのような内容だ。僕も、政治家の立場だったら、そう答えるだろう。

しかし、尾辻氏が終戦60年の2005年、当時の厚労相として応じた記者会見での発言は、他の政治家と一線を画すものだった。

「だらだら続けるより、一度集中的にやって幕を引くなら引かないといけない」

遺骨収集の終幕に言及した政治家を、僕はほかに知らない。

「幕引き」発言の真意を知りたい。東京を離れる前の今が、インタビューのラストチャンスかもしれない。そんな思いで尾辻事務所にメールを送った。

その時期、尾辻氏は「ニュースの人」になっていた。国会欠席を続けるNHK党のガーシー参議院議員に対し、議長としての対応が迫られていたからだ。このタイミングでは、取材は無理だろうと、僕は考えていた。数日後、秘書から返信メールが届いた。

「議長本人の了承を得ました」

僕は歓喜した。そして、メールを読み進めるうちに、歓喜は驚きに変わった。取材場所として指定された場所が、事務所ではなく、参議院議長室だったからだ。

参議院のホームページでは議場や中央広間などを紹介する写真はあったが、議長室はない。どんな部屋なのか。緊張しながら僕は、指定された日時に、国会議事堂の未知の部屋に向かった。

▼祝辞で触れた、戦没者遺児としての悲しみ

遡ること5ヵ月前。2022年9月12日。この日、僕は、いつか必ず尾辻氏を取材したいとの思いを一段と強めたのだった。

天皇皇后両陛下が臨席した日本遺族会の創立75周年記念式典。新型コロナウイルス禍の最中だったため、会場となった都内のホテルニューオータニでの取材が許可されたのは、宮内記者会に所属する15社の記者だけだった。その限られた記者の中に僕はいた。

僕は会場の最後列で、式典の模様を眺め続けた。手元のメモを読み上げる岸田文雄首相の祝辞は形式的な内容で、特筆すべきことはなかった。しかし、続いて来賓として登壇した尾

辻氏は違った。僕がいた位置から見た限り、尾辻氏はメモを見ていないように見えた。メモを見ていたとしても、誰よりも、自身の言葉を精一杯伝えようとしていた。

その内容は、戦没者遺児として育った半生に触れたものだった。

尾辻氏は、開戦前年の１９４０年10月、鹿児島県で生まれた。３歳のときに、海軍将校だった父が戦死した。その後の人生は、遺族会とともにあった。物心ついたときには、遺族会の会合でいつも母の隣に座っていた。夏休みの遊び場所は、会合が行われる護国神社の芝生だった。遺族会の少年部の一員だった。

少年部はやがて青年部となり、成り行きで鹿児島県の青年部長になった。大黒柱を失って生活が困窮した遺族たち。戦後、届けられた骨箱に、遺骨は入っていなかった。

「あとのことは心配するな、という国の約束はどこへいったのですか！」

そう叫ぶ母の声と姿が尾辻青年の活動の源となった。

母は、遺族会の活動に命をかけていた。ほとんど無給の事務局職員になった。細々と支給される公務扶助料を給料だと言っていた。そして、41歳のとき、事務局で倒れて、急逝した。母も戦死したのだと思った。戦争がなければ、こんなに早く亡くなることはないと思った。妹はまだ高校生だった。妹だけは守ってやると、決意をした。

必死で仕事を探した。しかし、片親というだけで、働く場のない時代だった。両親のいない尾辻氏を雇ってくれる先はなかった。「何でもしますから」とすがりつく尾辻氏に、返ってきた答えはこうだった。「我が社は慈善事業をしているのではない」。

戦没者の婦人部のお母さんたちが我が子と変わらぬ手助けをしてくれた。尾辻氏と妹が飢え死にをしなかったのは、遺族会があったからだった。青年部の仲間が兄弟同様に励ましてくれた。生きるか死ぬかという時代を、肩を寄せ合って生き抜いた。

そんな半生に触れた「祝辞」の締めくくりは、こうだった。「その頃の話をしますと、長くなります。同じ思いをされた皆さんの前で語る気もありません。一言、誰にも二度と同じ思いをさせてはならないと訴えて、挨拶といたします。令和4年9月12日、参議院議長、尾辻秀久」。

尾辻氏は戦没者遺児だった。胸を打たれた僕は、インターネットで尾辻氏の足跡を調べた。フィリピンやパプアニューギニア、ラバウル、インパールなどの遺骨収集活動に遺族会の一員として参加した経験の持ち主でもあった。戦没者遺骨を本土に帰すために、これほど世界各地で汗を流した政治家を僕はほかに知らない。2012年から2015年にかけて日本遺族会の会長を務めている。なぜそのような人物が、遺骨収集の幕引きについて言及したのだろう。足跡を知れば知るほど、話を聞きたいという思いが強くなっていった。

▼参議院議長室での1時間5分

2018年2月に東京支社に配属されて以来、国会議事堂には数え切れないほど足を運んだ。閣議後の大臣の会見や、重要法案の審議などの取材のためだ。しかし、戦争関連の取材で訪れるのはこれが初めてだった。そんなことを思いながら見上げた国会議事堂は、いつもと違って見えた。かつて帝国議会議事堂と呼ばれたこの建物が竣工したのは、1936年。軍部の政治的台頭をもたらした二・二六事件が起き、国際的孤立が進む中で日独防共協定が成立した年だ。国民を奈落の底に突き落とした政治の歴史が刻まれた「戦跡」だと思った。

地下鉄の丸ノ内線国会議事堂前駅から地上に出て、西側の門から参議院へ。警備員に教わった経路を辿って議長室に辿り着いた。入り口に立つと、デスクワークをしていた職員3人が作業の手を止めて起立した。要人ばかりが訪れる部屋なので、そうするのが慣例なのだと僕は思った。そして、左手奥の部屋から、メールでやりとりしてきた秘書の女性が現れ、僕を中に導いてくれた。その部屋こそ、参議院議長が執務する部屋だった。高い天井、大きな窓。机や椅子などの調度品はクラシカルなデザイン。どれも歴史的なものに見えた。一般に、僕は要職にある公人のインタビューは最大30分としている。実際、先方から示される取材可能時間も30分の場合が多いという経験則に基づく。しかし、尾辻氏は1時間5分にわた

参院議長室で僕のインタビューに応じる尾辻秀久氏

り、話を聞かせてくれた。30分を超えたあたりから、僕は議長室の片隅にいる秘書にちらりと視線を送り、まだ続けてもいいですか、と目でサインした。秘書は、どうぞ、というう目のサインを返してくれた。

尾辻氏にとって、遺骨収集問題は、さまざまな社会的問題の中でも、思い入れの深いテーマなのだ、と僕は途中で気付いた。僕が質問を締めくくるまで、尾辻氏は応答を切り上げようとしなかったのが印象的だった。

▼実は曖昧な戦没者遺骨収集数

先の大戦の海外戦没者は約240万人。遺骨調査団の派遣は1952年、硫黄島を皮切りに始まった。これまでに収容された遺骨は127万7000体。まだ100万人超が帰還を果たせていいない。「この現状をどう受け止めていますか」。これが僕の最初の質問だった。

「国のために亡くなっていった方々のご遺骨を野ざらしにしてきたというのは、これはやっぱり国家としての威信に関わることだというふうに思っていますね。ちゃんとやらなきゃいけない」

尾辻氏の回答は予想を外れたものではなかった。

「ただ……」と尾辻氏は続けた。この先は予想外だった。

「どのぐらいのご遺骨を収骨したかっていうその数字は、極めていい加減な数字ですからね」

海外激戦地で遺骨収集活動に加わった経験が豊富な尾辻氏は現場を知っているのだ。遺骨収集事業を所管する厚生労働省の元大臣として、このことに言及するとは、僕は予想していなかった。

「もう、あの我々も、現場でそのご遺骨が何柱だったたってやってきたけども、大腿骨2本で1柱ときっちり数えたときもあるし（時代によっては）このぐらいかなっていう数え方で数えたときもあるし。従って今、あの収骨した柱数というのは数えた我々が一番よく知っていて、極めて曖昧な数字だとしか言いようがない」

政府の遺骨収集派遣団は近年、人骨の専門家が同行し、収容した人数を厳密に鑑定している。しかし、それ以前の遺骨収集現場で活動してきた尾辻氏は、数え方の基準は必ずしも厳密ではなかった、と振り返った。「私が行ったころの遺骨収集は、大変な量のご遺骨があったのね。ところが、大腿骨が出てこないこともある。だから、ご遺骨が山となって積まれた場合、これだけあればこのぐらいだよなっていう（判断もあった）。もう本当に曖昧な数字。その曖昧な数字を曖昧なまま積み上げてきたのが、今の収容数ということになっている」。

遺骨収集の現場を知っている僕は、このことを「ずさんだ」と批判する気はない。現場で見つかる遺骨は、学校にある模型のような骨ばかりではない。風化などで大腿骨が砕けて出てきた場合、それは上腕骨など別の部位の骨との区別が極めて困難なのだ。従って、過去には2体を1体と数えたこともあっただろう。逆に1体を2体とカウントしたこともあったかもしれない。

遺骨収集関連の報道でよく用いられる資料の一つに、厚生労働省の「地域別戦没者遺骨収容概見図」がある。この資料で示している収容遺骨、未収容遺骨はいずれも「概数」となっている。2023年3月末現在の概見図によると、硫黄島の収容遺骨は1万610体で、未収容遺骨は1万1290体。この数もまた、例に洩れず、尾辻氏の言う「極めて曖昧な数字」ということだ。

さらに、尾辻氏の父親のような海没者は膨大な人数に上るが、海底深くに沈んだ遺骨を収

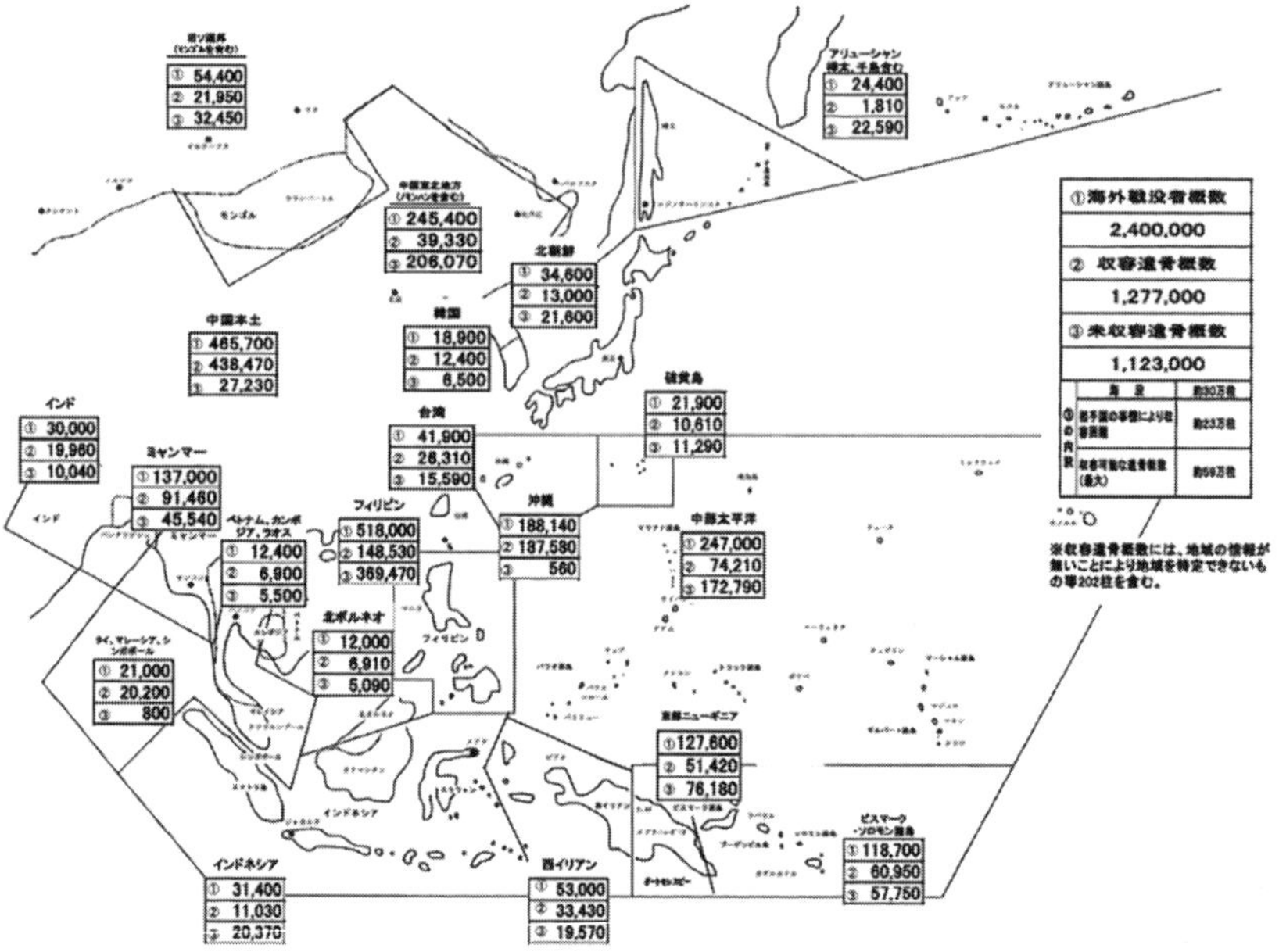

厚労省がまとめた地域別戦没者遺骨収容概見図（2023年3月末現在）

容できる望みはほとんどない。「つまり」と尾辻氏が言う。「どっかで終わったって線を引くっていうのは、遺骨収集に関して言うと、あり得ない。すべてのご遺骨に日本に帰ってきてもらうというのは物理的に不可能だということです。ということは、永遠に終わらない作業だから、ずっと続けます、ということになる」。ここまで聞いて、僕は理解した。尾辻氏は、遺骨収集はもう止めるべきだという意味で「幕引き」を口にしたわけではないのだ。「（終わらないことを分かった上で）遺族はやっぱり納得したいんです。そのためには、国がやるだけのことをやりましたと示すしかない」。遺族に納得してもらうための方策の一例として、漫然と進められてきた従来の遺骨収集とは一線を画し、徹底的に実施する集中期間を設けるべきだ、と主張していたのだ。

そうした考え方は、その後の2016年に成立した戦没者遺骨収集推進法と一致している。同法では終戦80年の節目である、2024年度までの9年間を「集中実施期間」として区切り、遺骨収集の事業予算を増額するなどした。

では、集中実施期間に入ってから7年が過ぎた今、遺族の納得は広がったのだろうか。尾辻氏の答えはノーだった。従軍経験者の高齢化で遺骨収集に繋がる情報が極めて乏しくなった上、新型コロナウイルス禍によって3年間中断し、大きな成果を挙げられなかったためだ。だから、残りわずかとなった集中実施期間を延長するための改正法案を本年度中に議員立法で提出し、国会審議で行うべきだ、と主張した。

その上でこう話した。「もうね、遺骨収集を考えるにあたって（国会で）ちゃんとした議論ができるのは最後の機会だと思う。もうこの後、遺骨収集の議論どうしようなんていうのは、もうできないだろうと。ないだろうと思うね」。

そう考える理由は何なのか。

「もう早い話が、そこまで遺骨収集のことを語れる、議論できる我々の寿命が持たない。（自分の）後の人たちは、もう戦争のことも、本当に知らないし。遺骨収集って言っても、もうピンとこない世代の人たちだから」

尾辻氏は1時間5分のインタビューを通じて、いまや少数派となった戦争当事者世代の国会議員としての思いを深めた様子だった。取材に応じてもらったお礼を僕が述べると、こう話した。「集中期間を延期するという議員立法はきっちりやらなきゃいけない。もうこれは何が何でもやらなきゃいけない。改めてあなたと話をしながら、思いましたよ」。

僕は深く頭を下げて退室し、数歩進んだ後、何気なく振り返った。その際、応援用の椅子に座ったまま、何かを決心したような表情の尾辻氏の姿が見えた。

「あとのことは心配するな、という国の約束はどこへいったのですか！」

そんな母の叫びを忘れずにいる人の表情だ、と僕は思った。

▼遺骨収集の飛躍的成果のキーマンとの邂逅

今後の遺骨収集を考える上で欠くことのできない二人目の人物。それは、阿久津幸彦氏だった。硫黄島の遺骨収集で突出した成果を挙げた菅直人政権の首相補佐官だ。阿久津氏の事務所に取材依頼のメールを送った。

「1952年度に始まり、70年の節目を迎えた硫黄島戦没者の遺骨収集史において、飛躍的成果を挙げたのは民主党政権下の3年間です。しかし、こうした実績を振り返る報道は近年ほとんどされていないのが現状です。つきましては、飛躍的成果を生んだ功労者のお一人である阿久津様にインタビューに応じて頂き、以下の点などについてお話し頂ければ、と希望しております」

「以下の点」として挙げたのは、3項目だった。

・なぜこれだけの成果を生めたのか。
・なぜ、それまで年数回だった収集団派遣を通年派遣に切り替えることができたのか。
・なぜ自民党政権下では再び、低調な遺骨収集に戻ってしまったのか。

僕は日々、戦争や遺骨収集関連のニュースを目を皿にしてチェックしているが、阿久津氏がインタビューに応じたという記事は近年読んだことがない。僕は祈るような気持ちで返信を待った。そして届いた。

〈ぜひ、お受けしたいと思います。質問の内容につきましても、私が聞いてほしいことばかりです。私が『硫黄島からの遺骨帰還のための特命チームリーダー』として、活動していた当時から、すでに10年以上の年月が流れた今、随分と真実が歪められて伝えられ、また、忘れられて残念な気持ちでした。酒井さんには、できる限りの真実を正直にお伝えしますの

で、ぜひ、『真実の発信』をジャーナリストとして、お願いできればと考えています〉

阿久津氏は、僕が一日一善ならぬ「一日一硫黄島」と称して日々発信しているツイッターを読んでくれていたようだった。そのことが「吉報」につながった。「一日一硫黄島」を地道に続けていて良かった、と心底思った。

▼埋もれた民主党政権下の成果

1968年から本格的に始まった硫黄島の遺骨収集史の中で、年間収集数が激増した年がある。自民党から政権を奪取した民主党の菅直人氏が首相に就いた2010年度だ。

東京都選出の国会議員である菅氏は野党時代から、東京都の一部である硫黄島の遺骨収集が進んでいないとして政府を批判してきた。そんな足跡がある菅氏は2010年6月に首相に就任すると、中央省庁の横断組織「硫黄島における遺骨収集のための特命チーム」を発足。そのチームリーダーに米国通の阿久津氏を任命し、米国に派遣した。阿久津氏は米国で、日本側戦死者が埋められた「集団埋葬地」2ヵ所の記録が残されていることを確認。その記録に基づいて発掘作業を行ったところ、2010年度だけで822体を収集した。前年度まで5年間の平均収集数は50体だった。その16倍もの戦没者を帰還させたのだ。特命チームは翌年度からの3年を「集中実施期間」と位置づけ、年4回程度だった収容作業を通年で

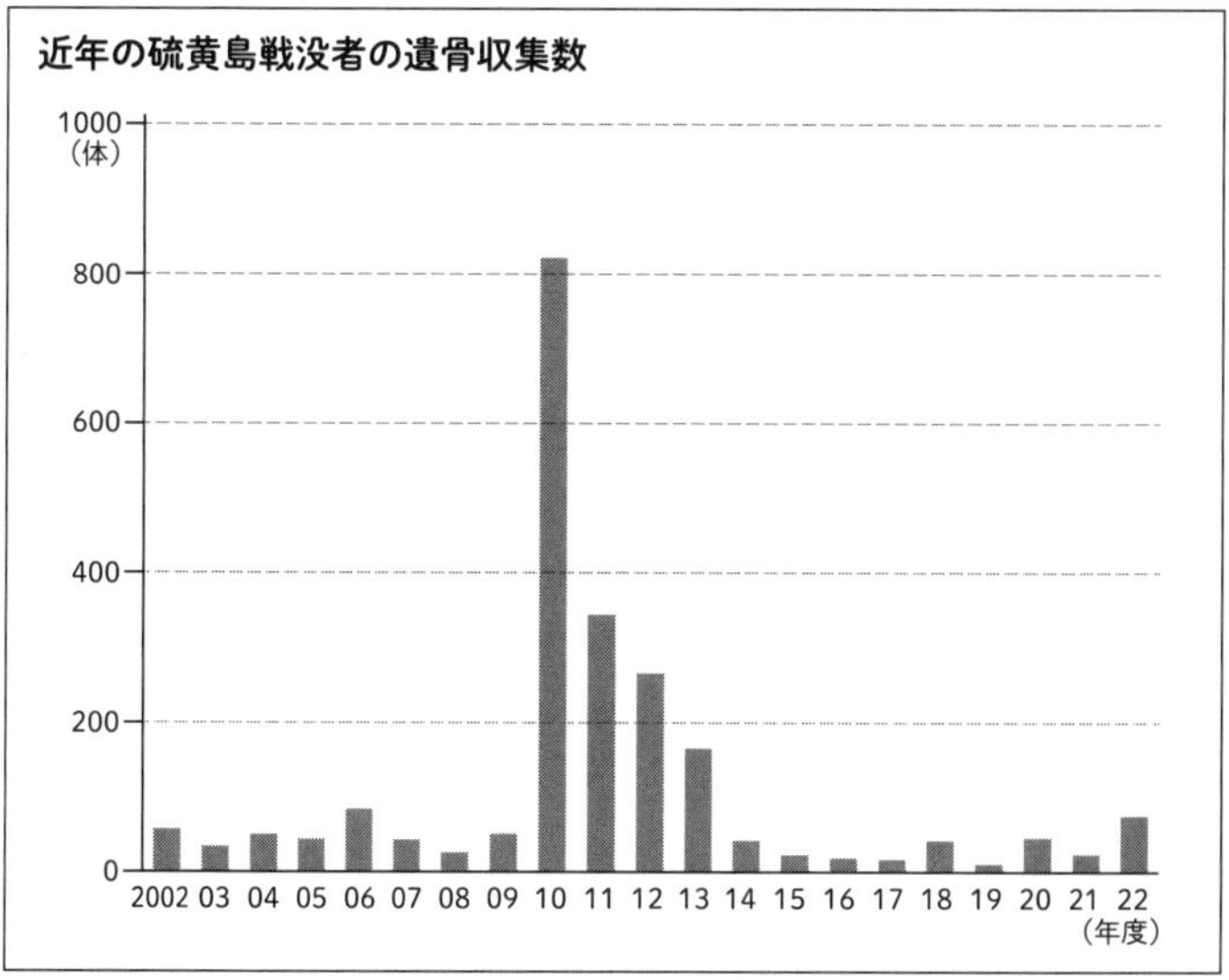

実施。結果、3年間の収集数も166〜344体と大きな成果を上げた。

なぜこの期間だけ、収集数の大幅増を実現することができたのか。その要因を知ることは、今後の遺骨収集の加速化のヒントを知ることになる。そんな思いで行った阿久津氏のインタビューは、3時間弱に及んだ。そして僕は知ることになった。それは、省庁間と日米間の「二つのメンタリティ」が遺骨収集の進展を阻害してきた可能性があるということだった。

▼「純粋な科学的調査をしろ」

その日は雨だった。

東京都板橋区。大山駅に降り立つと、晩冬の寒さが身に染みた。しかし、心は弾むようだった。どんな未知の証言と出会えるのか。胸を躍らせながら歩いた。阿久津氏の事務所は、遊座大山商店街の一角にあった。秘書と共に阿久津氏は笑顔で迎えてくれた。選挙期間中ではない事務所は静かな雰囲気だった。否定語が少ない阿久津氏の話し方から、相手を気遣う人柄が伝わってきた。ただ、インタビュー中、僕の誤った知識などについては明確に「間違っています」と指摘してくれた。埋もれてしまった遺骨収集の成果とその背景を正しく発信してほしいという思いが、言葉の節々に込められているように感じられた。

「最初に、特命チームのリーダーに選ばれた経緯を教えてもらえますか」

僕は、重要な取材をする際にいつもそうしているように、時系列に沿って質問を始めた。そうすることが、僕にとって、そのテーマについての全体像が理解しやすいためだ。

「菅さんは、日本の首都に属しながら硫黄島で遺骨収集が進まないというのは理不尽だという考えをもっていました。『国の不作為』という言葉を使っていたと思います。それで総理大臣補佐官が集められて、聞き取りを受けました。私は石原慎太郎さんの秘書を務めていた際、あまり誰も行かないような千鳥ヶ淵での遺骨のお迎え式に出席していました。そのことを話すと『じゃあ、君で決まりだ』となり、私に特命が下りました。『硫黄島における遺骨収集のための特命チーム』のリーダーに任命すると。従前からシベリア抑留者の遺骨問題に関心があった厚生労働大臣の長妻昭さんは『収集』という言葉に違和感を感じているようでした。まるでゴミと同じじゃないかと。『帰還』にしてはどうかと菅さんに伝えてほしいと。それで私が伝えたら『それは素晴らしい』と菅さんが即断した。だから途中の段階で「『帰還特命チーム』になりました」

硫黄島には自衛隊が駐屯している。その島での遺骨収集を所管しているのは防衛省ではなく、厚労省だ。この「縦割り行政」を打ち崩し、省庁横断の組織を作れば収集事業は円滑に前進するはずだ。そんな狙いが菅氏にあったという。

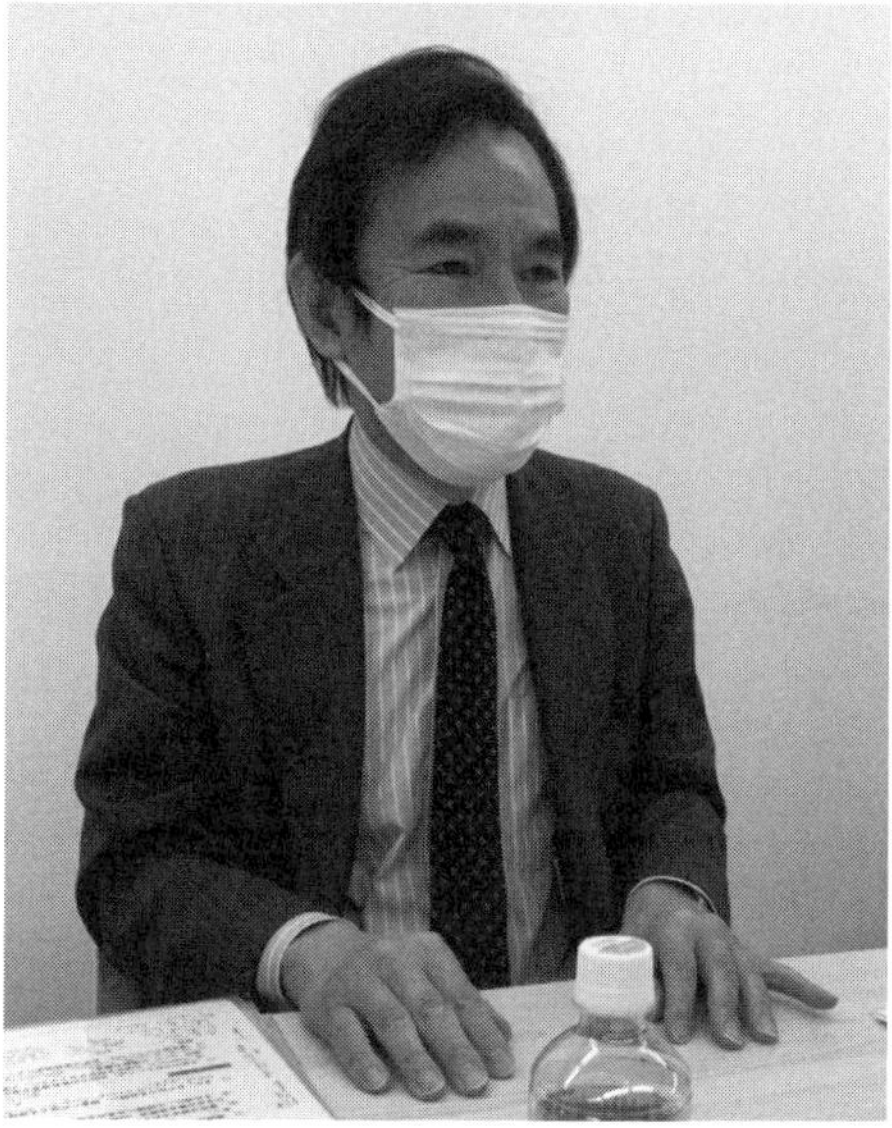
僕のインタビューに応じる元首相補佐官の阿久津幸彦氏

菅直人政権の始動から1ヵ月後の2010年7月にチームリーダーを委ねられた阿久津氏は手始めに、厚労省と防衛省の幹部からレクチャーを受けた。「厚労省は、確証を持った話ではないのだけれど、滑走路を移設して地中を調べようと。そんな話でした。その場合、少なくとも1500億円がかかるということでした。そうしたレクの結果を菅さんに報告に行ったら『ふざけるんじゃない』とまでは言わないですけど……。『1500億円をそこにかける根拠がない。（真偽が）分からない噂話だけだろ。自分が求めているのはそういうことじゃない』と。それで『とにかく感情的、感傷的な調査ではなくて、純粋な科学的な調査をしろ。アメリカ側にも資料があるはずだ。アメリカ公文書館などの調査をきちんとした上で、その調査に基づいて、ちょっと違うやり方、伝聞とかじゃなくて、資料に基づいて調査をしろ』。そういう指示をもらったんですね」。

こうした指示を受ける中で、阿久津氏は、菅氏から1枚の写真を示されたという。それは重機を使って遺体を穴に埋める写真だった。「トラックに遺体をたくさん載せて集めて重機で埋めていたのではないか。その作業を続けていくうちに集団墓地のようになっていた場所があるのではないか、というのが、菅さんが立てた仮説だった。私はこの写真を見て、そういう風な発想はしなかったんですけど、私の使命は、湯川秀樹博士が中間子はあると予測して後に発見に至ったのと同じように、仮説を立てた上で証拠を見つけることだ、と明白になったわけです」。

その使命の遂行者として阿久津氏はうってつけの人材だった。米国ジョージ・ワシントン大学大学院国際関係学部に在籍時、研究のため米国国立公文書館に通った経験があったからだ。「（公文書館がある）ワシントンは気心知れた街でしたし、そんなに不安なく渡米するに至りました」。

阿久津氏の渡米には、厚労省や防衛省などのスタッフも同行した。「アメリカはやっぱり戦勝国ですね。記録係をつけて戦争をしている。日本はとてもじゃないけど、そんなことはできなかった。つまり、生き死にの戦場の中で、記録係がつき、それを写真に撮ったり、メモを取ったりしながら事実関係をきちっと押さえていくみたいなことをやっていた。だから、相当克明なその当時の資料も残っているんです」。

現地での作業は以下のように進めた。「厚労省、内閣官房関係、防衛省のスタッフ、10名ぐらいはいたかな。現地から入った人も。もうちょっといたかな。机に座りきれない人もいましたから。それなりのチームで（集めた資料を）2日ぐらいかけて徹底調査をしていこうと」。手始めとして、資料の説明を受けながら、取捨選択をして硫黄島関連の文書を絞り込んでいった。

説明された中で、そのまま見過ごされそうになっていたある資料に、阿久津氏は気を留めた。硫黄島ではなく、フィリピン関連のファイルに綴じられていた文書だった。「フィリピンの文書中にエネミーセメタリー（敵の墓）が何ヵ所あり、ほかにも何ヵ所ある、という記録が出ていた。それに硫黄島に2ヵ所あるって出ていたんですよ。これはフィリピン側の資料だから、アメリカ国内の資料よりも信憑性は低いので捨てるっていうような説明だったんです。それで、私は驚いて『ここ政治判断だな』って。政治家が判断しなきゃだめだと。トップの仕事は取捨選択、政治決断だと思っていましたので。これ絶対大事だと。資料というのは縦横斜めに突き刺さって他を補完するから、例えば本当にフェイクの資料だったら、一ヵ所に留まるんですけど、真実だった場合は必ず影響が出て、それ関係の資料が出てくる。それで、私は菅さんの話を引き合いに出して『硫黄島にも2ヵ所の集団埋葬地があった』という仮説を立てて、徹底的に探してほしいと指示を新たに出した。それで、ダーッと調べ始めたら、厚労省の人から『阿久津さんが仰せになった通り、どうも2ヵ所あるみたいだ』と。複数の資料が出てきたんです。そして、さらに調べたところ、それぞれの集団埋葬地の緯度経度を示した資料も出てきたんです」。

画期的発見をすぐに記者会見で発表することになった。それは阿久津氏が望んだことではなかった。「縦割り行政」の撤廃による成果だったため、帰国後に厚労相の長妻昭氏や防衛相の北澤俊美氏も同席した形で発信したかったが、準備が進んでしまっていたこともあり、覆らなかった。会見の場所はワシントン市内のレストランだったと阿久津氏は記憶していた。報道関係者は日本の主要メディアを中心に15人ほどが集まった。このエピソードを振り返りながら、阿久津氏は、印象深い指摘をした。「例えば長妻氏は遺骨帰還の問題にはずっと思いがあったんですよね。（手柄を取ろうとして）邪魔しようと思ったらできる立場なんですよ、厚労大臣ですから。だけど全然邪魔しようとしないで全面協力してくれたし、北澤さんも非常に寛容で全面協力してくれた。武正公一外務副大臣も、です。菅政権は悪いところもいっぱいあったと思うのですけど、一番いいところが凝縮した形でできた。それこそ皆が誰も自分の手柄にしようとしないで、参画してくれた。もし自民党政権の時代との違いがあったとしたら、この時は瞬間的にかもしれませんが、縦割りの行政が抑制された形で行われていたということです」。

2ヵ所の集団埋葬地の位置は、それぞれ滑走路の西側と摺鉢山山麓だった。前者は約2000体、後者は約200体を埋めたと記録されていた。記録に基づいて遺骨収集派遣団が発掘調査をしたところ、2010年度の822体、翌2011年度344体などの大成果がもたらされた。

▼阿久津氏は「滑走路神話」と呼んだ

硫黄島の滑走路の下には多数の遺骨が眠っている。長年ささやかれてきた滑走路下残存説に対して、阿久津氏は懐疑論を口にした。その理由を二つ挙げた。

一つは、データの不存在だ。

「結論から言うと、現時点の資料調査に基づけば、2000体の集団埋葬地以上に大きいような集団埋葬地が滑走路の下とかにあるということは絶対ないです。縦横斜めに相当資料を突き詰めていって、一つもぶちあたっていないですから」

集団埋葬地について文書を徹底調査しても、滑走路下に存在することを示す資料は見つからなかった。だから、滑走路西側の2000体のようにまとまった形で見つかることはない、という考え方だ。

もう一つとして挙げたのが米国滞在中、米国国防総省捕虜・行方不明者人員調査局（DPMO）を訪問した際のエピソードだ。DPMOで「ヒストリアン」と呼ばれる専門家と会談する時間が設けられた。米軍が滑走路下に日本側戦没者を埋葬した可能性について話が及んだとき、ヒストリアンはきっぱりとこう言ったという。「われわれだって滑走路の下にそんな遺体なんて埋めないよ。気持ち悪いじゃないか」。むしろ滑走路として整備される予定地を外すように、集団埋葬地の場所を選んだ、という印象を阿久津氏は強めたという。戦後70年が過ぎても1万人が見つからないのは、滑走路に大勢埋まっているからだと考えるのはある意味、自然なことだ。ただ阿久津氏は、こうした考え方は「滑走路神話」であるとし、「（神話を）一度ぬぐって、資料に基づいて調査することをしなかったら、多くのご遺骨は見つからない」と指摘した。

では、資料に基づく調査とは具体的に何を指すのか。

阿久津氏は「ＢＵＲＹ」の話を始めた。

阿久津氏は米国での公文書調査を終えて帰国後、菅氏にこんな報告をしたという。「（菅氏が）データに基づいて滑走路の下に（遺骨は）あるのかって言うから、私は『データ上、そういうドキュメントは出てきていない』と言い切りました。ただし『ＢＵＲＹはある』と。そのＢＵＲＹが滑走路の下にもかかっている、つまり硫黄島のどこにあるのかという大まかな地図は発見したと」。

「ＢＵＲＹ」とは日本語で「埋める」という意味だ。特命チームは公文書の調査で、米側部隊が日本側部隊と交戦し、殺害した日本兵を交戦した場所に埋めていた、という実態に辿り着いた。ＢＵＲＹとは、大人数を埋めた集団埋葬地とは異なり、３〜４人などの少人数をくぼみや壕に埋めた箇所である、という認識を持った。そのＢＵＲＹがどこにあるかを記録した地図を特命チームは発見したのだった。ただ、滑走路のエリアはＢＵＲＹが少なかったという。

つまり、阿久津氏の見方はこうだ。

仮に滑走路を移設して地中を調査した場合、このＢＵＲＹの範囲で遺骨は見つかるだろう。ただし、ＢＵＲＹ１箇所から見つかる遺骨は数人単位だ。滑走路西側で見つかったような２０００人を埋めたとする集団埋葬地は存在しないのだから、滑走路下を調査しても大幅な進展がある可能性は限られている。確証なき滑走路下調査よりも大事なのは、島全域に分布するＢＵＲＹの公文書調査だ。調査が進めば集団埋葬地のときのように、個々のＢＵＲＹの緯度経度を記した資料が見つかることもあり得るのではないか。

▼厚労省と防衛省のメンタリティ

遺骨収集が緩慢に進んできたのは「国の不作為」だ。インタビューの冒頭で聞いた言葉が僕の頭から離れなかった。不作為とは、特定の行為をあえて積極的に行わないという意味だ。なぜ不作為が続いてきたのか。阿久津氏の指摘は推論を含んだものだったが、興味深かった。

防衛省についてはこう語った。防衛省側とやりとりする中で「（硫黄島は）アメリカのコントロール下にあると強く思っていると感じることがあった」という。そのため、積極的に米国側に協力を打診してこなかったのではないかという見方を阿久津氏はしていた。これを「慮《おもんぱか》りメンタリティ」と呼んだ。

阿久津氏は渡米して、ＤＰＭＯなどの高官と会った際の印象をこう語った。「ＤＰＭＯとか、その人たちと話した感じで言うと、有事に硫黄島は大事な戦略基地になると。そのことをちゃんと説明しきれば、いろいろとやってくれると思います。全面協力すると思います。なおかつ、大義として、誰一人取り残さない『KEEP THE PROMISE』があるわけですから」。

まとめるとこういうことだ。米国側は日本による遺骨収集に協力的な考え方を持っている。硫黄島を有事の際に重要拠点として使うには日米の良好な関係が不可欠という認識を抱いているという。さらに、米軍は、自軍兵士に対して「KEEP THE PROMISE」（約束は守る）と伝えている。つまり、仮に戦死したとしても家族や恋人の元に必ず帰す、だから国のために戦ってくれ、と約束している。しかし、聞いたところでは、硫黄島には行方不明のままの米軍兵もいる。日本側で遺骨収集が進めば米国兵士の遺骨の発見にも繋がることになり得ると米側は考えている。しかし日本は過度な忖度により長年、遺骨収集で上陸する民間人を最小限に抑えようとしてきたのではないか。それが阿久津氏の見方だった。

一方、厚労省は「継続メンタリティ」が感じられた、と話した。「厚労省の問題点は、黙々と遺骨収集作業をやるんですよ。極めて冷静に黙々と時代の変化にかかわらず。『いつまでに終わらせるぞ』とか『ここのところ踏ん張りどころだ』とか、そういう上げ下げがない。それを悪く取ると、（担当部局の）社会・援護局を維持したいと、これからも。同じ規模で。そういう意図があるんじゃないかと。厚労省の中には、ここで全部やりすぎちゃうと、民主党政権下で、自分たちの仕事がなくなってしまうんじゃないかと思ったかもしれない」。

阿久津氏の見方をまとめると、こうだ。防衛省は、米国側に過度に忖度して遺骨収集団の上陸などを最小限に抑えたい「慮りメンタリティ」があった。一方、厚労省も遺骨収集事業の担当部署を維持したい「継続メンタリティ」があった。現状を変更したくないという思惑が一致する両省庁が両輪となり、遺骨収集はスローな速度で進み続けてきた。

インタビューの最後に、僕は核心部分となる質問をした。それは、遺骨収集を巡る「国の不作為」を打破するにはどうすれば良いのか、という問いだった。

阿久津氏は「菅政権のとき、遺骨収集は総理から全権を委ねられた特命でした。『総理案件だから』という理由で（各省庁に対する）私の要求はほとんど全部通りました」と振り返った上で、きっぱりとこう言い切った。

「国の不作為は、トップの意思の問題ですよ」

僕がすべての質問を終え、お礼を述べ、ノートやカメラをバッグにしまっていると、阿久津氏は机に置かれた僕の名刺を見ながら、こう話した。「硫黄島の問題は、地方紙記者だからこそできるのかもしれませんね」。中央から遠く離れた地に軸足を置き、在京メディアのように中央への取材が困難であるからこそ時間的な危機意識があり、前のめりに取材に駆け回ろうとする。そういった意味で阿久津氏が述べたのだと思った。

間もなく北海道に転任する僕には、エールのように聞こえた。

事務所を出ると、空は晴れ上がっていた。

▼硫黄島兵士と同じ風を浴び、星を見上げ

「ヨンシュウ」への参加を、いつか実現したいと、僕はかねてから切望していた。

近年、硫黄島遺骨収集団は年4回派遣されるのが通例となっている。派遣時期は、第1回が7月ごろ、第2回は9月ごろ、第3回は11月ごろ、最後の第4回は2月ごろだった。厚労省などの関係者は、それぞれを略してイッシュウ、ニシュウ、サンシュウ、ヨンシュウという呼び方をする。僕が過去2回参加したのは、ニシュウとサンシュウだった。

僕がヨンシュウに参加したかった理由。それは派遣時期がちょうど、硫黄島で地上戦が繰り広げられた時期と重なるからだ。地上戦は一般に、米軍が上陸した1945年2月19日から、日本側守備隊による最後の総攻撃が行われた3月26日までの36日間を指す。ヨンシュウに参加すれば、この歴史的戦いの際の気候、風、海や空の眺めなどを五感で感じることができる。そのことは、当時の兵士の状況を理解する一助になると考えた。

実際、参加したことで、それまでの認識を改めたことが複数あった。その筆頭は、気温だ。南洋に位置する硫黄島の戦いは、暑い気温の中で繰り広げられたイメージがあった。しかし、確かに日中は本州方面の夏場に近い気温になる一方、朝夕は冷えた。2月19日に米軍が上陸した時間は朝だった。海水に濡れた米海兵隊の兵士たちは随分と寒い思いをしたので

はないか、と思った。

僕が驚き、感動したのは月夜の明るさだった。満月の日、午後9時ごろに宿舎の外に出てみた。月の明かりで手の平のしわもくっきり見えた。本の字も読める、と思った。硫黄島の戦いは、夜間の攻防も多かった。これだけ明るければ動き回ることもできたはずだ、と納得した。

▼半世紀前の硫黄島を知る人物との邂逅

今回の収集団は総勢26人。派遣前に配られた団員名簿を見ると、そのうちの約半数は、過去の遺骨収集で一緒になったことのある人だった。苦楽を共にした人たちとまた会えると喜んだ。

今回、初めて会う人の中に、ある名前を見つけ、僕は「あっ！」と驚きの声を上げた。「鈴木金美」。1970年代の遺骨収集について調べていたとき、目にした氏名だった。硫黄島戦の生還者が多く参加していた半世紀前の遺骨収集の状況や島内の様子について貴重な話を聞くことができる。そう喜び勇んだ。鈴木さんは父島在住のはず。北海道に転勤したら、会うのが非常に難しい人物だ。

ぜひ詳しく話を聞きたい。そんな僕の切望を、鈴木さんは受け入れてくれた。「もうあの時代の遺骨収集を語れるのは、私ぐらいしかいないでしょうから」。1977年に初めて硫黄島に渡った鈴木さんは、74歳になっていた。硫黄島滞在中、主に作業終了後の時間にたくさん話を聞かせてくれた。延べ時間にしたら10時間は超えたのではないかと思う。

鈴木さんは青森県出身の大工職人だ。妹が移住した父島に遊びに行ったのをきっかけに、自身も父島に移住した。妹が嫁いだ先は、硫黄島にルーツがある家だった。親族には、軍属として残されて戦死した人もいた。政府派遣の遺骨収集団に参加している親族の一人から「硫黄島に設置してある観音像を風雨から守る祠を作ってほしい」と頼まれた。元の依頼者は、硫黄島の元海軍司令で戦後、僧侶になって元部下の慰霊や遺骨収集に尽くしている人物だと教えられた。和智恒蔵氏のことだった。

鈴木さんは硫黄島渡島の話が舞い込んだとき「運命的なものを感じた」という。かつて青森で一緒に暮らした亡き父は、家で酔っ払うと「硫黄島では兵士たちが水を飲めなくてたくさん死んだ」という話をするのが常だった。父自身に従軍経験はなく、親族にも硫黄島に出征した人はいなかったのに。なぜ硫黄島の話をしていたのかは、未だに分からない。「硫黄島、硫黄島」と言っていた父を思いだし、どんな島なのか実際に見てみたいと思った。これが以後、現在に至るまで半世紀にわたり、参加し続けている遺骨収集の第一歩だった。

初渡島には後日談がある。硫黄島から戻った後、青森に帰省し、硫黄島で撮影した写真を父に見せた。すると、父はその日以来、一切、硫黄島の話をしなくなった。「なぜかは分からない。後に私は、硫黄島の兵隊さんたちが父を通じて、私を島に導いたのではないか、と思うようになった。私は呼ばれたのだと。ならば、できる限り、遺骨収集に協力し続けよう。そう考えて、今に至っています」。

▼戦友を捜す生還者の姿

鈴木さんが初めて参加した1977年の遺骨収集団には、硫黄島戦の生還者が大勢いた。終戦から32年。生還者は50代以上になっていた。上陸後、遺骨収集の作業が始まると、生還者たちは驚きの姿を見せたという。

「みんな20代に戻ったように動き回っていた。戦争当時の年齢に若返っていた。20歳ぐらいの精神力だった。戦友を帰そうという魂が入っていた。自分より若いと思った。戦友だ、戦友を捜さなくては、という、そういう思い。地下壕の探索では自衛官による有毒ガスの検知が終わる前に、バガバガと入っていった。壕を見つけると、すぐに入っていった」

生還者たちが遺骨を発見したときの様子はどうでしたか、と僕は尋ねた。

「『いやー、待たせたね!』っていう感じで大事そうに拾い上げていました……」

大事そうに抱きかかえるような手振りをして、鈴木さんは言葉少なに話した。目に涙がにじみ、言葉を詰まらせているように僕には見えた。

▼まるで地獄絵図

鈴木さんはこの年を皮切りに、その後も遺骨収集団への参加を続けた。

昭和50年代の状況は現在と大きく違ったようだ。

3日かけて祠を仕上げた鈴木さんは、「南方諸島海軍航空隊（南方空）」の地下壕の捜索を見学させてもらった。発見されてから間もない時だった。1945年3月26日の日本側守備隊による「最後の総攻撃」で組織的戦闘が終わった後、残存兵は投降せずに、島内各地の壕に隠れ続けた。島内で最大規模とされる南方空壕にも大勢が潜んでいた。しかし、水も食糧も尽き、多数が命を落としたと伝えられている。

「内部には、びっしり遺骨があった。足の踏み場もないぐらい。地熱で内部の温度は、60度か70度の熱だった。内部にろうそくを入れたら、グニャリと曲がった。地獄絵図のようだと思いましたよ」

実は、僕は、捜索中の南方空壕の内部の映像を見たことがある。三浦さんが残した資料の中にそのVHSテープがあった。遺骨収集団員が家庭用ビデオカメラで撮影したものだと推察された。映像には、壕の中の階段の一段一段に遺骨がびっしりと載っている様子が映っていた。鈴木さんが言った「足の踏み場もない」という表現は、誇張ではないと思った。

鈴木さんは、２回目以降は何かを作る「大工職人」ではなく、遺骨を捜す「収集団員」として渡った。

約半世紀前に見つけた遺骨と、近年の遺骨は状態が全く違うと、鈴木さんは証言した。

「当時の遺骨はずっしりと重かった。頭蓋骨はぴかぴかしていた。でも今、見つかる遺骨は軽い。風が吹けば、粉々になってしまう。そんな遺骨が多い。それだけ風化が進んだということです。戦死者２万人のうち１万人が見つからない大きな理由、それは風化だと私は思っています」。

現在の硫黄島には米軍占領時代の面影はほとんどない。しかし、鈴木さんが収集に参加し始めた当時は違った。次の話は、これまで読んだどの資料にも載っていなかった情報だった。

「米軍キャンプ地跡が東西南北あちこちにありましたよ。朝鮮戦争のときには数万人いたと聞いた。どうしてキャンプ地跡と分かるかというと、その根拠はベースコンクリートです。ベースコンクリートとは、建物の基礎のコンクリートのことです。厚さ10センチぐらいか、それ以下。今も重機で土を掘ると、あちこちから、これが出てくるんです。一見してジャングルに見えるところでも、掘ると出てくる。長い年月でコンクリートが土に埋もれ、草木が生え、ジャングルになったということです」

島北部に現在も残るベースコンクリート（2023年2月）

つまり、硫黄島の大部分は戦後の一時期、米軍キャンプ地化したということだ。硫黄島が、以前の姿のまま米軍から返還されれば、格段に遺骨収集が進んだろう。島の地形の激変が、生還者の証言に基づく捜索を阻んだ、という旧厚生省の報告書の記載を裏付ける証言だと僕は思った。

米軍が島を変えた歴史の象徴とも言える、ベースコンクリートを見てみたいと僕は思った。

今回の在島中、休息日に鈴木さんに案内してもらった。最初に連れて行ってもらった場所では、その希望は叶わなかった。一面がジャングルになっていたためだ。「いやー、驚いた。今、立っている場所は、間違いなく、コンクリートの基礎がむき出しになっていた場所ですよ。それがこんなに植物に覆われてしまうなんて……」。

しかし、次に案内された場所で、希望は叶った。鈴木さんに「ここですよ」と案内された場所は、東西に延びる自衛隊滑走路の東端から、さらに東側の原野だった。地熱が高いためか、草木はわずか。荒野という表現の方が近いかもしれない。辺り一面、真っ平らだ。目をこらすと、縦横10メートルほどのベースコンクリートが敷かれているのが分かった。

温もりも何もない、無機的な構造物が、おそらく米軍によって真っ平らにされたであろう土地にぺったりと覆い被さっていた。米軍がここにコンクリートを流し込む時、地中に遺骨があるかどうかを確認したとは思えない。ベースコンクリートが今も残っているということは、ここの下にも遺骨が眠っている可能性があるということだ。

僕は、自衛隊滑走路に降り立った時と同様、この上に立った際、まるで遺骨を踏みつけてしまったような申し訳なさを感じた。

米軍が地を覆ったコンクリートは、滑走路の舗装以外にも無数にあったのだ。

▼硫黄島は風化の条件が揃った島

遺骨収集団は、日を追うごとに団結力が増していく。過去2回も今回もそうだ。炎天下の野外や、地熱に満ちた地下壕で、土木作業に不慣れな人々による作業を安全に進めるためには、30分に一度の休憩は必要だった。団員は高齢者が中心という実情もあるが、40代の僕もこの休憩はありがたいと思うほど、作業は大変だった。この休憩時間は、団員間の歓談の時間でもある。それが絆を日増しに太くしている一因に思えた。

その休憩時間のたびに、僕が話しかけた人物がいる。その人は作業要員ではなかった。作業要員ではないから作業に加わらなくても良かった。しかし、遺骨収集現場でその人を見ると、ある時は収集団員と一緒に全身、土まみれになって地面を掘っていた。ある時は、汗だくになりながら土砂を運ぶバケツリレーの列に入っていた。

その人は、日本歯科大学の影山幾男教授。厚労省が、遺骨の鑑定人として収集現場に派遣する専門家の一人だ。鑑定人は、収容された遺骨を分析して、重複する骨の数や発見時の状況などから、遺骨の人数を判定することなどが主な役目だ。

にもかかわらず、影山教授は多くの時間、現場の団員の輪の中にいた。だからあるとき、理由を聞いた。

「私も遺族の一人なんです。叔父が硫黄島で戦死しました」。それが答えだった。

笑顔が絶えず、明るく弾んだ話し方をする人だったが、この時の声は神妙だった。所属する日本人類学会を通じて、厚労省が鑑定人の確保に苦心していることを知り、協力することにしたのだという。僕はすっかり興味を引かれ、休憩時間によく話しかけた。休みたい時もあったと思うが、いつも笑顔で対話に応じてくれた。

僕はかねてから、人骨の研究者から教えてもらいたいことがあった。それをある日の休憩時間に尋ねた。

「硫黄島では1万人が未だに見つかっていません。見つからない理由の一つとして挙げられるのが『風化』です。どれぐらいが土に還ってしまったと推測しますか」

影山教授は「結論を言うと、それは分からない、ですね」と前置きした上で、こう指摘した。「ただ言えることは、硫黄島は、遺骨が風化する条件が揃った島だということです。具体的に言うと、土壌の影響を受け、雨の影響を受け、発掘する人がいない、ということです。遺骨収集数が格段に進んでいる沖縄と比較すると分かりやすいです。例えば土壌。硫黄島は酸性ですが、沖縄はアルカリ性の土壌も広く分布している。骨が触れると風化するのは酸性の土壌です。沖縄には住民がいることも大きいです。だから、遺骨の風化が進んでいない時代から遺骨収集を進めることができました。硫黄島は戦後、今に至るまで住民がいません。戦後すぐに島民の帰還が認められれば現状は大きく違ったでしょう。雨の影響とは、雨の酸成分のことです。酸成分に触れるほど風化は進みます。これは沖縄とも共通することですが、硫黄島は、大量の雨がもたらされる台風ルートに位置します。もう一つ加えるならば、火山活動による地熱の影響もあるでしょう。実のところ、人骨の風化に関する研究論文を私は見たことがありません。今後、研究が進み、どれだけの遺骨が現存しているのか少しでも解明に近づくことが期待されます」。

▼西暦2148年

今回の収集団。捜索活動の最終日は2月14日だった。約2週間、団員26人が懸命に土を掘り、収容した遺骨は、影山教授の鑑定の結果、20体以上になるとのことだった。近年の収集団は、収集数が1ケタにとどまることが多かったことを思うと、一定の成果を挙げたと評価できた。一方で、今も1万人の遺骨が見つかっていないことを考えると、余りにも少ないと感じざるを得なかった。僕はこんな仮定をして計算した。今後も遺骨収集は年4回というペースで続き、各収集団が今回と同じように20体を収容したとする。このペースで遺骨収集を続けた場合、すべての戦没者の帰還が終わるのは、125年後だ。西暦2148年だ。これで良いのだろうか。こうした実情を知る国民は、どれだけいるのだろうか。

今回の最後の収集現場。それは現地作業員がショベルカーで深さ約2メートルまで土を掘った際、骨片が出てきた場所だった。捜索作業は2グループに分かれて行われた。一つのグループはショベルカーが掘った深さ2メートルのくぼみに入って、シャベルなどで土中に遺骨がないかを捜した。もう一つのグループは、くぼみの近くの土砂の山を担当した。この土砂はショベルカーが掘った土砂が積み上げられた山だ。山の高さは2メートルほど。この土砂の山に遺骨が含まれていないかをチェックした。僕は後者のグループに加わった。

作業最終日であり、疲れはピークにきている。団員の中には、もう十分に体を動かせない人もいた。一方で、作業のペースを落とすどころか、むしろペースを上げ、土の中に骨片がないか目を皿にして遺骨を捜す団員もいた。その一人が、「くぼみ」の方を担当していた戦没者遺族の楠明博さんだった。

2年前の遺骨収集団で「じいちゃん、どこにいるんだよ」と言いながら作業していた、あの人だ。「山」にいる僕は、その背中を時折、見た。執念が、背中から伝わってきた。

その理由は、間もなく僕も気付いた。これまで見つかったのは、骨のかけらばかり。頭や肢体など主要な骨が揃わないと「1体」と鑑定されないのだ。「0体」という鑑定結果になってしまうのだ。つまり、この現場には記録上、戦没者はいなかったということになるのだ。それは、忍びないことだった。作業終了時間までわずかとなった。僕も加わった「山」のグループは捜索が終わり、シャベルなどの道具の片付けに入っていた。僕は、作業を続ける「くぼみ」のグループを眺めた。「あ、あった!」の声がした。団員の一人が影山教授に骨片を手渡した。「頭骨の一部ですね」と影山教授は言った。そして、タイムオーバーとなった。

手を休めなかった楠さんに声をかけた。

「お疲れ様でした。最後の最後まで土を掘っていましたね」

「いつもどこが引き際かと悩む。今日も心の中で何度も話しかけましたよ。『じいちゃん、どこにいるんだ、声を聞かせて』って……」

引き際──。これは国も同じだと思った。国の動きを見ていると、いつ遺骨収集事業の幕引きを図るのか、時期を模索しているように感じる。それが2年後の「終戦80年」になるのか、22年後の「終戦100年」になるのか、それとも僕が単純計算した「125年後」になるのか。ふとそんなことを考えた。

最後の頭骨の一部が見つかったことで、この現場の捜索活動は今回の収集団で終了とならず、次回の収集団に引き継がれることになった。この現場から「1体」を本土に帰せるかどうかは、2023年度の「イッシュウ」の団員たちに託されることになった。作業終了後に宿舎で行われたミーティングで、団長からそう知らされ、良かったな、と僕は思った。

一方で、ふと疑問が浮かんだ。例年だと、イッシュウが行われるのは7月だ。7月以降の半年間は概ね2ヵ月ごとに遺骨収集団が派遣されるのに、7月以前の半年間は遺骨収集が行われないのはなぜだろう。半年間、この現場は手つかずの状態となる。その間、暴風雨などにさらされれば、見つかる遺骨も見つからなくなってしまうのではないか。

その理由とみられる情報を在島中、現地に駐在する関係者が教えてくれた。

「ＦＣＬＰが行われるからです。例年だと5月です。この前後、硫黄島はアメリカになる。米軍の兵士や関係者が大勢やってきて滞在するんです。収集団員が宿泊する場所がなくなる。だから毎年、この時期は、遺骨収集が行えないのだと思います」

ＦＣＬＰは、米軍厚木基地（神奈川県）の空母艦載機による「陸上空母離着陸訓練」のことだ。住民生活に支障をきたすレベルの騒音を伴うため本土では行えず、硫黄島で実施されてきた。

日本側戦没者の帰還よりも、米軍の訓練が優先されているのだ。

▼サヨウナラ、硫黄島

「青年は荒野を目指せ」

中学時代の担任教諭のその教えに導かれ、僕は10代から20代にかけて海外に飛び出した。万里の長城も見たし、ピラミッドも見た。それらを見たときに匹敵する驚きの光景を、僕は硫黄島で見た。西側海岸に広がる「沈船群」だ。

高さ5メートルを超える大型船舶の残骸が約500メートルにわたって砂浜上に点在する。2019年に初めて硫黄島に渡った際、休息日に訪れた。まるで文明の終わりのような

硫黄島の海岸に放置されたコンクリート船（2023年2月）

光景だと思った。沈没時に船体が折れたタイタニック号のように、前部と後部が分離した船舶が多い。むき出しの鉄骨は、ひどくさびている。一部は約45度に傾斜し、今にも倒れ込みそうだ。その場合、近くに人がいたら、間違いなく命を失うだろう。こんな危険な状況にある退廃的景色が放置されているのは、世界でもここだけだろう。

本土帰還の2週間後に北海道に転勤する僕は、もしかしたら今回が最後の硫黄島上陸になるかもしれないという覚悟を持っていた。思い残すことのないよう、世界でもここだけの沈船群の景色も目に焼き付けようと考え、離島間際の休息日の夕方に訪れた。

これらの船舶は、硫黄島戦の際に撃沈された軍艦ではない。米軍が戦後、港湾を作るために意図的に沈めたコンクリート船とされる。それが、火山活動による島の隆起によって姿を現したとされる。「戦跡」ではない上、宿舎から遠いエリアに位置するため、ここを訪れる遺骨収集団員はほとんどいない。その巨大な姿と裏腹に、知られざる遺物なのだ。

それにしても、と思う。「世界でもここだけ」と思わせる超常的な光景が、ここにあるのはなぜだろう。僕は２０１９年12月、北海道新聞の連載「残された戦後　記者が見た硫黄島」で「島民がいないためと推察された」と書いた。安全を守るべき民間人がいないのだから、撤去する必要がないと判断されたのではないか。僕はそんな推測をしていた。

しかし、硫黄島を巡る戦後の日米交渉を調べる中で、僕は知ったのだ。

１９６８年4月5日。小笠原諸島返還協定の調印日。日米地位協定に基づく日米合同委員会で、返還後も引き続き米軍使用区域として認められたのは、島北部の一帯と中央部の滑走路だけではなかったのだ。西側と南側の海岸も含まれていたのだ。

そして、沈船群は、まさに西側の米軍使用区域の一帯に広がる。

そうした知られざる実態は今も変わらない。東京都都市整備局基地対策部編「東京の米軍基地　２０２０」の地図に、はっきりと記されている。

硫黄島は、国民の視線が遮断され続けている「秘密の島」だ。分からないことだらけだ。沈船群の不撤去と米軍使用区域の指定の因果関係は、今の時点では分からない。米軍の影響が及ぶ島の現状をできる限り変更したくないという日本側の思惑があるのかもしれない。「東京の米軍基地　２０２０」には、米軍使用区域の名称として「硫黄島通信所」という日本語表記に加え、英語の正式名称を記している。
「Iwo Jima Communication Site」
硫黄島通信所は「イオウジマツウシンジョ」なのだ。

硫黄島の日本側の呼称は現在「イオウトウ」だ。以前は「イオウジマ」との呼ばれ方もしていたが、戦前の島民の間では「イオウトウ」が一般的だったことから、国土地理院が旧島民の要望を受ける形で２００７年に統一した。しかし、戦時中「Iwo Jima」と伝えられてきた米国側の呼称は今でも「イオウジマ」が一般的だ。その響きに米国人は「栄光」「勝利」を想起するようだ。日本側の呼称が「トウ」に統一されたときの新聞報道によると、米国の退役軍人らから反発の声が多く上がったという。

米軍が残した奇怪な巨大遺物は、硫黄島が今なお「Iwo Jima」から脱せないことを示す〝モニュメント〟のように僕には見えた。

僕はしばし、砂浜に立ち尽くした。

沈船群の向こうの夕日は、水平線近くまで傾いていた。世界の終わりのような退廃的風景をにらむように、僕は眺め続けた。心に焼き付けた。この〝モニュメント〟が撤去される日が来たならば、それは「Iwo Jima」が「硫黄島」に戻り、旧島民や子孫の自由な帰郷が認

硫黄島通信所位置図

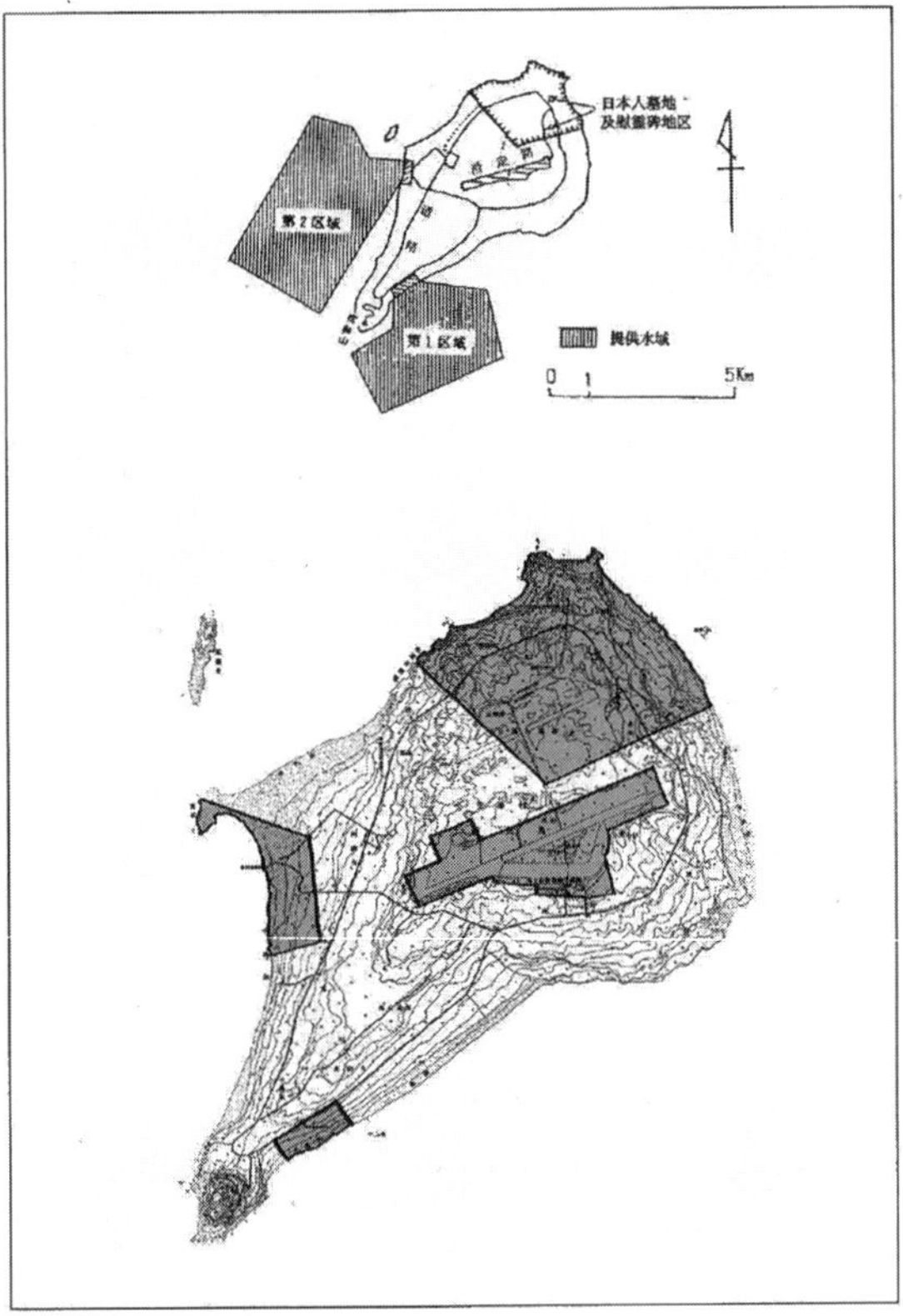

Ⅶ 硫黄島通信所(Iwo Jima Communication Site)

所在地		小笠原村
土地面積		6,630,061㎡（民有2,244,426㎡、公有57,408㎡、国有4,328,228㎡）
施設内容	施設番号	FAC3181
	管理部隊	米海軍厚木航空施設
	使用部隊	米海軍第5空母航空団
	用途	通信（訓練施設）
	共同使用	自衛隊、国立研究開発法人防災科学技術研究所

※土地面積には、地位協定第2条4項(b)に基づく共同面積を含む。
※土地面積は四捨五入のため、合計が一致しないことがある。

現在も米軍使用区域があることを示す地図（上図）、米軍使用区域の名称は「Iwo Jima Communication Site」と記載されている（下図）（東京都都市整備局基地対策部編「東京の米軍基地 2020」）

沈船群の遥か彼方に沈む夕日（2023年2月）

められ、緩慢に進んできた遺骨収集が加速する時代の幕開けなのかもしれない。

僕が次に硫黄島に渡るのは、いつになるのかは分からない。5年後だろうか、10年後だろうか。それとも今後の発信活動が意図せぬ作用をもたらし、二度と「硫黄島上陸」を果たせなくなるのかもしれない。

ともあれ、僕は願った。

次にこの島に来たとき、どうか美しい海辺に戻っていますように。

「硫黄島ノ皆サン　サヨウナラ」

僕は心の中で〝最後の電報〟を発した。

そして、回れ右をして、宿舎に向けて歩き始めた。

いつかまた帰っておいで、とささやくように、夕日の温もりが、僕の背中を優しく撫でた。

エピローグ

「陛下、お尋ね申し上げます」

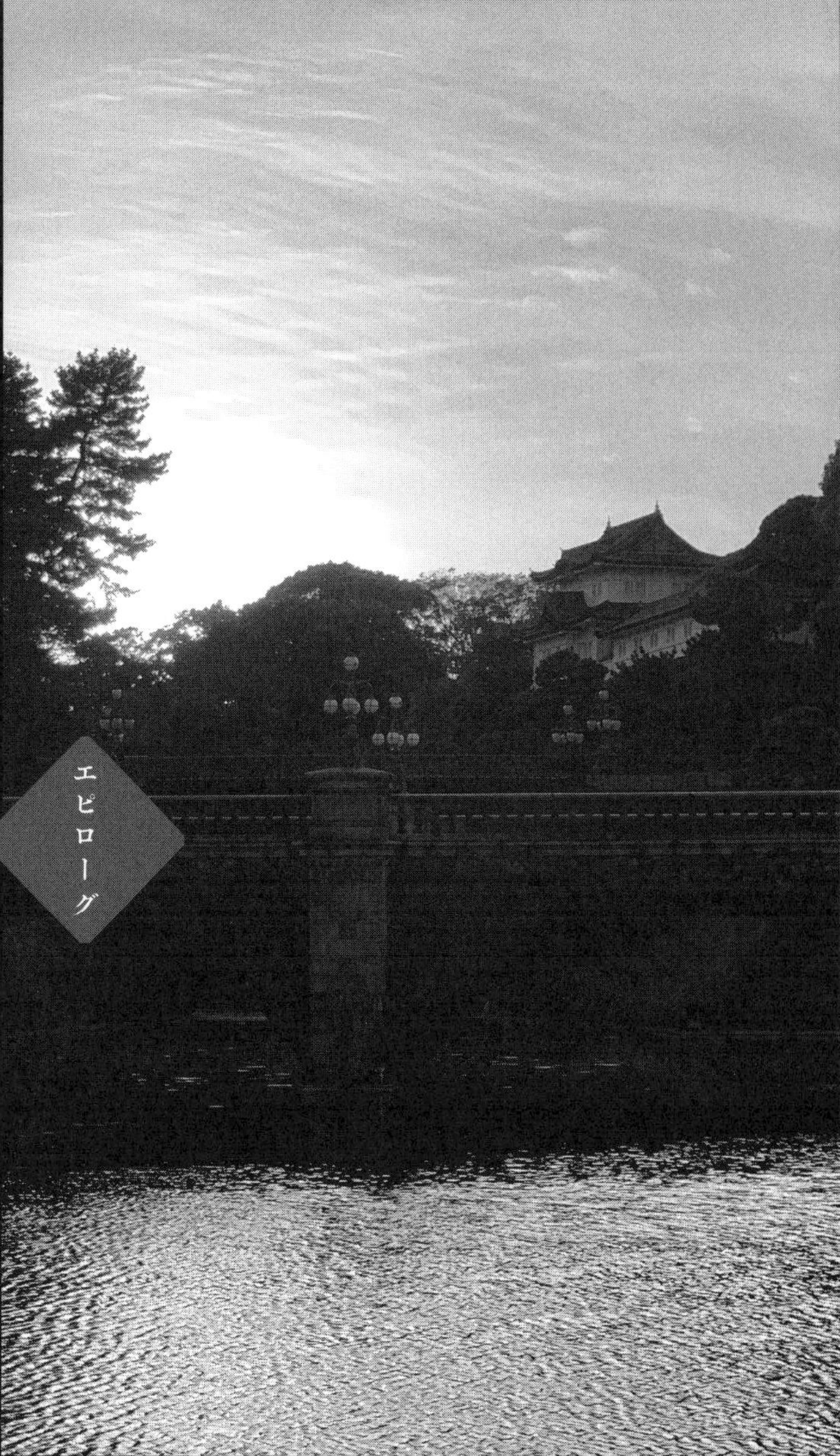

本土に帰還してから6日後の2月21日。皇居・宮殿の「石橋《しゃっきょう》の間」で、僕の目は、猛々しいその絵にくぎ付けになっていた。

時計の針は午後4時半を回ったところだった。毎年恒例の天皇陛下の「誕生日会見」の開始まで、まだ30分ほどの時間があった。

その絵とは、日本画家前田青邨《せいそん》作の「石橋」。獅子の顔をした面をつけた能の演者が赤い髪を振り回す姿を描いた大作だ。会見会場「石橋の間」の正面中央の壁に飾られていた。やんごとなき皇族の「静」の印象とかけ離れた、威圧的とも言える「動」の絵。これから始まる天皇陛下の誕生日会見で、陛下はこの絵を背に座る。記者を威圧する狙いはないにしても身が引き締まる思いになる。緊張感が増す。顔なじみの左右の席の記者に気づかれないよう僕は深呼吸を繰り返した。

この「石橋の間」は、広さ74坪。新年に一般参賀者に向けて皇族がバルコニーから手を振るニュース映像などで知られる「長和殿」の2階にある。左手の外は、一般参賀の際にバルコニーを見上げる大勢の人で埋め尽くされる「東庭《とうてい》」。右手の外を見ると白那智石敷の「中庭」。その向こうには重要な儀式が行われる「正殿」。平安絵巻のような光景が広がる。

再び間内に目を向ける。ふかふかの淡い赤色の絨毯や、各種の調度品の一つひとつが高貴な雰囲気を漂わせている。記者席は28席。「石橋」の絵の前に置かれた陛下の席から5〜10

メートルほど離れ、4列になって囲むように弧を描いて並べられていた。新聞社やテレビ局の皇室担当記者28人はすでに着席している。僕は前から2列目、右から2番目。陛下の席までは、6メートルほどだった。

宮内庁主催の会見への出席が許される記者は極めて限定的だ。記者クラブ組織「宮内記者会」の加盟社のうち宮内庁2階の記者室に机がある「常駐社」と呼ばれる15社の記者だけだ。常駐社は、全国紙やキー局が主だ。僕が所属する北海道新聞もそのうちの1社だった。全国紙以外の新聞社は道新と東京新聞だけだった。

前年の3月に皇室担当になったばかりの僕が、メディアの質問に陛下が答える貴重な機会である「誕生日会見」に参加するのは初めてだった。宮内庁総務課報道室から事前に指定されたドレス・コードに従い、記者は皆、ダークスーツ。男性のネクタイも一様に黒系だ。僕も皆と同様に、黒ずくめのスーツ姿だった。

しかし、僕には、ほかの27人と違う点があった。季節外れの日焼けをした顔だ。この日、約3週間ぶりに記者室に出勤した僕は、記者会所属の顔なじみの記者から「酒井さん、随分と久しぶりですね。その日焼けは、スキー焼けですか」と声をかけられていた。

僕が17日間の休暇を取って訪れた場所。それはスキー場ではなく、本土から1200キロ南方にある絶海の孤島「硫黄島」だった。政府派遣の遺骨収集団にボランティアとして3度目の参加が認められ、上陸を果たした。地下壕などで収容した戦没者遺骨25体と共に自衛隊輸送機C130で本土に帰還したのは2月15日。帰ってから6日たっても日焼けした肌の色が変わらないほど、北緯24度の島で僕は強烈な日差しを浴びていた。

「コンコン、コンコン」――。いつの間にか閉じられていた右手のふすまの外から計4回、ノックする音が響いた。これから陛下がお出ましになる、と伝える侍従（側近）の合図だ。午後5時7分。記者28人は一斉に起立し、そして一斉に深々と頭を下げ、陛下を迎えた。崩れたトーチカや火炎放射器で焼かれた痕跡が残る地下壕……。つい1週間前まで、まるでモノクロ映像のような彩色のない硫黄島の光景を見てきた僕の目は今、淡い赤を基調としたカラフルな「石橋の間」を歩く陛下の姿を見ていた。

記者会幹事社のテレビ局の女性記者が、陛下の正面に置かれたマイクの前に立ち、挨拶を始めた。「陛下におかれましては63歳の誕生日を迎えられますこと、記者会一同、心よりお喜び申し上げます。新型コロナウイルス禍が続く中、陛下の今のお考えや、お気持ちをうかがえる貴重な機会となります。本日はどうぞよろしくお願い申し上げます」。

会見時間は30分。陛下への質問は、すでに宮内庁を通じて内容が通告済みである計5つの「代表質問」と、時間が余った際に許可される事前通告なしの「関連質問」からなる。代表質問は幹事社の記者二人が分担して行う。その後の関連質問は、挙手した上で、進行役の宮内庁総務課長に指名された記者のみ許される。例年二人の場合が多い。つまり28人の記者が参加した今年の場合、質問できるのは28分の2の確率だ。たった7％だ。

代表質問が2問目から3問目、3問目から4問目と進むとともに、なんとしても関連質問で指名されたい僕の心臓の鼓動は増し、手は汗がにじんだ。僕は8日後の3月1日付の人事異動で皇室担当から外れ、北海道内の支局に転勤することが決まっていた。陛下に直接質問できるのはこれが最初で最後。こんな機会は7回生まれ変わってもないだろう。

僕は、天井を見上げた。天国の兵隊さん、島民さん。どうか力を貸してください。会見の途中、そう祈ると、自然と左右の肩甲骨が背筋に引き寄せられ、胸を張る姿勢となった。深呼吸が格段に楽になった。僕は霊魂など非科学的なことは信じない。でも、その時は、僕の中に無数の魂が入ったと思った。

幹事社による最後の代表質問が終わった。宮内庁総務課長が左前方の司会者用マイクの前に立った。「予定されていた質問は以上でございますが、関連する質問があればお受けしたいと存じ……」。言い終わる前に、僕は身を乗り出すように「はい！」と手を挙げた。その時、陛下は僕を見た。総務課長はさらに続けた。「……ます。一方で予定されていた時間を大幅に超過しておりますのでご協力くださいますようお願い致します」。今年も関連質問は二人だけなのだ。僕はそう悟った。

僕の席からは、10人前後が挙手する姿が見えた。最も高く手を挙げているのは僕だ。「では、Tさん」。僕は選ばれなかった。Tさんは、新年度から皇室情報の発信を強化する宮内庁方針に対する考えを陛下に聞いた。記者会の加盟社共通の大きな関心事だ。回答を終えた陛下に、Tさんが「ありがとうございます」と述べると、総務課長は会見の締めくくりに入った。「予定されている時間をかなり超過していますので、あと1問でよろしいで……」。言い終わる前に僕は再び真っ先に手を挙げた。今こそ人生すべての運を使う時だと思った。周囲を見ると、僕以外に挙手した記者は3人に減っていた。Tさんと同じ質問をしようとしていたため挙手を止めたのか、はたまた僕のただならぬ手の挙げ方を見て、辞退してくれたのか。

陛下は再び僕を見た。そんな様子を踏まえてか、総務課長は「それではあの……」と戸惑う色を見せながらも、ついに僕を指名した。

僕は立ち上がった。そこまでしたい質問とは、一体どんな質問ですか——。陛下の目からそんな心が伝わった気がした。そして僕は、全国各地から集められて戦死した上、戦後78年たった今なお島に残されたままの1万人の兵士と遺族、戦禍に巻き込まれた旧島民の思いを込めて、声を発した。

「陛下、お尋ね申し上げます」

第126代天皇陛下に「硫黄島」に対するお気持ちを問う、史上初の質問はこうして始まったのだった。そして会見後、宮内庁公式サイトの「おことば・記者会見」に次の記録が加わることになった。

天皇陛下お誕生日に際し（令和5年）
会見年月日：令和5年2月21日
会見場所：宮殿　石橋の間
（中略）
〈関連質問　問2〉
沖縄の昨年の行幸啓に関連し、陛下にお尋ね申し上げます。私は今月、政府派遣の硫黄島戦没者遺骨収集団に約2週間加わり、戦没者2万人のうち1万人がいまだに残されたままの島の現状を見てきました。上皇様は1994年、硫黄島を訪問され「精根を込め戦ひし人未《いま》だ地下に眠りて島は悲しき」との御製を詠まれました。来年は最後の硫黄島行幸啓から30年の節目となります。沖縄と並んで激しい地上戦が行われた硫黄島の歴史や、いまだに1万人もの戦没者が残されている現状に対する陛下のお気持ちをお聞かせください。

天皇陛下
今お話のあった、上皇上皇后両陛下が硫黄島に行かれたことについて、私も上皇上皇后両陛下から硫黄島に行かれた時の話をいろいろと伺っております。大変悲惨な戦闘が行われ、また多くの方が亡くなられたことを、私も本当に残念に思っておりますし、このような硫黄島も含めて、日本各地で様々な形で多くの人々が亡くなられている。こういった戦争中の歴史についても、私自身、今後ともやはりいろいろと理解を深めていきたいというように思っております。

端的な答えではないことに僕は驚いた。さらさらと流れるような話し方ではなく、正確な表現を選ぶように時折、言葉に間を置く話し方をされた。陛下は戦争経験のない初の天皇だ。硫黄島の戦いを「残念」に思い、戦争の歴史について理解を深めていきたいというお気持ちを表明したことは、戦没者遺族の心の慰めになるのではないか、と思った。

誕生日会見で許される質問は例年、7問前後に限られている。数少ないこともあり、各大手全国紙は毎年、全質問を天皇誕生日に紙面に掲載している。多数の戦没者が残されたままの硫黄島や戦争に対する陛下のお気持ちも、例に洩れず掲載された。全国に発信された。

かくして硫黄島や戦争の歴史の風化に抗い続けた僕の東京での5年間は幕を下ろした。

僕は精いっぱいのことを、果たせただろうか。

散った1万人が眠る悲しき島で、遺骨の風化は、なおも進んでいく。

緩慢に進む政府の遺骨収集事業。それが加速する日は、いつ訪れるのだろう。

そう思うとき、僕には、故郷に帰るために今なお風化と戦い続ける兵士たちの声が聞こえてくるのだ。

「ジカンガナイ　ジカンガナイ」と――。

あとがき

人口約1万人の北海道岩内郡岩内町の支局に着任してから4ヵ月が経った。着任直後から、地域のニュースの取材に追われ、あっという間の4ヵ月だった。そんな日々の中、僕は時折、支局の自席から近くの壁を見つめてきた。今もそうだ。そこには、3枚の紙が貼ってある。

そのうちの2枚は、僕が硫黄島に渡った2021年11月、9歳の長女と7歳の長男が幼い字で書いた絵日記のコピーだ。「11月23日　今日は、パパがいおうとうにいきました。パパがママのいうことをきけっていってたからききます」「11月29日　今日はパパから南黄島みえたよ！　という写真がきました。ほんとうに三角の形をしていて、びっくりしました」。

家族を思う心は昔も今も同じだと、硫黄島の戦没者遺骨は伝えている。米軍に塞がれた地下壕で1978年に見つかった遺骨は、幼い字で書かれた手紙の束を握りしめていたという。「お父さん元気ですか。僕も元気で毎日学校に……」。収集団員は涙が出てすべてを読めなかったと、当時の報告文には記されている。

平和への思いが込められた名前の二人の絵日記を見るたび、僕は報告文を思いだし、決意を強める。「戦争が生み出すのは悲劇だけだ。その教訓を伝える記者であり続けよう」と。

岩内着任後、遺骨を巡る二つの動きが国会であった。一つは3月30日の参院厚生労働委員会。厚労省幹部が注目すべき答弁をした。硫黄島の米軍が戦後、墓地を掘り起こし、米兵ではないモンゴロイドの遺骨をサイパンの墓地に移したという記録が米側にあると、川田龍平参院議員が指摘したのに対し「現地調査を行いたい」と述べたのだ。もう一つは6月9日。参院本会議で改正戦没者遺骨収集推進法が成立し、遺骨収集の集中実施期間が5年延長され

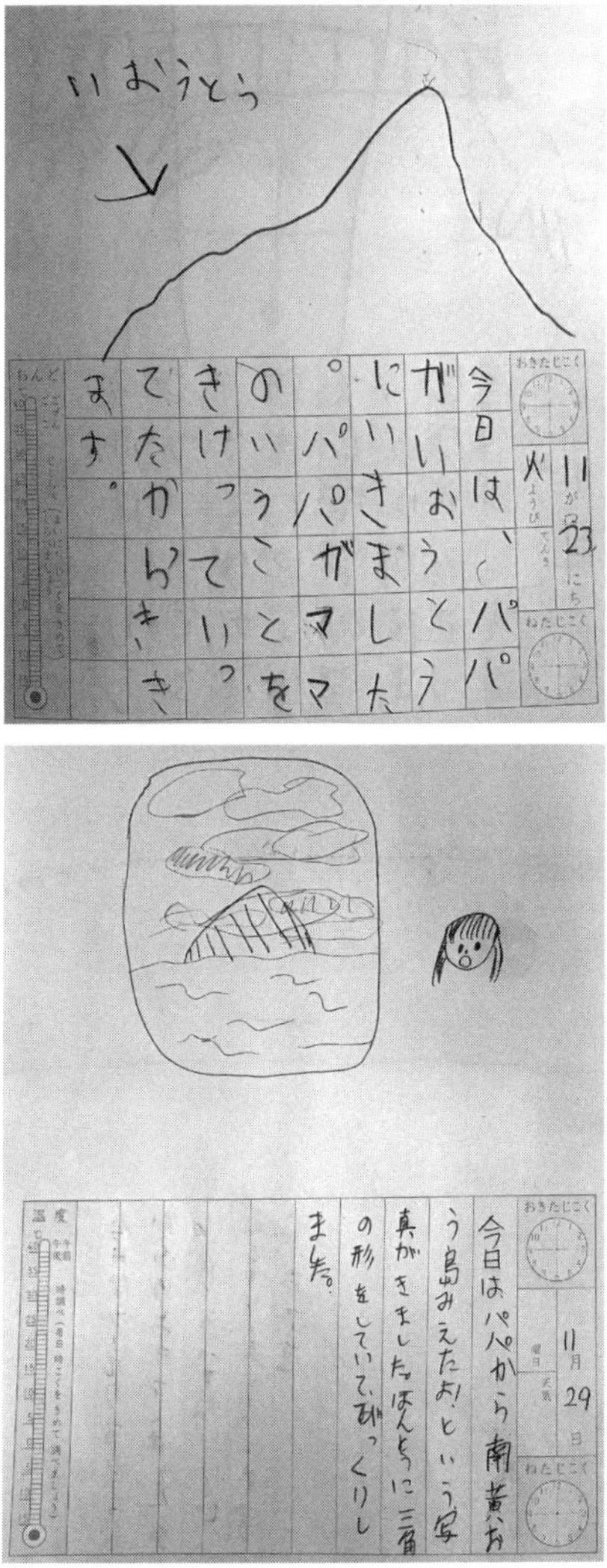

長男（上）と長女（下）の絵日記

た。それらの中継映像はネットで見た。遺骨収集などの戦後未処理問題の探究や発信はどこにいてもできる。今後も土日の時間を使って最大限、取材を続けていく決意だ。

「遺骨収容が進まないのは国民が知らないからだ。国民が知らないのはメディアが伝えないからだ」。毎日新聞の栗原俊雄記者のこの言葉で、チャージされたエネルギー量は計り知れない。「旧聞記者　酒井聡平」と刻まれた世界に一つだけのペンを送別の品として贈ってくれた首都圏在住の同級生たちのエールも心の支えになった。戦争の社会的記憶の風化に抗う「旧聞記者」を応援してくれた、大勢の皆さんに感謝の言葉を直接伝えていきたいと思う。

ところで、支局の壁に貼ってある最後の1枚。それは、取材で出会った広島市民から贈られた髙木いさお氏の原爆詩「8月6日」だ。始まりの一節は今や、僕の座右の銘だ。最終に、この一節を僕の今後の自戒として本著に刻み、締めくくろうと思う。

忘れてはいけないことは
決して忘れてはいけない

主要参考文献

【書籍】著者五十音順
硫黄島協会編『硫黄島戦闘概況　会報特集号』硫黄島協会、1979年
硫黄島協会編『硫黄島協会のあゆみ』硫黄島協会、1997年
石井周治『硫黄島にささぐ』生活新報社、1952年
石原俊『硫黄島　国策に翻弄された130年』中公新書、2019年
潮見俊隆ほか編『安保黒書』労働旬報社、1969年
太田昌克『盟約の闇　「核の傘」と日米同盟』日本評論社、2004年
太田昌克『日米「核密約」の全貌』筑摩選書、2011年
太田昌克『日米〈核〉同盟　原爆、核の傘、フクシマ』岩波新書、2014年
小笠原戦友会編『小笠原兵団の最後』原書房、1969年
萩原顯雄『白骨の島』蒼樹社、1952年
梯久美子『散るぞ悲しき　硫黄島総指揮官・栗林忠道』新潮社、2005年
梯久美子『硫黄島　栗林中将の最期』文春新書、2010年
上坂冬子『硫黄島いまだ玉砕せず』文藝春秋、1993年
川相昌一『硫黄島戦記　玉砕の島から生還した一兵士の回想』光人社、2006年
川波静香『父島「僕の軍隊時代」　ある兵士の手記をもとに』文芸社、2012年
栗原俊雄『遺骨　戦没者三一〇万人の戦後史』岩波新書、2015年
栗原俊雄『硫黄島に眠る戦没者　見捨てられた兵士たちの戦後史』岩波書店、2023年
軍事史学会編『大本営陸軍部戦争指導班機密戦争日誌　下』錦正社、1998年
斉藤利光「小笠原議事録について」『会報誌　第五十一号』硫黄島協会、2021年
寒川光太郎『遺骨は還らず』双葉書房、1952年
信夫隆司『米軍基地権と日米密約　奄美・小笠原・沖縄返還を通して』岩波書店、2019年
島川雅史『アメリカの戦争と日米安保体制　在日米軍と日本の役割』社会評論社、2011年
社史編纂委員会編『高野建設風雪30年　1930－1960』高野建設、非売品、1960年
鈴木滋「在日米軍の夜間離着陸訓練（NLP）と基地移設問題　米軍再編の隠れた課題」『レファレンス』第721号　国立国会図書館　2011年
多田実『海軍学徒兵、硫黄島に死す』講談社、1980年
ダニエル・ロング編著『小笠原学ことはじめ』南方新社、2002年
栃木新聞社編『硫黄島洞窟日誌　摺鉢山山頂に哭く和智恒蔵師』栃木新聞社、1952年
豊田祐基子『「共犯」の同盟史　日米密約と自民党政権』岩波書店、2009年
仲島義雄編『続硫黄島　遺骨収集記』非売品、1998年
夏井坂聡子、石原俊監修『硫黄島クロニクル　島民の運命』全国硫黄島島民の会、2016年
新原昭治『「核兵器使用計画」を読み解く　アメリカ新核戦略と日本』新日本出版社、2002年
新原昭治『密約の戦後史　日本は「アメリカの核戦争基地」である』創元社、2021年
日本戦没学生記念会編『新版　きけ　わだつみのこえ　日本戦没学生の手記』岩波文庫、1995年
橋本衛ほか『硫黄島決戦　付・日本軍地下壕陣地要図』光人社NF文庫、2015年
浜井和史『海外戦没者の戦後史　遺骨帰還と慰霊』吉川弘文館、2014年
浜井和史『戦没者遺骨収集と戦後日本』吉川弘文館、2020年
久山忍『英雄なき島　硫黄島戦生き残り元海軍中尉の証言』光人社NF文庫、2013年
堀江芳孝『硫黄島　激闘の記録』恒文社、1973年
防衛庁防衛研修所戦史室『中部太平洋陸軍作戦〈2〉　ペリリュー・アンガウル・硫黄島』朝雲新聞社、1968年
前泊博盛編著『本当は憲法より大切な「日米地位協定入門」』創元社、2013年
真崎翔『核密約から沖縄問題へ　小笠原返還の政治史』名古屋大学出版会、2017年

元武蔵野隊長 外『硫黄島決戦』蒼樹社、1952年
陸戦史研究普及会編『硫黄島作戦　第二次世界大戦史』原書房、1970年
ロバート・S・ノリスほか（豊田利幸監訳）「それらはどこにあったのか、日本はどれだけ知っていたか？」『軍縮問題資料』宇都宮軍縮研究室、2000年
ロバート・D・エルドリッヂ『硫黄島と小笠原をめぐる日米関係』南方新社、2008年
渡辺洋二『異なる爆音　日本軍用機のさまざまな空』光人社NF文庫、2012年

【記事】掲載日順

「硫黄島　連絡絶ゆ　皇国の必勝安泰祈念　全員総攻撃敢行」北海道新聞、1945年3月22日
「〝南海の生存者〞引取りへ」朝日新聞、1951年9月10日
「浮ぶ『南方の遺骨』　百五十万が散在」朝日新聞、1951年10月30日
"Iwo Marines Lose To Mock A-Bombs," Pacific Stars and Stripes, February 19, 1956.
「電波に追われモグラ農業　米軍電波基地の公害　横浜市　上瀬谷」読売新聞、1969年5月1日
「硝煙再び？あの硫黄島　演習場に—三自衛隊上陸作戦」読売新聞、1976年6月12日
「『戦後』を凍結した硫黄島　遺骨収集、年々困難に」朝日新聞、1979年11月15日
「生まれ変わる〝玉砕の島〞硫黄島ルポ　本格訓練基地に」毎日新聞、1979年11月28日
「故郷の硫黄島帰せ　91歳先頭に国会デモ」毎日新聞、1983年3月16日
「硫黄島へ帰せとデモ　旧島民、国会には陳情書」毎日新聞、1983年3月18日
「硫黄島に帰れず　戦中疎開の島民『定住困難』と審議会」毎日新聞、1984年6月1日
「硫黄島は重要地点　防衛庁長官が基地視察」毎日新聞、1984年6月8日
「〝シーレーン拠点〞硫黄島　着々進む『作戦基地』化」毎日新聞、1984年6月19日
「駐留軍、米へ持ち帰り　硫黄島戦死日本兵の頭骨」毎日新聞、1987年8月15日
「硫黄島で初のNLP　全島揺るがす　すさまじい爆音」神奈川新聞、1991年8月6日
「小笠原・父島　若者の島は要塞の島」新樹、1994年6月1日
「小笠原での核貯蔵黙認　米公文書で判明　68年　返還時に日米が密約」北海道新聞、2000年8月2日
「〈ひと2016〉三浦孝治さん　父が戦死した硫黄島での遺骨収集を続ける」北海道新聞、2016年9月17日
「硫黄島に防空レーダー　防衛省方針　中国空母進出備え」毎日新聞、2018年4月5日
「硫黄島滑走路下　初の遺骨　2柱発見　道内遺族　進展に期待」北海道新聞、2018年5月2日
「731部隊の歴史伝える　石井式濾水機」東京新聞、2020年8月19日

【公文書など】年代順

第二復員局残務処理部資料課「昭和二〇　硫黄島方面電報綴」防衛省防衛研究所所蔵、1945年
『第13回国会衆議院海外同胞引揚及び遺家族援護に関する調査特別委員会　第8号　昭和27年3月10日』国会会議録検索システム
引揚援護庁『硫黄島の遺骨調査に関する報告』厚生労働省所蔵、1952年
引揚援護庁『南方八島の遺骨収集及び慰霊に関する派遣団報告書』厚生労働省所蔵、1953年
U.S. Far East Command, "Standing Operating Procedure No. 1," November 1, 1956, Headquarters, Far East Command.
「藤山大臣、ダレス国務長官会談録」昭和32年9月23日『藤山外務大臣第1次訪米関係一件（1957.9）第2巻』外務省外交史料館所蔵
「安川『九月二十三日大臣ダレス国務長官会談録訂正の件』」9月27日『藤山外務大臣第1次訪米関係一件（1957.9）第2巻』外務省外交史料館所蔵
「小笠原諸島の復帰に伴う自衛隊の措置について」昭和43年5月24日『小笠原諸島帰属問題　復帰に伴う国内措置』外務省外交史料館所蔵

"Telegram 6698 from Embassy Tokyo to State Department, March 21, 1968," The Lyndon B. Johnson national security files, 1963-1969 Asia and the Pacific, first supplement 国立国会図書館憲政資料室所蔵
"Airgram A-1315 from Embassy Tokyo to Department of State, April 9, 1968,"『復帰関係(Reversion) - Bonin Islands 小笠原復帰』沖縄県公文書館所蔵
"Airgram A-1331 from Embassy Tokyo to Department of State, April 10, 1968," Folder : POL 19 BONIN IS 4-1-68, Box 1898, CENTRAL FOREIGN POLICY FILES 1967-1969, RG 59.
『官報』号外　第78号　1968年
"Memorandum for Mr. Resor, August 26, 1968," Intelligence Memo #1: Ryukyus - Financial and Aid Aspects of Reversion Planning – 1969, 沖縄県公文書館所蔵
"U.S. embassy Tokyo airgram 2370, 'Bonin Agreement Nuclear Storage,' 30 December 1968, RG 59, Subject-Numeric Files, 'POL 19 Bonin Islands, '" the National Security Archive.
厚生省援護局『硫黄島戦没者遺骨の第一次調査報告書』厚生労働省所蔵、1968年
厚生省援護局『第一次硫黄島戦没者遺骨収集の実施報告書』厚生労働省所蔵、1969年
厚生省援護局『硫黄島戦没者遺骨第二次調査の成果概要』厚生労働省所蔵、1969年
東京都総務局基地返還対策室編『都内米軍基地関係資料集』東京都総務局基地返還対策室、1972年
厚生省援護局『硫黄島戦没者遺骨の調査及び収集に関する報告について』厚生労働省所蔵、1973年
厚生省援護局『硫黄島戦没者の遺骨収集に関する報告について』厚生労働省所蔵、1977年
Office of the Assistant to the Secretary of Defense (Atomic Energy),History of the Custody and Deployment of Nuclear Weapons: July 1945 through September 1977, February 1978.
防衛局防衛課「硫黄島施設の整備について」昭和54年7月6日『参事官会議議事要録（昭和54年）2/2』国立公文書館所蔵、1979年
『第109回国会衆議院外務委員会　第3号　昭和62年8月21日』国会会議録検索システム
『第211回国会参議院厚生労働委員会　第5号　令和5年3月30日』国会会議録検索システム

【著者プロフィール】
酒井聡平（さかい・そうへい）

北海道新聞記者。土曜・日曜は、戦争などの歴史を取材、発信する自称「旧聞記者」として活動する。１９７６年生まれ、北海道出身。２０２３年２月まで５年間、東京支社編集局報道センターに所属し、戦没者遺骨収集事業を所管する厚生労働省や東京五輪、皇室報道などを担当した。硫黄島には計４回渡り、このうち３回は政府派遣の硫黄島戦没者遺骨収集団のボランティアとして渡島した。取材成果はTwitter（@Iwojima2020）などでも発信している。北海道ノンフィクション集団会員。北海道岩内郡岩内町在住。本書が初の著書となる。

N.D.C.916　335p　19cm
ISBN978-4-06-532522-3

硫黄島上陸《いおうとうじょうりく》　友軍《ゆうぐん》ハ地下《ちか》ニ在《あ》リ

二〇二三年七月二五日第一刷発行　二〇二四年六月二四日第一〇刷発行

著者　酒井《さかい》聡平《そうへい》　
発行者　森田浩章
発行所　株式会社講談社
東京都文京区音羽二丁目一二―二一
郵便番号一一二―八〇〇一
電話　〇三―五三九五―三五二一　編集（現代新書）
〇三―五三九五―四四一五　販売
〇三―五三九五―三六一五　業務
装幀者　相京厚史（next door design）
印刷所　株式会社KPSプロダクツ
製本所　大口製本印刷株式会社
定価はカバーに表示してあります。Printed in Japan